清代财政史四种

清代关税：1644—1911年

倪玉平　著

科学出版社
北　京

内 容 简 介

关税涵盖国内贸易和国际贸易，是清廷重要的财政收入。本书依托大量的档案、官书等相关史料，对有清一代的关税征收问题，做了全面系统的梳理和研究。太平天国运动之前，关税征收量的变化较为平稳。此后，因西方势力的介入，洋关迅速崛起，并带动整体关税飞速增长，虽经利用人口和物价指数对关税量进行修正，但并未完全改变这一增长趋势。清代关税结构与总量的变化，成为中国传统财政体制由农业型财政向工商业型财政转变的关键因素。中国社会政治和经济发展的轨迹，并没有偏离世界主流道路，不能被看成是一个“例外”。

本书适合历史学和经济学领域的相关研究人员，对清代历史感兴趣的人士也可阅读使用。

图书在版编目（CIP）数据

清代关税：1644—1911年/倪玉平著. —北京：科学出版社，2017.9
（清代财政史四种）
ISBN 978-7-03-054633-3

Ⅰ. ①清…　Ⅱ. ①倪…　Ⅲ. ①关税-经济史-中国-1644—1911　Ⅳ. ①F752.59

中国版本图书馆CIP数据核字（2017）第236221号

责任编辑：李春伶　刘蒙伟／责任校对：韩　杨
责任印制：赵　博／封面设计：黄华斌
编辑部电话：010-64005207
E-mail：lichunling@mail. sciencep. com

科学出版社出版
北京东黄城根北街16号
邮政编码：100717
http://www.sciencep.com
北京厚诚则铭印刷科技有限公司印刷
科学出版社发行　各地新华书店经销
*
2017年9月第　一　版　开本：720×1000　1/16
2025年7月第五次印刷　印张：18 1/4
字数：280 000
定价：68.00元

序 一

李伯重

（清华大学历史系教授）

《清代关税：1644—1911 年》认为，如果一位学者对历史缺乏了解，那么他将不可能在实质上对清朝的关税及清代中国政治经济的一般性有透彻的认识。

财政在世界历史中的重要性无须刻意正名。现代财政孕育了现代经济史及现代国家，同时还能使我们从现代社会中追溯那些传统社会财政革命中的伟大进步。

这本书描述并分析了清代财政的发展，特别是现代公共收入的一个主要部分——关税。在传统农业社会中，土地税和人头税占据财政收入的大宗，而关税只占据很小的比例。在西欧早期近代化时期，关税增长非常迅速，最终取代了土地税和人头税，成为财政收入最重要的组成部分。类似的变化同样在 19 世纪中叶的中国产生，这一变化也是自 19 世纪中叶开启的中国近代化变迁的一部分。

在清朝，关税涵盖了国内贸易及国际贸易的所有商品，并由两个机构分别征收。这两个机构分别为：常关，即针对国内贸易商品征税的一般性关口；洋关，即针对国际贸易征税的关口。在该书中，由这两个机构征收的税都被称作“关税”。这是因为尽管我们对常关和洋关的职能做了清晰的界定，但在某些情况下两者的职能是相重叠的。此外，在 19 世纪晚期，国内关税主要由厘金（likin）构成，虽然此时掌管进出口税务的现代海关服务已经从西方引进，很多情况下厘金仍由地方政府征收。为避免读者对清代中国税收的不同含义而引起的误解，在此我们采用它们原始的名字——关税（guanshui），而非英文翻译过来的关税（custom duties）。

关税问题在清朝国家财政中占据特殊的地位。19 世纪中叶以前，关税已经在清朝财政收入中占据了相当可观的份额[①]，尽管占据财政收入的四分之三的土地税仍是财政收入的基石。然而，19 世纪下半叶关税陡然上升，在清朝的最后十年一跃成为第一大财政收入来源。[②]从这个意义上讲，如果没有关税，那么清朝将无法管理国家，甚至无法生存下去。因此，关税对理解清代中国的政治经济具有极其重要的意义，这一点是无可置疑的。

清朝见证了关税重要性的变迁。在清朝统治的前两百年中（1644—1850 年），国家遵循了传统财政的基本原则——“量入为出”，并且长期基本没有变动。清代中后期，传统财政体系甚至连同整个国家都面临着巨大的挑战。国家财政发生了剧烈的变革，关税迅速增长，这一变化的结果是关税连同土地税及盐税共同组成了清朝的三大财政支柱。[③]

这一变化发生在世界历史的大转折时代，最近被称之为“大分流”。安格斯·麦迪森同样认为，19 世纪中叶是中国经济从长久繁荣走向长期衰落的转折点。[④]恰好在此时期，中国开始了走向现代化的崎岖坎坷之路，财政

① 根据申学锋的研究，18 世纪下半叶和 19 世纪前期清代财政收入中，关税占据 11%—12%的份额，参见申学锋：《清代财政输入规模与结构变化述论》，《北京社会科学》2002 年第 1 期，第 84—90 页。

② 申学锋认为，1911 年关税和厘金共占据财政收入的 47%。这一比例远远大于其他主要收入来源土地税（27%）和盐税（26%），《清代财政输入规模与结构变化述论》，《北京社会科学》2002 年第 1 期。王国斌（R. Bin Wong）认为，1849 年财政收入为 4250 万两白银，77%来自农业，其他来自商业。1885 年，财政收入大约增加至 7700 万两白银，主要来自商业税的增长。在这一时期，商业税增加了 3 倍。1911 年，清朝最后一个财政年份，收入达到 3.01 亿两白银，农业税从 1885 年的 3000 万两增加至 1911 年的 5000 万两，而杂税有 4500 万两，商业税则占 2.07 亿两以上，参见 R. Bin Wong. *China Transformed-Historical Change and the Limits of European Experience*. New York：Cornell University Press，1998，Chapter 1.（王国斌：《转变的中国：历史变迁与欧洲经验的局限》，纽约：康奈尔大学出版社，1998 年。）

③ 其中，鸦片税占据全部财政收入的 10%，参见周育民：《19 世纪 60—90 年代清朝财政结构的变化》，《上海师范大学学报》2000 年第 4 期，第 52—60 页。

④ 安格斯·麦迪森：*Chinese Economic Performance in the Long Run*（Second edition）. Paris：Development Centre of the Ogranisation for Economic Co-operation and Development，2007，Chapter 1.（《中国经济的长期表现》，第二版，巴黎：经济合作与发展中心，2007 年。）

改革在转型中扮演了重要角色。由于在清代财政中的特殊地位，关税的变迁被认为是清政府挽救政权及实现现代化的标志。

对清代关税的研究可追溯至一个世纪以前。经过一个世纪的发展，前辈学者在研究上已经付出了相当多的努力。特别是最近十年，学者们正在尝试与历史时期国内生产总值（Gross Domestic Product，英文缩写 GDP）研究相结合的新路径。尽管先行研究已经取得了一些重大突破，但不可否认仍存在一些缺陷，数据材料和方法论两个方面也存在一些研究空白。因此，到现在为止我们尚未对关税及关税在清朝政治、经济中所扮演的角色有一个精确、完整的认识。该书主要力图填补这些空缺，特别是旨在为关税研究建立一个可靠实用的数据资料库，并进而解释其背景和意义。

该书作者曾花费了数年时间搜集 19 世纪前半期的关税数据并进行充分分析，其成果《清朝嘉道关税研究》已经在 2010 年出版。[①]这本书曾是清代关税研究的一项有益探索。作者完全依据第一手档案史料，为其进一步研究奠定了坚实的基础。在《清朝嘉道关税研究》出版之后，作者花费了更多的精力进行数据搜集工作，并进而改善了研究方法。作者研究的新成果——《清代关税：1644—1911 年》的出版证明多年艰辛的劳动是富有成效的。

这本新书有一些关税领域的重要发现，对我们理解清朝的政治、经济具有非常大的帮助。

第一，该书揭示了关税变迁的趋势。在清初及清中期，常关税（由常关征收的税）保持稳定，但在太平天国运动之后下降幅度达到一半。相反，洋关税（由洋关征收的税）大幅增加。两个税种相加，关税总额由清前期的每年约 500 万两白银增加至清末的每年约 3500 万两白银，增幅 6 倍。其间，由长江和大运河征收的常关税仍占据所有常关中的大宗，而港口的洋关税则保持了更迅速的增长。这一趋势反映出中国贸易由内陆到沿海的关键性转变。

① 倪玉平：《清朝嘉道关税研究》，北京：北京师范大学出版社，2010 年。

第二，通过人口和物价数据，作者对清关税总量做了重要的修正和增补。政治制度和财政发展之间紧密的联系决定了清代财政史的分期。该书以 1850 年为分界线，明确将其划分为两个时段：1644—1850 年和 1850—1911 年。作者发现人均关税额在 1850 年之前保持稳定，但在 1850 年之后迅速蹿升，增长 6—7 倍之多。此外，通过物价指数的修正，相比于 18 世纪下半期，19 世纪上半期的人均关税额实际有所下降，由此，所谓“道光萧条论”可能是正确的。1850 年以后，关税额大幅增长，但实际上仅增长 3—4 倍，而不是名义上的 6 倍。

第三，通过利用关税，作者对一些特殊年份，如 1724 年、1766 年、1812 年、1840 年、1850 年、1887 年和 1910 年的商业出口量进行了估算，既包括总额，又包括人均数额，进而得出结论：商业出口在 1766 年达到了峰值，随后在 19 世纪上半期平稳缓慢下滑。此后，它急速增加，并在 1887 年达到新的巅峰。1910 年，有所回落，但仍是 1850 年之前的两倍。这项尝试为研究中国历史时期 GDP 提供了一个新的视角。

第四，作者认为，关税的发展促使中国从以农业为基础的传统财政向以商业为基础的新型财政变迁，同时也可以看出 17—19 世纪财政制度由传统向现代转型的轨迹。在这个意义上，中国并不是通常被认为的“例外”。中国政治、经济发展的轨迹从来没有偏离世界主流道路。

第五，传统观点认为，中国长期与外界“隔绝”，特别是与现代西方“隔绝”，直到 1840 年鸦片战争英国击败中国后，才被迫对外开放。但是，这一长久以来的传统认知近年来受到了强烈挑战，一种新的观点正在形成。这一新观点，史景迁表述得非常清楚：“中国作为一个国家的命运，已经至少在 17 世纪开始就与稀缺资源的搜集、货物的交换以及知识点扩张密不可分。”[①]受全球史启发，作者特别强调了洋关税的变迁及其对清朝政

---

① Jonathan D.Spence：*The Search for Modern China*. New York：Norton，2012，Preface.（史景迁：《追寻现代中国》，纽约：诺顿，2012 年，前言。）

治、经济的影响。将中国置于全球化语境中审视，是作者在这本书中进行的切实的努力。

总而言之，该书代表了中国财政史领域一项新的成就。清代中国，尤其是晚清，是一个丰富的体系，宛如一项精密复杂的实验，如外债和现代关税，挑战着我们对于典型的前现代财政发展的认识。透过宏大的时间和空间背景，该书揭示了在背后推动和强化中国经济集约化、创新及整顿的模式及相关因素。了解以上这些，一方面有助于我们了解中国经济的模式及革新；另一方面也有助于我们了解在长时段中世界政治、经济的发展。这是作者的目的。

序　二

Maarten Duijvendak

（荷兰格罗宁根大学近现代史与国际关系研究中心主任，
社会经济史教授）

这本书展现了以下几个方面的内容。首先是语言对于历史学研究的重要性。由于缺乏掌握中英双语的国际学者与广泛研究档案材料的机会，大量有趣的中国历史仍然不为外界所知。其次，该书的研究基于作者十多年间在不同档案馆中的大量工作，而这正是其所展现的，即第一手文献在历史研究中的价值。对档案材料中的原始记录进行细致的搜集、整理，将定量的数据与定性的思考相结合，构成了该书的研究——通过财政收入反映250多年间中国国内外贸易的概况。倪玉平教授的研究以税收的沿革为线索，贯穿整个清代（有时略做上溯），展示了如下几个方面：关税对于官方是何等重要，如何通过财政制度的整合实现税收的最大化，制度如何适应不断变化的现实环境，中国的税务官又是如何汇报工作的。全书还呈现了中国历史上一个关键时期的贸易状况。

该书用于讨论关税的一系列资料是从不同的档案馆搜集而来的。国家的边境、长江沿岸各港口、京杭大运河沿线，以及东海岸的港口均征收关税，有关的资料只有极少数能为不懂中文的学者所见。倪玉平教授将这批资料中已出版的部分与原件进行了核对。他结合文件形成的具体背景，对它们进行精细的整理，通过图表的形式呈现给读者，并据此进一步探讨导致关税收入波动的原因，以及时人（如皇帝、税务官）在他们的信件、报告中对这个现象所做的解释。通过对相关数据、资料的评估，该书的结尾对清代中国贸易的发展历程做了审慎又具有批判性的解析，并对其做了总体性的评价。

该书的研究目标在于加深人们对于“大分流”这一亟待解决的历史问题的认识，亦即如何解释近代早期中国与欧洲经济发展出现的分叉。“大分流”如何发生，又缘何发生？当然，现有的研究已经给出了许多答案，但这个问题本身就有不同的维度，相关的讨论正在不同的层面、角度上持续进行。除了部分研究将地理位置等自然条件作为英国崛起、中国衰落的原因，大多数研究都将注意力集中于英国与欧洲大陆自身的转变上。这些研究认为，现代经济的发展、资本主义制度的兴起、工业革命、欧洲城市的持续发展、政府构成的多样化、帝国的建立及其与殖民地的联系都促成了欧洲在文化上的例外主义。而同时期的中国通常被描述为一个具有惰性的社会——农耕经济占据主导地位，在国家内部形成了某种平衡，缺乏发展的动力和诱因。此外，中国政府也被认为是保守的。他们试图维持现状，避免任何形式的改变，并且偏好无为而治，不愿或无法提高税收和资本市场放贷。诚然，该书无法彻底解决税收和政府结构上的争论，但为这个议题注入了全新的要素，将讨论推上了全新的高度。

财政史是倪玉平教授在此议题上取得突破的主要领域。尽管税制并非本书的主要关注点，但他仍然将大量实践性的材料与制度性的材料相结合，更加深入地理解了经济发展、税收与政府结构的关系，以及其更为广泛的社会影响。就此议题，查尔斯·蒂利（Charles Till）曾有一个著名的论断：“一般而言，内部争端——如对大地主的清算和对农村的强制征税——产生了欧洲国家重要的组织特征，如军事力量对文官系统的相对从属关系、对财政进行广泛监督的官僚集团……”[①] 他的观察虽是基于欧洲社会，却为

① Charles Tilly，War Making and State Making as Organized Crime. *In* Peter Evans，Dietrich Rueschemeyer，Theda Skocpol eds. *Bringing the State Back.* Cambridge：Cambridge University Press，1985.

理解中国发展提供了一个有趣的框架，尤其是对理解中国的军事。在雍正朝，帝国向西推进，而晚清时期，面临太平天国运动和西方列强的侵略，这些都强烈依赖于对现有资源的利用。战争需要新的税收，这加强了帝国整顿现有税制的愿望，如土地税、盐税和关税。吊诡的是，鸦片战争这一不幸事件反而迫使中国对东海岸各港口的商业和财政机构进行重组。

该书认为，有清一代各关关税的变化反映了财政体系的大致发展过程。税收仿佛一个镜面，能够反映中国整体经济的发展状况（如各行业税收额的差异），但这个镜像十分复杂，有时甚至是模糊而破碎的。历史学家的任务正是阐明这个镜像是如何被扭曲的。该书通过对赋税收入及相关的文件进行系统、批判性地考察与组织来解决这个问题。这种批判性的阅读深化了不同来源的数据材料的整合，大量征税环节中的细微调整使得18世纪中期以降贸易税地位逐步提升的过程都变得清晰起来。在这个过程中，清政府不仅建立起了一套新的税收管理体系，贸易本身也变得更为重要。在清代前期，帝国内部的商品交换是保障农耕社会的一种附加物。贸易不被视为赚钱的手段或是实现经济转变的工具，也不会超出个体商人经营的范畴。相反地，它被官方视作调和农耕社会缺陷的手段，尤其是当某个区域发生灾害时，能够从有盈余的地区进行资源转输。然而，一种新的形势在晚清时期（约1840—1880年）显现出来。贸易在真正意义上成为经济发展的动力，同时带来了更大的社会影响。国家关税收入来源于贸易的税额翻了三番。这段时期内，由于受战争的影响，国内贸易出现了较大的波动，但总体仍然呈现缓慢上升的趋势。新的太阳自东方冉冉升起。起初，上海地区来自国际贸易的税额要高于其他地区，但这种现象很快便扩散至整个中国社会。普遍的税制改革随之而来。在西方国家的压力和援助下，清朝完成了从“国家财政”向“财政国家”的转变。

前　言

2016年11月，拙著 *Customs Duties in the Qing Dynasty，ca. 1644—1911* 在Brill出版社出版。《清代关税：1644—1911年》一书，即是以该书的翻译稿为基础写成的。

当初在写作 *Customs Duties in the Qing Dynasty，ca. 1644—1911* 的过程中，我努力直接以英文方式进行思维和表达，而非先写出中文稿，再将其翻译成英文。这就导致该书中有很多行文和表达都与中文的写作方式大相径庭。在决定翻译该书后，许存健先生高效地承担了这一工作，迅速将其翻译成中文。在此，向许存健先生表示诚挚的谢意。

在译稿的基础上，我又逐一对中文稿件进行格式调整和引文复原。需要指出的是，此前我已经出版《清朝嘉道关税研究》，对嘉道时期（1796—1850年）的关税变化做了较为详尽的分析，所以在《清代关税：1644—1911年》一书中，我对嘉道时期的分析尽量从简。

2005年，我开始涉足清代关税史的研究。十余年来，得到诸多前辈和朋友的帮助。我不善言辞，很少向众多师友当面表达谢意，但其实一直铭记在心。特别是邓亦兵研究员将多年来在海外搜集的关税史料无偿送我查阅，深感无以为报。

本项研究时间跨度长，涉及面广，书中肯定存在诸多不足之处，恳请大家批评指正。

前 言

[illegible]

清代皇帝世系

顺治 1644—1661 年

康熙 1662—1722 年

雍正 1723—1735 年

乾隆 1736—1795 年

嘉庆 1796—1820 年

道光 1821—1850 年

咸丰 1851—1861 年

同治 1862—1874 年

光绪 1875—1908 年

宣统 1909—1911 年

目　录

表 目 录

图 目 录

导　论

在研究中国的政治史时，必须把经济因素纳入考虑的范畴，正如研究中国经济史时需要考虑政治因素一样。在国家社会结构中，政治和经济这两条线是紧密交织在一起的。

财政是判定一个国家经济发展快慢的重要指标。但如果要以此来估算清代（尤其是 1840 年之前）的经济活动，则必须把中国历史上财政和经济的所有特殊性、复杂性都纳入考量的范围。笔者倾向于认为，只有在充分占有各种国家财政资料后，才有可能推导出清代中国的经济总量。

尽管处于大变革时代，但总的来说，这一时期（1644—1911 年）的中国仍然是一个农业社会。从财政方面来看，这也是中国“从国家财政转变为财政国家”的重要转型时期。1850 年之前，清代的财政系统由两个基本部分组成，即常规的财政收入和支出，临时的财政收入和支出。

常规的财政收入主要来自五个方面，即田赋、漕粮、盐税、关税和杂税（杂税包括渔税、茶税、矿税等）。

在以上五个方面中，田赋是财政收入中最重要和最主要的部分。在清前中期（1840 年以前），清政府每年的财政收入约 4500 万两，其中田赋收入约为 2500 万两，占每年财政总收入的 50%以上。田赋在很大程度上由外部因素决定，如气候、收成和自然灾害，当然也与耕地的数量和产量有关。但是田赋的收入弹性很小，具有极其稳定的特点，导致我们很难用田赋数据来估算国家实际的经济状态和经济发展。

财政收入中的第二项是漕粮，漕粮仅从八个省份（即江苏、浙江、江西、安徽、湖北、湖南、山东和河南）征收。这些省份都靠近水道，特别是靠近运河和长江。每年漕粮的征收数额为 300 万—400 万石。传统中国运输谷物的方式相对单一，水运是唯一便捷的运输方式。1850 年以前，漕粮作为“天庾正供”，几乎从不会蠲免。然而，太平天国运动（1851—1864 年）发生后，却让这个政策发生了改变。在镇压太平天国运动的过程中，八个有漕省份在很多方面都遭受了灾难性的破坏。晚清最有权势的三个地方官，即曾国藩（1811—1872 年）、李鸿章（1823—1901 年）和左宗棠（1812—1885 年），都反对在太平天国运动结束后完全恢复漕运旧制。减赋运动由此展开。义和团运动之后，在巨大的赔款压力之下，清廷只能维持年漕运 100 万石的水平。显然，同样很难用漕粮的征收数额来估算清代经济活动的情况。①

常规财政收入中的第三项是盐税。盐税征收额的增长受两个因素的影响，即人口总量和人均食盐消费量。尽管清代人口增长很快，但人均食盐消费量不大可能发生太大的变化。清前期，政府把全国划分为七个盐区，每个盐区所产之盐只能在其领地内行销。如果他们把盐销往其他领地，就会被认为是“走私”，政府将会对此进行严厉的惩罚。尽管如此，有清一代的走私行为还是盛行，这在很大程度上抵消了盐税增长的潜在可能性。事实上，清前期的盐税收入一直保持在每年 500 万两左右。当然，到了晚清时期，当厘金被推广后，来自盐税的收入（即盐厘）出现了持续的增长。这恰好说明，以清前期盐税的增长来推导经济活动水平是十分困难的。

杂税是财政收入中的第五项。如果国家需要，杂税可以快速地做出调整。杂税对财政总收入增加的贡献主要来自晚清时期，尤其是新开发出来

① 详细内容可参见倪玉平：《清代漕粮海运与社会变迁》，上海：上海书店出版社，2005 年。

的税收名目。不过，在清前期的各项财政收入中，财政总收入的增长却很少来自于杂税。当时每年的杂税收入大约为 100 万两白银，只占财政总收入的 2%左右。许多研究财政史的专著和文章，甚至直接忽略了杂税的影响。

与上文讨论的税收不同，财政收入中的第四项——关税却是非常特殊的一个税种，不但征收数量较多，而且征收方式也非常灵活。例如，一艘载满商品的船只通过某个税关，通常是按固定的税率收税（一般为货物价值的 2%—5%）。一般而言，如果需要更多的资金，政府就会提高关税征收税率，这也是增加财政收入最简单有效的方式。如果经济情况良好，商贸活动就会扩大；如果经济情况糟糕，商贸活动就会减少。所以从理论上讲，如果想要找到一个可以反映清代社会和经济发展状况的财政收入指标，那么关税会是首选。

太平天国运动之后，清代传统的财政体系面临巨大的挑战，如果不做出改变，这个体系将难以维持。政府最大的任务是尽可能地增加财政收入。为了避免财政体系崩溃，清政府推行了很多措施，其中最重要的两个措施是推行厘金制度和大幅度地提高关税税率。可以说，这两个措施极大地改变了中国传统的财政结构：田赋在财政收入中的地位变得不再像以前那样重要，商税的地位大幅度提升，关税、厘金和盐税的征收总量差不多增加为田赋的三倍。尤其是关税，在晚清发生了很大的变化，成为晚清最强有力的财政工具。

正如在宋代已经证明过了的那样，在中国传统社会，关税及其他征收灵活、可调节性的税种是应付政府财政扩张的最有效工具。晚清时期，中国已经从农业型财政国家转变为现代、商业型财政国家，其财政特性也随之发生改变，即从一个稳固型的财政演变为扩张型的财政，从一个保守的财政发展为一个先进、更有适应能力的财政，笔者将其概括为“从国家财政转向财政国家”。在此意义上，研究清代关税也是一项有深远意义的工作。

尽管清代有些税关位于边疆地区，但清前期税关主要分布在运河和其他河流沿线。此外，在沿海地区，包括天津关、天津海关、东海关、江海关、浙海关、闽海关和粤海关，也抽收国内货物税。通常学者们喜欢仅关注其中的某个或某几个税关，而本书则把全部税关都纳入研究范围。在清代，通常将设于沿海的税关统称为“海关”，如江海关、浙海关、闽海关，但其中大多数时间仅粤海关征收对外贸易。1842 年《南京条约》签署后，服务于对外贸易的口岸相继开放。为了加以区别，笔者将抽收国内商品的税关称为常关，将征收对外贸易的税关称为洋关。

1861 年，海关总税务司建立后，粤海关被分为两部分：一部分负责抽收国内贸易货物，另一部分负责抽收对外货物。由于在很长的时间内，粤海关都是唯一管理对外贸易的税口，为了研究方便，本书把 1861 年以前的粤海关归入洋关，1861 年以后的国内货物税收归入常关，对外贸易税收归入洋关。

在过去的百年间，学者们运用现代学术方法研究中国经济史，已经取得了许多辉煌的成就。近年来，随着跨学科研究的发展，越来越多具有经济学背景的学者开始研究经济史，以经济学理论为基础的史学研究也逐渐流行。特别是过去十年间，随着历史时期 GDP 研究的深入，希望获得中国历史上经济史资料的呼声愈加强烈。但是很显然，目前许多具有较长时段性的序列数据都有着各种各样的缺陷，仍有待于进一步的考证辨析。尽管清代财政的各种数据均有所缺失，但其中的关税数据是相对最为完整的。考虑到以往的清代税关研究主要集中关注于关税制度及其运作，以及个别税关的情况，因此笔者决定投入更多的精力去搜集数据，相信通过查阅第一手的档案史料文献，阐释其背景和意义，为学界提供一份完整可靠的数据链，仍然是非常有意义的。

第一章 研究方法

（一）学术史回顾

尽管从政治史和经济史视角研究关税制度和税收情况有着悠久的学术传统，但很多研究都没有采用现代学科的方法，如经济学和统计学。学界存在的这种状况直到近年来才发生改变。

最早出版的中国关税史著作是1937年出版的《中国关税史》，作者是吴兆莘。遗憾的是，由于时代的局限，他无法利用清代的档案文献，而且他的分析也有些简单化。此后，类似的著作相继出版，但分析依然相对浅显，而且篇幅也都较为短小。例如，彭雨新于1956年出版的《清代关税制度》一书仅有44 000字，这就导致很多问题无法深入展开叙述。

21世纪之后，关注清代关税问题的著作大量涌现。2000年，黄国盛的《鸦片战争前的东南四海关》，探讨了清前期粤海关、江海关、浙海关和闽海关的关税征收。2004年，祁美琴的《清代榷关制度研究》，描述了清代的关税制度，并阐述了中央关和地方关的概念。2008年，邓亦兵的《清代前期关税制度研究》出版，该书非常详细地分析了1644—1840年的关税制度。2010年，廖声丰的《清代常关与区域经济研究》出版，该书的一个观点是关税数额与中国区域经济的发展之间几乎没有联系。同一时期的日本学者也对关税问题多有涉及，如香坂昌纪、岸本美绪和泷野正二郎，他们写了很多关于清代税关的论文，但都没有出版专著。[①]

由于出现了大量的清代关税研究论文及著作，对这一研究主题进行回顾与综述的文章也纷纷再现。其中距今最近的几篇是：廖声丰《近年来明清时期的榷关研究》(《中国史研究动态》1997 年第 11 期)、黑广菊《清时期的榷关研究概述》(《历史教学》2004 年第 4 期）和杨建庭《近十年清代榷关研究综述》(《中国史研究动态》2009 年第 4 期)，对于梳理研究线索颇有益处。

大体而言，上述研究成果的主要兴趣点在于描述清代关税制度，而不是从财政史的角度整理和分析关税数据。当然，有两组成系列的税收数据对本书有着重要的价值。第一组由汤象龙搜集整理，体现在《中国近代海关税收和分配统计：1861—1910 年》一书中。在该书中，他为我们系统地提供了 1861—1910 年海关的数据。他的主要资料来源于大量的抄档，这是他和其他学者在 20 世纪 30 年代共同搜集整理而来。现在这些抄档均保存在中国社会科学院经济研究所图书馆。[②]由于数据庞大琐碎，正如可以预料到的那样，汤象龙书中的数据存在一些误差，这一问题将放在第六章进行讨论。另一组与本项研究相关的数据由笔者搜集整理，即于 2010 年在北京师范大学出版社出版的《清朝嘉道关税研究》一书。该书统计了 1795—1850 年（嘉庆道光时期）的关税数据。[③]

（二）数据资料

研究清代关税，有一些研究者的数据来源于两种资料，即《汇核嘉庆十七年各直省钱粮出入清单》(以下简称《清单》) 和王庆云的《石渠余

① 香坂昌纪：《清代中期の杭州と商品流通》,《东洋史研究》1991 年第 1 号，第 34—57 页；岸本美绪：《清代中国の物価と經濟動》，东京：研文出版社，1997 年，第 118—119 页；Takino Shojiro，Takino Shojiro，Qing Dai Qian Long Nian Jian Chang Guan Zheng Shui E（The Quota of Customs Duties in the Qianlong Reign），*Oriental History Jouranl of Kyushu University*，vol 29，2001.

② 20 世纪 30 年代，为了抄录这些清代的档案，得益于陶孟和（北平社会调查所所长，该所在 1934 年并入中央研究院社会科学调查所）的努力，汤象龙、梁方仲等得以雇用很多人员对存于故宫文献馆和北京大学文科研究所的清代档案进行系统整理。此后，这次抄录的档案存放于中国社会科学院经济研究所图书馆。

③ 2017 年 3 月，该书的第二版在科学出版社出版。

纪》。然而，通过对第一历史档案馆档案资料的检验，笔者发现《清单》中1811年和1812年两个年份内，张家口、山海关、杀虎口、崇文门、淮安关、浒墅关、扬州关、西新关、九江关、龙江关和北新关的数据（表1.1）也是不准确的。当上述不可靠的各关税收数据相加后，会比《清单》提供的数据高出二十多万两。①

表1.1 1811年和1812年各关征收额数表 （单位：两）

税关	年份	《清单》数据	修正后的数据	税关	年份	《清单》数据	修正后的数据
崇文门	1811	290 544.6	322 655.34	浙海关	1811	79 952.4	79 943.155
	1812	253 409.4	286 126.5		1812	79 960.5	79 952.48
左翼	1811	13 676.9	20 748	闽海关	1811	208 368.2	187 060.997
	1812	14 320.2	37 060		1812	232 440.6	189 539
右翼	1811	12 571.9	23 929.92	太平关	1811	134 352.9	134 352.9
	1812	12 949.2	23 951.02		1812	134 383.5	134 383.5
淮安关	1811	274 531	221 727.208	粤海关	1811	1 165 263.1	1 165 263.126
	1812	223 848	272 894.376		1812	1 347 936.8	1 347 936.891
浒墅关	1811	409 445.2	373 176.946	坐粮厅	1811	13 367.5	13 367.5
	1812	430 231	392 801.945		1812	12 379.6	12 379.6
扬州关	1811	154 270.7	153 955	山海关	1811	61 810	114 231.405
	1812	144 568.5	144 360		1812	61 867.1	111 598.091
芜湖户关	1811	230 047.8	230 047.88	张家口	1811	20 004.3	60 643.14
	1812	230 049.5	230 049.58		1812	20 004.6	60 644.04
西新关	1811	51 969.9	52 888.576	杀虎口	1811	16 919.9	45 677.408
	1812	53 234.9	51 969.912		1812	16 919.9	45 755.338
凤阳关	1811	107 227	107 227.095	归化城	1811	26 767.5	26 767.5
	1812	95 488.8	95 488.826		1812	26 666.1	26 666.1
江海关	1811	73 612.7	73 606.635	龙江关	1811	135 371.9	134 428.554
	1812	73 606.6	73 612.767		1812	133 984.4	135 371.996
天津关	1811	83 942	96 291.833	芜湖工关	1811	117 204.6	117 204.66
	1812	82 533.8	94 884.583		1812	117 201.8	117 201.86
临清户关	1811	37 539.5	32 285.42	临清工关	1811	4 472.4	4 375.3
	1812	36 466.1	33 151.01		1812	5 418.9	5 157.27

① 倪玉平：《王庆云〈渠余纪〉所载道先关税辨析》，《近代史研究》2008 年第 5 期；《〈汇核嘉庆十七年各直省钱粮出入清单〉所载关税额辨析》，《历史研究》2008 年第 5 期。

续表

税关	年份	《清单》数据	修正后的数据	税关	年份	《清单》数据	修正后的数据
九江关	1811	492 123.3	514 948.258	南新关	1811	25 465	29 444.939
	1812	584 005.4	492 123.389		1812	25 465	29 474.059
赣关	1811	122 136.3	122 136.3	天津海关	1811		46 500
	1812	121 610.8	121 610.8		1812		50 119
北新关	1811	196 125.3	203 362.284	荆州关	1811		28 214.174
	1812	190 343.2	200 125.391		1812		23 952.888

资料来源：倪玉平：《〈汇核嘉庆十七年各直省钱粮出入清单〉所载关税额辨析》，《历史研究》2008 年第 5 期

从表 1.1 可以看出，1811 年的数据应该是 4 736 461.453 两，而不是《清单》的 459 846.2 两；1812 年的数据应该是 4 920 342.212，而不是《清单》中的 4 810 340.5 两。

王庆云的《石渠余纪》也有类似的情况。通过对比档案史料可知，《石渠余纪》中关于 1841、1842、1845 和 1849 年崇文门、左翼、右翼、南新关和浙海关的数据是不准确，最终的统计数据也比《石渠余纪》高出 100 万两。①

这些材料存在的不足之处充分说明了使用第一手档案材料的重要性。为了统计 1644—1911 年的关税数据，本书的史料来源主要有三种。

第一种藏于北京的中国第一历史档案馆，其史料主要如下。

——朱批奏折，档案登记号以数字 04 开头。例如，根据档案号 04-01-35-0326-043 可知，它是乾隆十五年（1750 年）十二月二十二日山海关监督高诚上奏的奏折。

——题本，档案登记号以数字 02 开头。例如，根据档案号 02-01-04-14795-017 可知，它是乾隆十九年（1754 年）五月初十日，户部尚书蒋溥上奏的奏折。

——录副奏折，档案登记号以数字 03 开头。例如，03-604-040 档案号

① 倪玉平：《王庆云〈渠余纪〉所载道先关税辨析》，《近代史研究》2008 年第 5 期。

系指乾隆五十四年（1789 年）十一月十二日，山海关监督常福上奏的奏折。

——上谕档，来自于皇帝的谕令，当引用该资料时，以档案中登记的发布日期为顺序。

第二种是来自于台北的清代档案，其史料主要如下。

——台北“中央研究院”历史语言研究所藏清代内阁大库：《明清档案》。例如，A155-104，系指乾隆十三年（1748 年）九月三十日，湖南布政使温福奏报有关辰关的征税情况。

——台北“中央研究院”历史语言研究所藏：《明清史料》。例如，档案号为 070226 的档案，系指乾隆五十五年（1790 年）正月二十三日，广东巡抚郭世勋奏报太平关的征税情况。

——台北“故宫博物院”藏：《宫中档奏折》。例如，档案号为 000681 的档案，系指嘉庆元年（1796 年）五月二十七日，苏州织造征瑞奏报浒墅关征税情况。

需要指出的是，北京的中国第一历史档案馆和台北的“故宫博物院”均选编出版过大量的原始档案，本书所参考的出版物如下。

中国第一历史档案馆：《康熙朝汉文朱批奏折汇编》，档案出版社，1985 年。

中国第一历史档案馆：《康熙朝满文朱批奏折全译》，中国社会科学出版社，1996 年。

中国第一历史档案馆：《雍正朝汉文朱批奏折汇编》，江苏古籍出版社，1991 年。

中国第一历史档案馆：《雍正朝满文朱批奏折全译》，黄山书社，1998 年。

中国第一历史档案馆：《乾隆朝上谕档》，档案出版社，1998 年。

中国第一历史档案馆：《嘉庆道光两朝上谕档》，广西师范大学出版社，2000 年。

中国第一历史档案馆：《咸丰同治两朝上谕档》，广西师范大学出版社，1998 年。

中国第一历史档案馆：《光绪宣统两朝上谕档》，广西师范大学出版社，1996 年。

中国第一历史档案馆：《光绪朝朱批奏折》，中华书局，1995 年。

台北“故宫博物院”故宫文献编辑委员会：《宫中档康熙朝奏折》，台北“故宫博物院”，1982 年。

台北“故宫博物院”故宫文献编辑委员会：《宫中档雍正朝奏折》，台北“故宫博物院”，1978 年。

台北“故宫博物院”故宫文献编辑委员会：《宫中档乾隆朝奏折》，台北“故宫博物院”，1983 年。

台北“故宫博物院”故宫文献编辑委员会：《宫中档光绪朝奏折》，台北“故宫博物院”，1973 年。

在史料选择方面，笔者优先选择已经出版的档案，并在标注时标明出版页码。

第三种是藏于中国社会科学院经济研究所图书馆抄档资料。抄档系直接摘抄自原始档案，在经历近百年的历史后，有些原始档案已经遗失，有时只能依靠抄档数据。当然，本书遵循的原则是，优先检索第一手的档案，而不是抄档；只有在找不到原始档案的情况下，才会引用抄档数据。抄档中和关税相关的内容包括《清代关税收支报告表》、《清代海关收入》、《清代海关开除》和《题本·关税》。

《清代关税收支报告表》共计六册：

第一册：江海关、苏州关、镇江关、金陵关、芜湖关、九江关。

第二册：江汉关、岳州关、长沙关、沙市关、宜昌关、重庆关。

第三册：杭州关、浙海关、瓯海关、闽海关、台湾各关。

第四册：广东各关、梧州关、南宁关、镇南关、蒙自关、思茅关、腾越关。

第五册：东海关、津海关、牛庄关、安东关、哈尔滨关、嘉峪关。

第六册：常关。

《清代海关收入》共计两本：

第一本：各关总数，江海关、苏州关、镇江关、金陵关、芜湖关、九江关、江汉关、岳州关、长沙关、沙市关、宜昌关、重庆关、杭州关、浙海关、瓯海关。

第二本：闽海关、台湾各关、广东各关、梧州关、南宁关、镇南关、蒙自关、思茅关、腾越关、东海关、津海关、秦皇岛关、牛庄关、安东关、哈尔滨关。

《清代海关开除》共计六册。

《题本·关税》系按以下各关顺序抄录原始档案：直隶各关、山东各关、山西各关、东三省、陕甘各关、豫新洋药、江苏各关、安徽各关、江西各关、四川各关、湖南湖北各关、浙江各关、福建各关、台湾各关、广东各关、广西云贵各关、一般关、工关。

另外，笔者还使用了《各关常税实征短征银两数目》的抄本，该抄本仍藏于中国社会科学院经济研究所图书馆。

毋庸讳言，除了档案外，还有许多官书、地方志和其他历史文献对本书的研究也有很高的价值，本书亦尽可能地加以参考。

第二章　清代关税制度

（一）传统中国的关税制度

中国的关税制度有着悠久的历史。《礼记》记载在周代以前，“市廛而不税”[①]。到了周代，《周礼》则记载：“司关，掌国货之节，以联门市。司货之出入者，掌其治禁与其征廛。凡货不出于关者，举其货，罚其人。”[②]

春秋时期（前770—前477年），儒家的创始人孔子，建议国君不要征收商税，[③]这表明税收体制在当时已经存在。秦（前221—前206年）、汉（前206—220年）两朝，关税制度发展很快，当时的潼关、函谷关和玉门关等关口都非常有名。隋（589—618年）、唐（618—907年）两代，经济的发展带来了税收的快速增长。唐玄宗时期，设置广州市舶司，负责征收外国货物税。

960年，宋代（960—1279年）颁布《商税则例》，这是中国历史上第一个商税税则。《商税则例》规定税率为商品价值的2%，并明确标出所课名目、每件应税物品，公之于众。[④]宋代也延续了市舶司制度，并赋予市舶司官员检查货物、购买官府所需商品、出售特定商品给民众的权力。关税

---

① 王聘珍：《大戴礼记解诂》，北京：中华书局，1983年，第3页。
② 李学勤：《周礼注疏》，北京：北京大学出版社，1999年，第383页。
③ 杨朝明：《孔子家语》，济南：齐鲁书社，2009年，第66页。
④ 孙学文：《中国关税史》，北京：中国财政经济出版社，2003年，第45页。

成为宋朝政府财政收入的重要来源，有记载称："市舶司之利最厚，若措置合宜，所得动以百万计。"①在宋代的北方边境，官府还设立名为"榷场"的特殊税口，以管理与东北、西北少数民族之间的贸易，其中最大的征税商品为茶和马。宋代之后，元朝（1279—1368 年）是中国历史上最为强大的王朝，征收商品的税率为 1/30，同样也延续了市舶司制度。与宋代市舶司相比，元代还对税则增加了更多的解释条款。②

明代（1368—1644 年）初期，税收制度较为简单，税率固定为 1/30。洪武八年（1375 年），明政府开始发行纸币"大明宝钞"。为强制民众使用这种纸币，政府规定交纳关税时要使用宝钞。然而，随着时间推移，大明宝钞的使用越来越少。所以到正统四年（1439 年），明政府重申："钞法不通，皆由客商积货不税，与市肆鬻卖者阻挠所致，奏请依洪武增税事例，凡顺天、应天、苏松、镇江、淮安、常州、扬州、仪真；浙江杭州、嘉兴、湖州；福建福州、建宁；湖广武昌、荆州；江西南昌、吉安、临江、清江镇；广东广州；河南开封；山东济南、济宁、德州、临清；广西桂林；山西太原、平阳、蒲州；四川成都、重庆、泸州共三十三府州县，商贾所云集之处。"③增加市镇店肆门摊税五倍，同时在南京至北京的大运河两岸设立钞关，包括漷县、济宁、临清、徐州、淮安、扬州、南京上新河七处。因为与其他税关距离太近，户部很快就撤销了济宁和徐州两个钞关。1446 年，户部把漷县的税口转移到河西务。景泰时期（1450—1456 年），明廷设置另外四个钞关，即浒墅关、北新关、九江关和金沙洲关。1493 年，设立崇文门钞关，两年后凤阳关设立。到 1629 年，设立芜湖关。地方政府也建立了一些钞关，如江西省的赣关。

嘉靖四十一年（1562 年），明政府下令税关应按固定税率征税，如果税

① 徐松：《宋会要辑稿》卷 44，北京：中华书局，1957 年。

② 孙学文：《中国关税史》，北京：中国财政出版社，2003 年，第 77 页。

③ 杨士奇等：《明宣宗实录》卷 50，正统三年（1438 年）刻本。

收超过定额，那么超出的部分应该上交到国库，“荆州、芜湖、九江、两浙、浒墅、扬州、淮安、临清、河西务各关主事，岁额定数外，务将余饶悉入公帑”。①隆庆六年（1572 年），政府规定所有税收必须以白银支付。随后的万历时期（1573—1619 年），各税关的定额都开始白银化：“岁征本折约三十二万五千余两，万历二十五年（1597 年）增银八万二千两，此定额也。乃二十七年以后，历岁减缩，至二十九年总解二十六万六千余两。”明末各关定额都有增加，“崇祯初，关税每两增一钱，通八关，增五万两。三年复增二钱，惟临清仅半”。②晚明时期，关税收入再一次上涨。

表 2.1 体现出晚明时期关税收入有很大的增长，但是其在财政收入中所占的比重并没有像宋时期的那么大。

表 2.1 明代各关收入表 （单位：两）

税关＼年份	1580	1599	1621	1625
临清关	44 700	83 800	63 800	63 800
河西务	14 600	46 000	32 000	32 000
浒墅关	17 400	45 000	67 500	87 500
九江关	10 900	25 000	37 500	57 500
北新关	36 800	40 000	60 000	80 000
淮安关	11 400	22 000	29 600	45 600
扬州关	9 600	13 000	15 600	25 600
总计	145 400	274 800	306 000	392 000

资料来源：张廷玉：《清朝文献通考》卷 26，上海：商务印书馆，1936 年

除了户部，工部也设立了一些抽分厂，但仅抽收竹木税。最先设立的三个位于芜湖、荆州和杭州，所征的关税都供工部使用。此后，又陆续设立了 12 个。③明朝的关税税率也经历过多次变化：洪武时期（1368—1398 年）税率为 1/30，永乐时期（1403—1424 年）增长到 2/30。1435—1457

① 李东阳等：《大明会典》卷 35《户部二二・课程四・钞关》，嘉靖八年（1529 年）刻本。
② 张廷玉等：《明史》卷 81《食货五・商税》，北京：中华书局，1974 年。
③ 李东阳等：《大明会典》卷 204，嘉靖八年（1529 年）刻本。

年，税率再次上升，达到了 4/30。1457—1464 年，则再一次涨到 6/30。此后，到 1464—1487 年，趋势发生逆转，税率降到 1/30。总体来说，明代的关税负担是很轻的。1471 年，工部仅征收到几千两白银。直到明朝的最后几年，税收才增加到几万两。[①]事实上，与户部所设的钞关相比，工部所征的关税非常少。这一点，一直延续到了清朝。

（二）清代常关制度

清政府（1644—1911 年）认为所有舟车辐辏、商旅汇集之处，都应设关收税，并且在继承明代税关制度的基础上，还做了一些创新，以完善这一制度。[②]与明代一样，清代也有两类税关：隶属于户部的，称为户关；隶属于工部的，称为工关。大部分税关同时管理多个税口，如左翼负责的安定、东直、朝阳、东便、广渠、左安 6 门，右翼负责的德胜、西直、阜城、西便、广宁、右安、永定 7 门。

王庆云是道光年间（1821—1850 年）著名的官员、学者，他曾指出："我朝沿历代之制，关津抽税始顺治二年（1645 年）。"[③]1644 年，满族攻占北京并建立清王朝，此后，清政府很快新设 19 个税关。这些税关分别是崇文门、左翼、右翼、天津关、张家口、龙泉、奉天、杀虎口、临清关、淮安关、凤阳关、芜湖关、扬州关、西新关、浒墅关、北新关、九江关、赣关、闽安关。康熙时期（1662—1722 年），清政府新增了 11 个户关，分别是坐粮厅、山海关、武昌厂、打箭炉、夔关、太平关、粤海关、江海关、浙海关、闽海关、凤凰城中江。雍正时期（1723—1735 年）新增了梧州、浔州二厂，都是位于广西的户关。乾隆时期（1736—1795 年），政府还设立了两个新的户关：一个在归化城，一个在多伦诺尔。清前期共有 34 个户关，大多数都是继承明代的钞关，只有一些是新设立的，包括左翼、右翼、武昌

① 张廷玉等：《明史》卷 81，北京：中华书局，1974 年。
② 傅恒等：《乾隆大清会典》卷 16，乾隆二十九年（1764 年）刻本。
③ 王庆云：《石渠余纪》卷 6，北京：北京古籍出版社，1985 年。

厂、打箭炉和归化城。当然，清政府对明代的政策做了很多调整。例如，在康熙时期，扬州关和淮安关的一些小税口被合并、裁撤和分拨。

关于奏销事宜，乾隆五年（1740 年）闰六月十四日，户部请旨，规定“嗣后各关于一年任满时，缮本具题，画一办理”。此后这一规定通行各关，一直持续到清朝结束。这也为我们保存了珍贵的档案材料。[①]

嘉庆时期（1796—1820 年），一方面，户关主要由贵州清吏司（户部的分支，以贵州省命名）管辖，包括 24 个税关：崇文门、左翼、右翼、坐粮厅、天津关、张家口、山海关、杀虎口、归化城、临清关、江海关、浒墅关、淮安关（兼庙湾口）、扬州关、西新关、凤阳关、芜湖关、九江关、赣关、闽海关、浙海关、北新关、粤海关、太平关。另一方面，山东清吏司（另一户部分支，以山东省命名）管辖凤凰城中江和奉天牛马税；福建清吏司（户部分支，以福建省命名）管辖天津海税；湖北清吏司（户部分支，以湖北省命名）管辖武昌厂；四川清吏司（也是户部分支，以四川省命名）管辖夔关和打箭炉；广东清吏司（户部分支，以广东省命名）管辖梧州厂、浔州厂。嘉庆时期共有 32 个户关。

户关之外还有工关。根据光绪《大清会典事例》，当时有山东省的临清工关、江苏省的龙江工关、安徽省的芜湖工关、浙江省的南新工关、湖北省的荆州工关、湖南省的辰州工关、四川省的渝关工关。另外还有宿迁工关（属淮安关兼管），由闸工关（属扬州关），直隶省的通永道工关、潘桃口工关、古北口工关，山西省的杀虎口木税，辽宁省的盛京木税，吉林省的吉林木税，新疆省的伊犁木税。然而，因为由闸工关划归扬州关，宿迁工关划归淮安关，杀虎口木税划归杀虎口户关，1840 年户关和工关总数为 46 个。[②]需要指出的是，户关与工关的管理机关不同，税收汇解对象不同，

---

①《明清史料》，乾隆五十四年正月二十六日，九江关监督善泰折，档案号 068320，台北“中央研究院”历史语言研究所藏清代内阁大库。

② 李鸿章等：《大清会典事例》卷 942，上海：商务印书馆，1908 年。

其考核也不一样。有的关如芜湖关，例由安徽巡抚统一奏报户部核销，但户部仍然强调："工关税银虽系臣部查收，但考核例由工部。"[①]

户关、工关通称为常关，即普通税关（相比于洋关、海关）。笔者根据所处的地理位置将常关分为三类，即边疆边贸税关、长江运河沿线税关和沿海税关。关口位于边疆，或其税源主要来自与少数民族的贸易的，则归为边疆边贸税关；关口位于运河或长江沿线的，归为运河长江税关；关口位于沿海地区的，是沿海税关。当然，这仅是一个极为粗略的分类。

边疆边贸税关共有 17 个：山海关、张家口、杀虎口、归化城、武元城、古北口、通永道、直隶潘桃口、盛京木税、吉林木税、伊犁木税、打箭炉、奉天牛马税、凤凰城中江为陆路关口，梧州厂、浔州厂和辰关才是沿河流设立的税关。

运河、长江沿线征税的税关共有 23 个：有关署的税关为坐粮厅、淮安关、浒墅关、扬州关、芜湖户关、芜湖工关、龙江关、西新关、凤阳关、临清户关、临清工关、九江关、赣关、北新关、南新关、渝关、夔关、太平关、武昌厂、荆州关，崇文门、左翼、右翼则只是设于陆地的税口。

沿海税关共 7 个：天津关、天津海关、江海关、浙海关、闽海关、粤海关和东海关。

（三）政策调整

顺治元年（1644 年），清军入关，占领北京，并随即开始统一全国的战争。清政府宣称："免顺治元年关津税课，自二年正月初一日以后，方照故明额。"[②]因为晚明时的正额为 360 000 两，笔者估计顺治时期的税额大约也是这个水平。由于持续的战争，很难去查找到这一时期的关税总额。

---

①《明清史料》，乾隆十八年九月十五日，安徽巡抚高晋折，档案号 184，台北"中央研究院"历史语言研究所藏清代内阁大库。

② 刘锦藻：《清朝续文献通考》卷 26，杭州：浙江古籍出版社，2000 年。

顺治、康熙年间，清廷多次调整各关的正额银数（变化详见后文各关变动）。例如，康熙十九年（1680 年），清廷称："粤闽、广西、湖广、四川等省，俱已荡平，商贾通行。今正值需饷之际，相应将各关原额征税之外，酌量加增。"因此，芜湖关的税额从 45 300 两增长到 50 300 两，北新关从 2400 两增长到 3400 两，龙江关从 39 300 两增长到 43 800 两。[①]大致而言，各关的正额总数增长至约 200 万两。[②]

康熙六十一年（1722 年），康熙帝发布上谕称："各部院衙门官员派出税差者，特为照额完足正项钱粮，所得羡余拿回养赡伊等家口，照看亲戚族人。今看得出差官员，时常缺欠钱粮。若缺欠钱粮，本身认罪而出差回来，兄弟亲戚族人不能照看，就无颜面，因此公私均属无益。"[③]故而将其中的部分税差交予地方官经理，这些关包括淮安关、天津关、凤阳关、北新关、南新关、临清关、荆关、江海关、浙海关。雍正元年（1723 年），交由地方官兼理的税关进一步扩大，如浒墅关、扬州关、龙江关、芜湖关、赣关、太平关等。崇文门因为并未拖欠钱粮，仍循旧例由内务府派员；左翼、右翼、古北口、潘桃口、张家口、杀虎口则因征收无多，一仍其旧。此后虽时有调整，但总体格局未变。

除了正额外，一些税关还加征铜斤水脚（一种用于运输铜材的费用）。1707 年停止由沿河税关负责运铜，但运费依然要收取。根据记载，崇文门每年的运费为 7692 两（闰年为 8536 两）；天津关、临清关、西新关都是 7692 两；江海关 2500 两，浒墅关 22 442 两，淮安关 15 384 两；凤阳关 10 320 两；芜湖关 18 423 两；九江关 18 392 两；赣关 5346 两；闽海关 7000 两；浙海关 3750；北新关 15 384 两；太平关 5846 两；粤海关 3564

① 《抄档·题本·关税》，乾隆三年五月二十八日，工部尚书来保等折，中国社会科学院经济研究所图书馆藏。

② 崑冈等：《光绪大清会典》卷 23，北京：中华书局，1990 年。

③ 《明清档案》，嘉庆三年九月二十八日，两广总督吉庆折，档案号 A286-4，台北"中央研究院"历史语言研究所藏清代内阁大库。

两。铜斤水脚每年总数为 166 811 两（闰年为 167 655 两）。因为这被视为税额的一部分，因此将其归属为正额，在涉及时不会进行区分。[①]

当税收超过正额时，就出现了盈余，盈余也是政府的收入。关于盈余，乾隆帝称："各省关税定有正额，而尽收尽解。自有盈余，此不过杜司榷者侵蚀之弊，并无有累于商民也。但各省年岁之丰歉不同，货物之多寡亦异，其盈余原不能年年划一，近见各关报满之时，如盈余浮上年，则部中不复致议，如减于上年之数，则部中即行驳查。司榷者惟恐部驳，必致逐岁加增。年复一年，将何所止，苦累商民事有必然之势。……总之，查核过严，则额数日增，其害在于众庶；查核稍宽，则司榷侵蚀，其损在于国帑。此中轻重固有权衡，著大学士会同该部详议具奏。"[②]

乾隆九年（1744 年），湖北巡抚晏斯盛奏报荆州关盈余时，让乾隆帝非常气愤。晏斯盛在他的奏报中称 1741—1744 年的盈余依次是 13 049.9 两、14 755 两、27 571.5 两和 24 247.2 两。乾隆直接的回复晏斯盛："如此锱铢较量，竟似一篇言利章奏于朕前，不知尔出何心耶？果如稽查严密，或者自不染指，虽少何妨？若有如上所指之弊，即费辞掩饰，亦无久而不露者。且如此居心，亦不过内府微员，只司关税者尚可。汝为一省巡抚，亦国家方面之寄矣，如此居心行事，尚可问耶！此奏亦不交部，朕交部议驳，不过如此应答而已。汝等伎俩，朕实洞悉，批谕使知愧耳！"[③]这份档案让我们从一个更深的层面了解到皇帝对关税的态度。

经济的增长促进了盈余的增长。为了控制这一收入来源，政府进行了多次调整。乾隆十四年（1749 年）十一月十五日，乾隆皇帝再次发布长篇上谕：

---

① 崑冈等：《光绪大清会典》卷 23，北京：中华书局，1990 年。

② 中国第一档案馆：《乾隆朝上谕档》，乾隆六年十二月初三，北京：档案出版社，1998 年。

③《宫中档朱批奏折・财政类・关税》，《奏报荆关盈余银数事》乾隆九年二月初六日，湖北巡抚晏斯盛折，档案号 04-01-35-0316-22。乾隆九年二月初六日，湖北巡抚晏斯盛折，档案号 04-01-35-0316-22，中国第一历史档案馆藏（以下同类档案省收藏单位）。

户部所奏各关征收盈余银两，比较上届短少者按分数加以处分一折，所见虽是，但盈余究在正额之外，然非额外别征。盈余缘照额征收，尽收尽解，其溢于成额者，即谓之盈余，是名虽盈余，实课帑也，亦即正供也，岂有居官食俸、受国家豢养之恩，至侵亏国帑而可置之不闻之理！然该部定议亦有未协之处，如议而行则好论之徒必将谓计臣习于言利，故不得不为详悉开示。当康熙年间，关差各有专员，恣意侵蚀，不但无盈余，并不敷正额，然至任满之时，未尝不量其所入派工派差，无得饱其私囊者。而当时风气俱视缺额为份所当然。是以有雍正年间一番清理，凡官侵吏蚀、仆役中饱，举烛照而数计焉。于是各关之以盈余报者相属，而缺额者从未之闻矣。可见岁额本敷，盈余本有，向之有缺无盈，其弊自在漏卮耳。自朕御极而中外人心举知政尚宽大，希图欺隐，时则盈余岁减一岁，又渐开亏损正额之端。用是曾降谕旨，所有较前减少之员，交部严行察议，令其稍知法纪。而朕意又恐查核过严，则各关自顾考成，必求溢羡，或致借端横索，因令数目相仿者，该部即行核题，如其林相悬殊，令各该督抚就地方实在情形据实声覆，非不知督抚查核不过据监督之所申报，代为奏闻，并无另行查办之处。自以盈余非库帑可比，论洁己奉公之道，固不当染指，但当与侵盗钱粮有间，故为伊等稍留余地，开一解免之门，亦可知朕意之所在矣。迄今年复一年，较前有减无增，部臣以督抚核题虽称并无侵隐，亦缘该员办理不善，请比较上届短少至一分以上者，各按数定以处分。此虽为慎司国计起见，然所称与上届比较不无流弊，有如甲盈一万，则下届之乙必思盈及万有五千，再下届之丙又将增加二万，至丁而三万，似此相竞不已，又将无所底止，必至病商敛怨，非理财之正道也。夫盈余无额而不妨权为之额。朕意当以雍正十三年征收盈余数目为定，其时正诸弊肃清之时，而亦丰约适中之会也。乾隆元年以后则诸臣幸朕初政之宽而渐起弊端之时也，概不可准。自雍正十三年而上下二三十年之中，岁时之殷歉相若也，贾船之往来相若也，民风之奢俭相若也，则司榷之征收又何致大相悬殊哉！嗣后正额有缺者，仍照定例处分，其各关盈余成数，视雍正十三年短少者，该部按所定分数议处，永著为例，则既可杜征多报少、侵肥己囊之渐，亦不致长竞胜增加之端，庶为得中，如此而仍有以言利兴訾者，是为罔知大计而直欲饱其欲壑者耳。其详谕中外知之，钦此。[①]

据此，我们明确了清代关税制度史上非常重要的比较标杆。

然而，随着时间推移，与1736年的数额相比，几乎所有税关的盈余都相差无几。1777年，当扬州关和凤阳关与1736年的标准比较时，再次出现缺额。乾隆帝不得不承认与1736年的税额相比并不是一个好办法。他制定了上三年比较的方法来替代："盖税课盈缩，率由于年岁丰歉，固难免参差不齐。而通计三年，即可得其大概，若多寡不甚悬殊，原可无（毋）庸过于拘泥。此法最为平允。嗣后各关征收盈余数目，较上届短少者，俱与再上两年复行比较。如能较前无缺，即可核准。若比上三年均有短少，再责令管关之员赔补，彼亦无辞。夫朕以雍正十三年为准，本属美意，今既有此求全之毁，嗣后此例不必行。"[②]然而，在实行中，户部总是与上三年中的最高盈余进行比较。如果盈余少了，管关官员将不得自行补足缺额。

显然，因为没有兼顾盈余增长或者下降，上三年比较之例不是一个很好的政策。在执行过程中，官员会通过各种可用的方式来增加税收。此外，乾隆后期开始，贸易格局发生了极大的改变，关税的征收情况也随之改变。长江和沿海税关的税收明显增长，而运河沿线的关税则处于下降趋

---

①《明清档案》，乾隆十五年八月初十日，荆州关监督西宁折，档案号 152，台北"中央研究院"历史语言研究所藏清代内阁大库。

② 中国第一历史档案馆：《乾隆朝上谕档》，乾隆四十二年八月初三日，北京：档案出版社，1998年。

势，没有人愿意担任那些税关的监督，因为他们将不得不从自己掏钱来补足缺额。因此，嘉庆四年（1799年），政府被迫取消上三年比较的方法，取而代之的是设置新的固定盈余（正额没有改变）。这也是清代关税史上的重要事件。嘉庆四年三月十八日，嘉庆帝宣称：

> 向来各关征税，于正额之外，将赢余一项，比较上三届征收最多年分，如有不敷，即著征收之员赔补，以致司榷各员藉端苛敛，而赔缴之项仍未能如数完交，徒属有名无实。因思各关情形不同，所有赢余数目自应酌中定制，以归核实而示体恤。已于户部所奏各关赢余银数清单内，经朕查照往年加多之数，分别核减，自此次定额之后，倘各关每年盈余于新定之数，再有短少者，即行著落赔补，如于定数或有多余，亦即尽收尽解，其三年比较之例，著永行停止。至工部船料竹木等税，除渝关赢余向无定额，及由闸等关并无赢余外，其余亦经分别减定，嗣后即一律办理，毋庸再行比较。①

根据这一新政策，确定了固定的盈余数额：坐粮厅6000两，天津关20 000两，临清关11 000两，江海关42 000两，浒墅关235 000两，淮安关111 000两，庙湾口22 000两（淮安关兼管），扬州关68 000两，西新关29 000两，凤阳关15 000两，芜湖关73 000两，九江关347 800两，赣关38 000两，闽海关113 000两，浙海关39 000两，北新关65 000两，武昌厂12 000两，夔关110 000两，粤海关855 500两，太平关75 500两，梧州厂7500两，浔州厂5200两，归化城1600两，山海关49 487两，杀虎口15 414两，张家口40 561两。这些税关的盈余总额为2 407 562两。

五年后，政府再次修改一些税关的盈余。户部奏报称：

> 臣等将各关节年征收盈余数目通行核算，如粤海、天津、北

① 中国第一历史档案馆：《嘉庆道光两朝上谕档》，嘉庆四年三月十八日，桂林：广西师范大学出版社，2000年。

新、赣关等处，与钦定数目增多几至一倍，较之嘉庆三年所收数目俱有盈无绌。数年以来，既已次第增多，嗣后自不虞其再有短缺。至江海、太平、武昌、归化城等处，与钦定数目增多一千余两至一万余两不等，较之嘉庆三年银数尚属不甚悬殊。坐粮厅、芜湖、梧州、浔州、打箭炉并淮安兼管之海关庙湾口，与钦定数目增多不过数两至二千余两，而较之嘉庆三年所征数目俱有短绌。闽海关嘉庆四、五、六、七、八等年所收盈余较之钦定数目多自九千四百二十余两至四万一千余两不等。……惟浙海、扬州、凤阳、西新、九江、浒墅、淮安、夔关，迩年间有收不足数之时，临清关竟至三年全数亏短，虽偶因地方偏灾，货物到关稀少，究由该监督等经理不善所致。……浙海等八关可否仍照嘉庆三年盈余数目征收，如有短少，责令赔补。[①]

据此，嘉庆帝发布上谕，借“酌减”之名，上调了几个关的盈余数量：西新关从 29 000 两增加到 33 000 两，九江关从 347 800 两增加到 367 000 两，浙海关从 39 000 两增加到 44 000 两，扬州关从 68 000 两增加到 71 000 两，凤阳关从 15 000 两增加到 17 000 两，浒墅关从 235 000 两增加到 250 000 两，淮安关从 111 000 两增加到 131 000 两。其他税关的盈余没有变化。这次修改后，盈余总额从 2 407 562 两增加到 2 475 762 两。[②]

直到 1831 年，盈余的定额都保持稳定。然而，1831 年，因为淮安关和浒墅关所收之税总是少于定额，政府同意削减两关的盈余，淮安关从 131 000 两减少至 110 000 两，浒墅关从 250 000 两减少至 230 000 两。[③]此后，直到清末，盈余定额都没有太大的变化（表 2.2）。

---

①《军机处录副奏折·嘉庆朝·财政类·关税项》嘉庆九年六月十一日，户部尚书禄康等折，档案号 03-1767-64，中国第一历史档案馆藏（以下同类档案省收藏单位）。

② 李鸿章等：《大清会典事例》卷 238，上海：商务印书馆，1908 年。

③ 中国第一历史档案馆：《嘉庆道光两朝上谕档》，道光十一年八月十三日，桂林：广西师范大学出版社，2000 年。

表 2.2　晚清关税定额表　（单位：两）

税关	正额	盈余	合计
崇文门*	102 175	212 789	314 964
左翼	10 008	18 000	28 008
右翼	10 005.12	7 321.4	17 326.52
坐粮厅	6 339.26	6 000	12 339.26
淮安关	254 363.602	110 000	364 363.602
浒墅关	191 151.388	230 000	421 151.388
扬州关	92 791.3	71 000	163 791.3
芜湖关	156 919.08	73 000	229 919.08
西新关	41 376.325	33 000	74 376.325
凤阳关	90 159.6	17 000	107 159.6
江海关	23 980.33	42 000	65 980.33
天津关	48 156.313	20 000	68 156.313
临清关	37 376.313	11 000	48 376.313
九江关	172 281.306	367 000	539 281.306
赣关	46 470	38 000	84 470
北新关	123 053.65	65 000	188 053.65
浙海关	35 908.23	44 000	79 908.23
闽海关	73 549.547	113 000	186 549.547
太平关	52 675	75 500	128 175
粤海关	43 564	855 500	899 064
山海关	61 642.379	49 487	111 129.379
张家口	20 000	40 561	60 561
杀虎口	16 919.95	15 414	32 333.95
归化城**	15 000	1 600	16 600
天津海关	26 000	14 000	40 000
奉天	3 307	无定额	3 307
凤凰城中江	4 000	1 000	5 000
武昌厂	33 000	12 000	45 000
夔关	73 740.491	110 000	183 740.491
打箭炉	20 000	无定额	20 000

续表

税关	正额	盈余	合计
梧州厂	60 913	7 821	68 734
浔州厂	43 741	5 565	49 306
辰关	12 500	3 800	16 300
武元城	1 231	2	1 233
临清工关	4 572.74	3 800	8 372.74
芜湖工关	70 146.16	47 000	117 146.16
龙江关	57 607.225	55 000	112 607.225
荆州关	17 687.156	13 000	30 687.156
通永道	7 115	3 900	11 015
渝关	5 000	无定额	5 000
南新关***	30 247.5	−77.981	30 169.519
古北口	1 212.51	无定额	1 212.51
盛京木税	2 000	无定额	2 000
吉林木税	656	无定额	656
潘桃口	6 445	无定额	6 445
伊犁木税	无定额	无定额	无定额
合计	2 206 987.475	2 792 982.419	4 999 969.894

注：* 崇文门正额为 102 175 两，遇闰加增至 110 710 两；
** 归化城征收铜钱，正额约为 9 000 000 文，盈余为 137 610 文，这些税收不计入总额；
***南新关固定盈余为 3 922.019 两，但每年还额外收到北新关的 4000 两

除了普通的正额和盈余外，有些关署还要上交额外盈余，如天津关每年要向内务府上交 12 000 两。

1851 年，太平天国运动爆发，几乎所有靠近江苏、浙江和长江沿线的税关，都受到巨大影响。尤其是芜湖关、九江关、扬州关等，受到的影响最为严重，征税活动几乎瘫痪，清廷不得不修改这些关的税额，同意可以“尽征尽解”，而不必拘于正额和盈余的“定制”进行奏销。随后，浒墅关、淮安关、九江关、芜湖关、凤阳关、崇文门、临清关也纷纷援案奏请，希望能“尽征尽解”。但因财政困难，需饷孔亟，户部不得不对这些关的要求——驳斥：“若竟任其尽征尽解，而不予以限制，则既经奏请之关固可因以自便，即

未经奏请之关亦必纷纷效尤。……今不论额定税数而第曰尽征尽解，则十成内收至九成者谓之尽征尽解，即十成内仅收至一二成者亦谓之尽征尽解，是征收关税可以任意亏短而臣部亦无凭考核。”[①]也就是说，宁可看着这些关征不足数而进行不近情理的考核，也不能同意它们的“尽征尽解”。换句话说，那些税关监督必须自己去解决困难——至少这是中央政府所希望的。

（四）税率和附加税

顺治元年（1644 年），清军进入北京，该年没有征税。一年后，顺治政府开始征税，并对明代的税则进行了修改。两个主要的变化是：计征方式由铜钱改为银两；增删了一些征税条款。根据许檀、经君健的研究，雍正时期，崇文门调整税额的商品共 30 条，约占条款总数 1173 条的 2.6%；乾隆年间税额增减的商品共计 36 条，约占条款总数 1192 条的 3%。[②]

临清关，仅保留了明代 1900 余条税则中的 180 条，明代一些非常时兴的商品，如来自南京、杭州的织金绸缎和来自苏州的织金纱绢服装，到清代的商贸中就没有了。[③]道光时期，粤海关增加了一些新商品的税则，如独轮车征银 2 两，玻璃做的金丝雀笼子征银 3 两。[④]

清政府废除了明代提前固定商品价格的政策，改为按商品数量或体积收税。这一单位包括石、车、条、个、篓、担、块、套、口、斤、匹、件、副、箱和包等。通常来说，各关的税则分为四大类商品，即衣物税则、食物税则、用物税则和杂物税则。然而，实际的税则因税关而异。在北新关，2100 种课税的商品分为 50 种大类，包括缎、罗绫纱布匹、丝绵花麻、毡货毛毯、巾帽靴鞋、颜料胶漆、铜铁铅锡、花白瓷器、杂色药材、杂货、外国商品等。[⑤]共有 217 种药材和 50 种衣物，许多条目甚至无法翻

---

① 《军机处录副奏折·咸丰朝·财政类·关税项》，咸丰三年八月十七日，大学士祁寯藻折，档案号 03-4376-049。

② 许檀、经君健：《清代前期商税问题新探》，《中国经济史研究》1990 年第 2 期，第 93 页。

③ 《抄档·题本·关税》，乾隆十一年九月初二，户部尚书刘於义等折，中国社会科学院经济研究所图书馆藏。

④ 倭仁主纂：《钦定户部则例》卷 68，同治四年（1865 年）刻本。

⑤ 蒋兆成：《明清嘉杭湖社会经济研究》，杭州：浙江大学出版社，2002 年，第 409 页。

译成英文。据说“各因各地商民之习惯定其纳税之单位，而无暇于税则上求科学之单位也。正税之外，尚有附收纸笔、饭银、补水等费，而其最为社会之笑柄者，则商民须负担验货员之舆费。然其暗中之留难需索，卖私放行，百计多端，始非局外人所能深悉也”。①

此外，在货物运输途中，梁头也同时作为一种抽税方式。实际上，就是征收船税。为此，官府需要丈量船只的长度和宽度，并与不同的尺寸表作比较。因为是征收银两，这种税也被称为梁头银。在九江关，中等型号和较大型号船只的税额为 17.5 两，加上其他的附加税，每艘船的税收总额分别可以达到 47—48 两和 37—42 两。每艘盐船的税额高达 146 两。②在浒墅关，根据携带货物的数量征收梁头银：平料（普通货物），加平（普通货物加上梁头），补料（继续增加梁头），加补（增加特殊梁头）。表 2.3 展示了浒墅关梁头银和船只长度的关系。

表 2.3 1686 年浒墅关梁头银和船只长度关系表 （单位：两）

船长（尺）	平料	加平	补料	加补
7	1.7	8.1	9.1	11.1
8	3.1	11.2	12.2	16.2
9	4.2	14.3	15.3	24.3
10	5.3	16.4	17.4	29.4
11	7.4	20.5	21.5	34.5
12	8.5	24.6	25.6	39.6
13	9.6	28.7	29.7	44.7
14	10.7	33.3	33.8	49.8
15	11.8	37.9	38.9	53.9
16	12.9	42.1	43.1	59.1
17	14.1	46.2	47.2	63.2
18	15.2	51.3	52.3	67.3

资料来源：凌寿祺：《浒墅关志》卷 5，上海：上海书店出版社，1992 年

注：3 尺=1 米

① 李景铭：《中国财政史》，北京：华北大学，1936 年，第 358—359 页。

② 中国第一历史档案馆：《雍正朝汉文朱批奏折汇编》第 14 册，南京：江苏古籍出版社，1991 年，第 111—112 页。

在粤海关，有三种梁头银：一种是用于中国船只（4 个等级，按尺征税），一种是用于日本船只（4 个等级），一种是用于西洋船只（3 个等级），如表 2.4 和表 2.5 所示。

表 2.4 粤海关中国船只梁头银

等级	长度（尺）	宽度（尺）	每 10 尺税额
1	74	22	15
2	70	20	13
3	60	18	11
4	50	16	9

资料来源：梁廷枏：《粤海关志》卷 9，广州：广东人民出版社，2002 年

表 2.5 粤海关日本、西洋船只梁头银

等级	日本船		西洋船		每艘船税额（两）
	长度（尺）	宽度（尺）	长度（尺）	宽度（尺）	
1	74	23	74	23	1 400
2	70	21	72	22	1 100
3	60	20	65	20	600
4	50	15	—	—	400

资料来源：梁廷枏：《粤海关志》卷 9，广州：广东人民出版社，2002 年

许檀、经君健认为："清代的税则条款和税额，从整体上看是相当稳定，那么应该可以认为，其税率是呈下降趋势的。"①然而，因为税率和税则有关，各税关设置了自己的税则，因此很难计算出清代各个税关的准确税率。例如，1756 年，通过扬州关的大豆、稻米、小麦、芝麻，每石征银 0.02 两。这一时期普通的各类稻米每石价格在 2.4—2.5 两至 3.1—3.2 两，所以税率为商品价值的 0.63%—0.83%。②尽管这是特殊的例子，但也展示了税率的多样性。

雍正时期，夔关的税率被固定下来，"每银一两，税银三分"。③换句话

① 许檀、经君健：《清代前期商税问题新探》，《中国经济史研究》1990 年第 2 期，第 95 页。
② 台北"故宫博物院"故宫文献编辑委员会：《宫中档乾隆朝奏折》第 13 册，台北："故宫博物院"，1983 年，第 710 页。
③ 倭仁主纂：《钦定户部则例》卷 70，同治四年（1865 年）刻本。

说，税率为商品价值的3%。乾隆、道光和同治时期，沿用了这一税率。

1728年，山东巡抚奏报“临关小税中剥买杂粮，每石纳银一分一厘，粮食以米麦为贵，请将米麦二项，照小税加倍，每石纳银二分二厘”。[①]鉴于每石米麦的价格为0.5—0.7两，邓亦兵估算临清关稻米的税率为其价值的2.2%—5.5%。[②]

岸本美绪发现在雍正时期，浒墅关稻米的税率为3.7%—6.7%。[③]根据邓亦兵的研究，乾隆时期浒墅关稻米的税率为2.2%—4.0%，道光时期为2.5%。[④]泷野正二郎（Takino Shojiro）利用大豆的价格（每石1.2两），估算出1778年淮安关的税率（0.05两）为4.2%；在19世纪早期的税率甚至更低。[⑤]

何本方估算出通过左翼、右翼、奉天牛马税、凤凰城中江的商品，其税率为3%，而粤海关的进口货物税率为5.76%，出口货物税率为3.74%。[⑥]彭泽益计算出江海关、浙海关、闽海关和粤海关的税率为2%。[⑦]邓亦兵还估算出通过夔关的白蜡的税率为3.75%，通过浒墅关的棉布的税率为2.7%，通过山海关青茶的税率为1.8%—2.4%。[⑧]香坂昌纪估算出通过北新关普通丝绸的税率为1.3%。[⑨]

因为这类材料非常分散，记载的方法杂乱无章，大多数学者都偏爱于做个案研究。他们的研究指出，清代的关税税率大约在2%—5%。

一些货物是免税的。1737年，杀虎口开始取消过关人员随身携带的扫帚、竹篮、蔬菜、食物、稻米、鞋子和袜子的关税。[⑩]1739年，龙江、西新

① 台北“故宫博物院”故宫文献编辑委员会：《宫中档雍正朝奏折》第11册，台北：“故宫博物院”，1978年，第649—650页。

② 邓亦兵：《清代前期税则制度的变迁》，《中国史研究》2003年第3期，第160—161页。

③ 岸本美绪：《清代中国の物価と經濟變動》，东京：研文出版社，1997年，第118—119页。

④ 邓亦兵：《清代前期税则制度的变迁》，《中国史研究》2003年第3期，第217页。

⑤ Takino Shojiro，Qing Dai Qian Long Nian Jian Chang Guan Zheng Shui E（The Quota of Customs Duties in the Qianlong Reign），*Oriental History Journal of Kyushu University*，vol 29，2001. pp. 116—156 .

⑥ 何本方：《清代户部诸关初探》，《南开学报》1984年第3期，第75页。

⑦ 彭泽益：《清初四榷关地点和贸易量的考察》，《社会科学》1984年第3期，第136—141页。

⑧ 邓亦兵：《清代前期税则制度的变迁》，《中国史研究》2003年第3期，第219—220页。

⑨ 香坂昌纪：《清代中期の杭州と商品流通》，《东洋史研究》1991年第1号，第34—57页。

⑩ 倭仁主纂：《钦定户部则例》卷55，同治四年（1865年）刻本。

关的监督记载“至如稻箩、粪箕、撮簸，皆农家之用；鸡、鸭、猪、狗杂毛短发，皆粪田之需；又秧鞋、蒲鞋、草靸、凉鞋、布条、脚带、扫帚、蒿苗、帝竹、筷竹、篦扇、料旧、篦子、碎布头、半截驴皮、菜种、茨菇、荸荠、樱桃、葡萄、甘蔗、萝卜、冬瓜、青白梨、鸡鸭蛋，皆穷人度活之物；又失风破船板，尤属患难之余，此均当不入税款者也”。[①]

当发生重大自然灾害，粮食会被宣布为免税。清代有大量提及粮船免税的记载。此后，加之感受到人口增长带来的压力，清政府同意来自暹罗（泰国）的米船自 1743 年以后，关税减免 20%—50%。[②]

清代第三类免税的是漕运。康熙二年（1663 年）清政府规定，漕运船只需要按规定进行登记，所有漕船上的货物免税。[③]雍正年间，清廷允许漕船免税携带 126 石的稻米等免税货物前往北京；乾隆年间，增加为 150 石；道光年间，又增加为 180 石。笔者曾估计每年漕船运输的免税货物超过 900 000 石。[④]

各税关通常都会通过各种途径，以不同税率征收附加税。那些收入大部分用于各关关署的日常行政经费，因为清政府不会提供雇佣下属和力役的资金。由于清政府允许附加税，征收的数量不会纳入正常的税收奏报中，因此笔者把那些附加税加入了本书的附录 A（常关征税表，1723—1910 年）。不同的税关对附加税使用不同的名称，如西新关和淮安关的饭食银，临清关的米麦饭银、杂货饭银，天津关的罚倍银，太平关的并封平余，闽海关的平余、罚料、截旷，扬州关的看舱饭费，闽海关的罚料银，粤海关的规礼、担头银等。

例如，浒墅关征收的一项附加税称为平余银。清代的白银兑换系统非常复杂，平余就是其中的一部分。根据规定，所有送往中央政府的白银以

① 贺长龄：《清经世文编》卷 51，北京：中华书局，1992 年。
② 刘锦藻：《清朝续文献通考》卷 27，杭州：浙江古籍出版社，2000 年。
③ 李鸿章等：《大清会典事例》卷 239，上海：商务印书馆，1908 年。
④ 倪玉平：《清代漕粮海运与社会变迁》，上海：上海书店出版社，2005 年，第 228 页。

库平的标准称重。然而，有时中央政府也以市平的标准去称量支出的白银。因为市平银的重量比库平银轻，中央政府可以从两种称重标准中获利，而地方政府或征税机关就会蒙受损失。为了弥补这种损失，浒墅关引进了一种称为平余银的附加税，在常规税收的基础上，每两加收5.8%。随着时间流逝，平余银成为浒墅关重要的收入来源。后来，这甚至成为内务府的一项占次要地位的收入。

平余有三种类型：一种是固定税率，交给关署；一种交付江宁织造，每年不超过3000两；还有一种是剩余的平余，被送往内务府。

表2.6显示浒墅关每年给内务府上交了大量的平余银，这成为内务府的一项重要收入。正如笔者所指出，附加税是用于满足各关管理所需的经费，根据邓亦兵的研究，附加税占各关总税收的11%—24%。[①]

表2.6 嘉道时期浒墅关各类平余银 （单位：两）

年份	支用耗羡银	补贴织造银	实交内务府银	共征平余银
1796	8 156.36	2 834.483	16 381.797	27 372.64
1797	8 190.59	2 207.012	16 951.138	27 348.74
1798	7 409.09	2 991.487	12 975.703	23 376.28
1799	7 734.11	1 672.76	15 458.41	24 865.28
1800	7 619.28	2 162.786	15 412.364	25 194.43
1801	7 482.67	2 993.41	13 310.81	23 786.89
1802	6 946.48	2 913.494	11 338.026	21 198
1803	7 349.34	2 299.707	13 453.933	23 102.98
1804	7 528.89	2 922.904	13 588.516	24 040.31
1805	6 828.21	1 348.479	12 666.611	20 843.3
1808	6 481.06	2 955.156	10 644.384	20 080.6
1809	7 148.93	2 994.912	12 684.228	22 828.07
1810（1）	7 031.27	2 920.058	12 220.412	22 171.74
1810（2）	5 582.51	1 067.925	9 069.925	15 720.36
1811	6 665.77	2 986.898	10 761.402	20 414.07
1812	6 896.113	2 978.209	11 670.908	21 545.23
1814	5 747.7	2 959.468	7 530.152	16 237.32

① 邓亦兵：《清代前期关税制度研究》，北京：燕山出版社，2008年，第173页。

续表

年份	支用耗羡银	补贴织造银	实交内务府银	共征平余银
1816	7 125.17	2 986.688	12 882.462	22 994.32
1817	7 310.15	3 000	13 189.64	23 499.79
1818	7 328.92	3 000	13 152.88	23 481.8
1819	7 287.97	3 000	13 171.87	23 459.84
1820	6 822.57	3 000	11 290.84	21 113.41
1821	7 005.76	3 000	11 973.82	21 979.58
1822	6 533.26	3 000	10 186.51	19 719.77
1823	6 124.9	1 667.925	10 070.975	17 863.8
1824	6 313.58	2 480.15	10 000.71	18 794.44
1825	6 534.5	1 906.179	11 321.641	19 762.32
1826	6 643.24	2 000.364	11 697.226	20 340.83
1827	6 299.71	1 998.721	10 314.399	18 612.83
1828	6 671.24	2 315.845	11 470.305	20 457.39
1829	6 701.43	2 831.203	10 991.137	20 523.77
1830	6 755.42	2 524.878	11 512.082	20 792.38
1832	5 357.14	2 669.737	6 252.013	14 278.89
1833	5 237.94	1 839.304	6 984.266	14 061.51
1834	5 956.96	1 718.315	9 894.395	17 569.67
1835	5 148.32	1 250.869	7 300.91	13 700.099
1837	5 785.55	2 897.319	7 690.311	16 373.18
1838	5 643.84	1 368.799	8 702.531	15 715.17
1839	5 484.55	1 427.684	8 123.706	15 035.94
1840	5 158.78	2 223.275	6 114.805	13 496.86
1841	4 933.85	1 899.685	5 679.655	12 513.19
1843	5 469.04	1 134.015	8 535.175	15 138.23
1845	5 648.82	1 216.963	8 802.407	15 668.19
1846	5 679.3	1 225.075	8 911.785	15 816.16
1847	5 184.32	1 359.757	9 900.743	16 444.82
1848	5 902.9	3000	11 006.15	19 909.05
1850	4 434.45	301.131	5 526.79	10 262.371

注：由于阴历的原因，1810 年有两个税收数据

（五）洋关

洋关，即针对国际贸易设立的关署，1861 年是洋关历史上具有里程碑

意义的一年，因为这一年建立了中国海关总税务司。

清初，为对抗以郑成功为首的东南沿海抗清势力，于顺治十八年（1661 年）颁布迁海令，命江南、浙江、福建、广东等地居民向内地迁移30至50里，禁止任何船只出海，这严重影响了清朝前期的对外贸易。清朝统一台湾后，康熙帝于二十三年（1684 年）开放海禁，对外贸易获得了一定程度的恢复和发展，江海关、浙海关、闽海关和粤海关都承接对外贸易，但在这四关之中，其他各关的洋税征收量极少，粤海关则一枝独秀，遥遥领先。乾隆二十二年（1757 年）清廷开始实行闭关政策，只允许广州一口作为贸易口岸，粤海关成为当时唯一拥有国际贸易特权的税关。嘉庆二十五年（1820 年），嘉庆帝曾开出这样的采办货物清单："粤海关监督奉行知，准进朝珠、钟表、镶嵌挂屏、盆景、花瓶、珐琅器皿、雕牙器皿、伽楠香手串、玻璃镜、日规、千里眼、洋镜。"[①]在很长的时间内，中国在对外贸易中一直处于出超地位，使白银大量流入中国，这对清代的社会经济有着极为深远的影响。

1843 年，在第一次鸦片战争之后，四个新的税关对外国人开放，即江海关、浙海关、福州洋关和厦门洋关。太平天国运动期间和结束之后，清廷又被迫开设了更多的洋关，洋关也逐渐被西方人管控。1861 年，在总理各国事务衙门（总理衙门）的主持下成立了中国海关总税务司。从那时起，在法律上洋关归属于西方人管控，洋关历史上最重要的人物就是英国人赫德（R. Hart）。因为洋关已由指定的西方税务司进行单独管理，洋关形成了独立的税收系统，并成为清政府的一项特殊的财政收入。表 2.7 列出了洋关关口设立的概况。

表 2.7　洋关建立的时间和条约

洋关	时间	条约
粤海关	1685 年	
江海关	1843 年	《南京条约》（1842 年）
浙海关	1843 年	《南京条约》（1842 年）

① 梁廷枏：《粤海关志》卷 25，广州：广东人民出版社，2002 年。

续表

洋关	时间	条约
福州洋关	1843 年	《南京条约》（1842 年）
厦门洋关	1843 年	《南京条约》（1842 年）
苏州关	1896 年 10 月 1 日	《马关条约》（1895 年）
镇江关	1861 年 5 月 1 日	《天津条约》（1858 年）
金陵关	1899 年 5 月 1 日	《天津条约》（1858 年）
芜湖洋关	1877 年 4 月 1 日	《中英烟台条约》（1876 年）
九江洋关	1863 年 1 月 1 日	《天津条约》（1858 年）
江汉关	1863 年 1 月 1 日	《天津条约》（1858 年）
岳州关	1899 年 12 月 13 日	清政府自行开放
长沙关	1904 年 7 月 1 日	中英《续议通商行船条约》（1902 年）
沙市关	1896 年 10 月 1 日	《马关条约》（1895 年）
宜昌关	1877 年 4 月 1 日	中英《烟台条约》（1876 年）
重庆关	1891 年 3 月 2 日	中英《烟台条约续增专条》（1885 年）
杭州关	1896 年 10 月 1 日	《马关条约》（1895 年）
瓯海关（温州）	1877 年 4 月 1 日	《烟台条约》（1876 年）
台湾关	1862 年 7 月 18 日	《天津条约》（1858 年）
梧州洋关	1897 年 6 月 4 日	《中英缅甸条约》（1886 年）
南宁关	1907 年 1 月 1 日	清政府自行开放
镇南关	1889 年 6 月 1 日	《中法续议商务专条》（1887 年）
蒙自关	1889 年 8 月 13 日	《中法续议商务专条》（1887 年）
思茅关	1897 年 1 月 1 日	《中法商务专条附章》（1895 年）
腾越关	1902 年 5 月 8 日	《中英缅甸条约附款》（1897 年）
东海洋关	1861 年 8 月 20 日	《天津条约》（1858 年）
津海关	1861 年 3 月 23 日	《北京条约》（1860 年）
秦皇岛关	1902 年 1 月 1 日	清政府自行开放
牛庄关	1863 年 1 月 1 日	《天津条约》（1858 年）
安东关	1907 年 3 月 14 日	《中日通商行船续约》（1903 年）
哈尔滨关	1908 年 2 月 5 日	《中日会议东三省正约附约》（1905 年）

资料来源：汤象龙：《中国近代海关税收和分配统计：1861—1910》，北京：中华书局，2005 年，第 54—60 页

如表 2.7 所示，洋关是逐渐开放的，在清朝统治结束前，已经有超过 30 个洋关。1902 年，《辛丑条约》谈判过程中，因赔款数额巨大，且清廷国库一贫如洗，经协商以 39 年为期，分年计算摊赔，本息共计 9.82 亿两。列强在条约中规定，距各通商口岸 50 里以内的常关税收改归洋关管理和征收，作为抵还赔款的税源。1901 年，清廷将津海、东海、牛庄、九江、芜湖、江海、浙海、闽海、粤海等 50 里内常关划归税务司管理。据统计，50 里内常关每年税收为 300 万两。这无疑又是清代关税体制上的又一次重大变化。尽管如此，关税收入依然需要上奏朝廷，但这对于本书的税收统计几乎没有什么影响。

除了这些变化，1906 年政府下令，不管该年是由 12 个月还是 13 个月组成，常关的关期都从 1 个阴历年改成 12 个阴历月。随着闰月的累积，一些阴历年会有 13 个月，因此会出现有两组税收数据的情况。假如第一个关期在正月结束，而当年是闰年，那么下一个关期将会在该年的十二月结束。这样的案例每 32—33 年就会出现一次。这意味着到 1938 年，大多数税关将会出现两个税收数据。当然，清朝并没有延续这么久。

第三章　边疆边贸各关

如第二章所述，清代共有三种类型的常关，即边疆边贸税关、运河长江沿线税关和沿海税关。税口或关署位于边疆及税收主要来自与少数民族贸易的，都属于边疆边贸税关。

（一）山海关

山海关位于河北省东北部，渤海湾西岸。因其连接东北三省，且远接朝鲜，拱卫京师，在清代地理位置十分重要。据地方志记载，山海关“洵畿辅之咽喉，两都之锁钥。边疆商旅，下国共球，出入往来，云集波驶”，因此之故，“严盘诘，征商贾，亦以重国课，昭法守云尔”。①

山海关设置于明嘉靖年间（1522—1566 年）。开始时征银 900 多两，但因为商人不愿意交纳关税，过关商旅日渐减少。1529 年明政府裁去了关口。②其后多次反复，1680 年，康熙时再一次设立了税关，如明朝时一样，仅两年后再次关停。尽管如此，山海关仍有一些可用的关税数据，1695 年，其税额约为 25 000 两③；1715 年增加到 28 000 两；1720 年达到 29 000 两。④

① 时晓峰：《山海关历代旧志校注》，天津：天津人民出版社，1999 年，第 608 页。
② 詹荣：《嘉靖山海关志》卷 2，嘉靖十三年（1534 年）刻本。
③ 张廷玉等：《清朝文献通考》卷 26，上海：商务印书馆，1936 年。
④ 张廷玉等：《雍正朝大清会典》卷 52，雍正十年（1732 年）刻本。

直到1764年，清廷才第一次派员管理，这象征着清代山海关正式设关。次年，确定山海关每年的税额为25 000两，乾隆三十年（1765 年）增长至100 000两（包括正额和盈余）。其中，支付山海关驻防官兵俸饷及各役工食共22 600两，地方官府官员的养廉银共10 800两，其余的关税解送北京。

山海关管辖的关口共30多处，其中最重要的是锦州和牛庄。[①]在清前期，随着总体经济的发展，山海关的关税也在增加。1797年，担任山海关监督的御史德新向朝廷上奏，称前几年山海关的盈余增长很快，并说可以让盈余再增加20 000两。然而，嘉庆帝回复："殊属非是，……山海关税务每年全视海船所到多寡为征收赢缩，若遇少到年份，既不能多有盈余，此等情形朕在藩邸时知之甚悉。该御史前任山海关监督时，征解盈余七万五千八百余两，亦系适值收税丰旺年份，岂得援为常例？"[②]从这一引文中，可以更深刻地理解嘉庆皇帝对税关征收银两的态度，以及他对财政问题的看法。

太平天国运动后，因为许多商人为避乱而转移到北方活动，山海关的税收再一次出现急速增长。因此，其命运和晚清大多数其他税关不同。因为盈余不断增加（表 3.1），1860年，户部得以另外加增80 000两作为额外盈余。[③]

表 3.1 清代山海关税额表 （单位：两）

年份	1695	1715	1720	1732	1770	1780	1799
正额	25 000	28 000	29 000	32 000	33 309	61 642	61 642
盈余							49 487
合计	25 000	28 000	29 000	32 000	33 309	61 642	111 129

① 台北"故宫博物院"故宫文献编辑委员会：《宫中档雍正朝奏折》第20册，雍正十年八月初三日，奉天府尹杨超曾折，台北："故宫博物院"，1978年，第365页。
② 刘锦藻：《清朝续文献通考》卷29，杭州：浙江古籍出版社，2000年。
③《军机处录副奏折・同治朝・财政类・关税项》，同治四年正月初七日，前山海关监督宝章折，档案号03-4872-014。

如前所述，山海关以 12 个月为一年期满，但随着闰月的累积，有些年份会有 13 个月，因此会有两个税收额，这种现象每 32—33 年会出现一次。图 3.1 分别标示了单独的数据，将附录的表 A 中那些数字加在一起，以代表财政收入总数。根据档案可知，山海关在 1781 年、1814 年、1846 年和 1879 年分别出现了两个税收数据。①

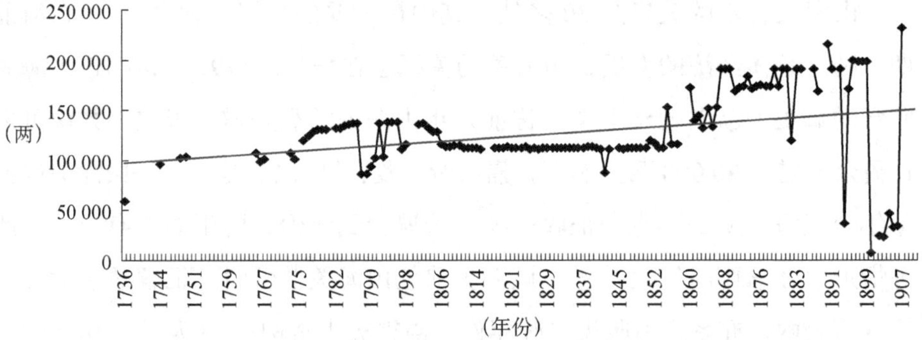

图 3.1　山海关税收趋势示意图（1736—1911 年）

图 3.1 表明山海关的税收经历了剧烈的变化。1788 年之前，税收有一个明显的增长，因为官方很少解释这类变化发生的原因，这里只能认为这种增长是由于人口的增加和经济水平的发展。1788—1809 年，每年的税收在 80 000—130 000 两，从档案中可以推断出，税收如此大的波动是受气候变化的影响。②

① 《宫中档朱批奏折·财政类·关税》，乾隆四十六年正月［缺日］，工部郎中苏成额折，档案号 04-01-35-0350-002。乾隆四十七年二月［缺日］，宗人府副理官宜兴折，档案号 04-01-35-0350-040。《军机处录副奏折·嘉庆朝·财政类·关税项》，嘉庆十九年三月初十日，管理山海关税务监督倭臣布折，档案号 03-1770-078。《军机处录副奏折·嘉庆朝·财政类·关税项》，嘉庆二十年三月二十八日，管理山海关税务监督吏部郎中景福折，档案号 03-1770-121。《军机处录副奏折·道光朝·财政类·关税项》，道光二十六年五月初八日，管理山海关税务刑部捕司郎中福海折，档案号 03-3168-008。《抄档·清代关税收支报告表·常关》，道光二十七年七月二十七日，山海关监督存诚折，中国社科院经济研究所图书馆藏。《军机处录副奏折·光绪朝·财政类·关税项》，光绪五年闰三月二十二日［朱批日期］，直隶总督李鸿章折，档案号 03-6339-054。《军机处录副奏折·光绪朝·财政类·关税项》，光绪六年五月初八日，直隶总督李鸿章折，档案号 03-6342-069。

② 《军机处录副奏折·乾隆朝·财政类·关税项》，乾隆五十六年十一月十二日，山海关监督常福折，档案号 03-604-040。《宫中档朱批奏折·财政类·关税》，嘉庆四年二月初四日，管理山海关税务监督钱保折，档案号 04-01-35-0359-018。《宫中档朱批奏折·财政类·关税项》，嘉庆十二年四月二十二日，管理山海关税务监督奇玖折，档案号 04-01-35-0364-031。

当关税三年比较之例停止后，山海关的税收保持了 50 多年的平稳。很容易理解这种稳定，简单来说就是因为定额制度运行得非常好。山海关的税收更多的是反映政治稳定，而不是经济发展。直到第一次鸦片战争，税收才出现下降，因为在战争期间商人根本不敢出海贸易。①

1850 年太平天国运动爆发后，山海关的税收受到巨大的影响，这是晚清时期出现的最大变化。正如前文已经指出的，这是因为 1860 年户部要求朝廷增加 8000 两额外盈余作为定额，税收突然出现上升。②需要指出的是，和粤海关一道，山海关共同组成了这一时期的两次盈余数目调整。当然，1862—1866 年也有一些波动，这其中的一个原因是 1861 年设立了中国海关总税务司。从此以后，洋关掌控在西方管理者手中，牛庄洋关征税的许多货物，先前是由山海关征税的。还有一个原因是这一时期奉天马贼盛行，商人觉得危险而尽可能地减少出行。③由于增加了额外盈余这种负担，山海关同治元年（1862 年）征收较少，解释的原因是“洋税侵占”，尤其是“牛庄洋税尚属畅旺”，直接损害了山海关之征税。④同治三年至四年（1864—1865 年），山海关系因“洋税侵占，商船减少，马贼扰害”，再次征不足数。⑤同治四年至五年（1865—1866 年）之山海关少收，仍由于“奉省马贼窜扰”。⑥同治五至六

---

①《宫中档朱批奏折・财政类・关税项》，道光十四年七月十九日，管理山海关税务监督咸龄折，档案号 04-01-35-0377-056。

②《军机处录副奏折・同治朝・财政类・关税项》，同治七年九月十七日，通商大臣崇厚折，档案号 03-4877-093。

③《军机处录副奏折・同治朝・财政类・关税项》，同治元年十二月十二日，山海关监督凤安折，档案号 03-4871-033。《军机处录副奏折・同治朝・财政类・关税项》，同治五年四月十八日，山海关监督成林折，档案号 03-4873-049。《军机处录副奏折・同治朝・财政类・关税项》，同治六年六月十三日，通商大臣崇厚折，档案号 03-4875-054。《军机处录副奏折・同治朝・财政类・关税项》，同治六年九月初十日，通商大臣崇厚折，档案号 03-4875-086。

④《军机处录副奏折・同治朝・财政类・关税项》，同治元年十二月十二日，山海关监督凤安折，档案号 03-4871-033。

⑤《军机处录副奏折・同治朝・财政类・关税项》，同治五年四月十八日，山海关监督成林折，档案号 03-4873-049。

⑥《军机处录副奏折・同治朝・财政类・关税项》，同治六年六月十三日，兵部左侍郎崇厚折，档案号 03-4875-054。

年（1866—1867 年），山海关称系“奉省马贼窜扰，商贾逃避”。[①]同治十一年至十二年（1872—1873 年），山海关之少收原因再次回归到洋税侵占上来，“实因华商附搭洋船装载。查海关所征华商附搭洋船税课数目，按税务司呈报，计共征银十四万三千两有奇。以常税核计银九万四千八百余两之多”。[②]同治十二年至十三年（1873—1874 年），仍是“洋税侵占”。[③]

还有两个导致税收下降的情况，一个是在 1894—1895 年甲午中日战争期间，另一个是在 1899—1900 年义和团运动时期。1894—1895 年山海关被日军占据，中断了关税的征收。[④]而关于义和团运动，1901 年的一份奏报记载：“光绪二十六年关期以后，即值拳匪滋事，税收因之大减。……七月初一日，俄人扑犯营口，常洋两关以及海旱各口相继停征。嗣因和议渐有端倪，禀请先将山海关锦州各税局派员试办，无如洋兵在境，土匪蔓延，商贾无多，税收仍难畅旺。”[⑤]

（二）张家口

张家口位于清代直隶省北部，其东部为承德，东南为首都北京，往西为山西省，往北为内蒙古自治区。实际上，许多年来，张家口都是长城沿线最重要的税关之一。汉人（主要是山西人）总是用棉布和茶叶，交换少数民族（主要是蒙古族）的牛马。张家口拥有从事中俄贸易的特权，所以也是前往恰克图的最佳中转地。由于清前期张家口在汉族和蒙古族贸易，以及中俄贸易

---

① 《军机处录副奏折·同治朝·财政类·关税项》，同治六年九月初十日，兵部左侍郎崇厚折，档案号 03-4875-085。

② 《宫中档朱批奏折·财政类·关税》，同治十二年六月二十日，直隶总督李鸿章折，档案号 04-01-35-0391-016。

③ 《宫中档朱批奏折·财政类·关税项》，同治十三年六月二十三日，直隶总督李鸿章折，档案号 04-01-35-0392-027。

④ 《宫中档朱批奏折·财政类·关税》，光绪二十三年七月初三日，北洋大臣王文韶折，档案号 04-01-35-1038-002。

⑤ 中国第一档案馆：《光绪朝朱批奏折》第 74 辑，光绪二十八年十月二十九日，直隶总督吴重熹折，北京：中华书局，1995 年，第 382 页。

的商路中具有的特殊战略地位，张家口迅速成为我国北方十分繁荣的商业城市。

明代张家口即已有进口贸易。1644 年，清政府任命满族官员前去征税，原本定张家口税额每年 10 000 两，1663 年，正额减少至 6000 两。[①]1677 年，增至 12 000 两；次年又增加 763 两；1685 年，再次增加了 2236 两，使正额合计多达 15 000 两（表 3.2）。[②]

表 3.2　清代张家口税额表　　（单位：两）

年份	1661	1663	1677	1678	1685	1702	1723	1799
正额	10 000	6 000	12 000	12 763	15 000	16 000	20 000	20 000
盈余								40 561
合计	10 000	6 000	12 000	12 763	15 000	16 000	20 000	60 561

需要指出的是，档案文献中记载张家口税关在 1822 年和 1887 年分别有两个税收数据。[③]

因为中俄双边贸易的快速发展，张家口的税收在清前期一直保持稳定（图 3.2）。然而，1840 年以后，张家口的税收曾出现过一些下降，不过与正常年份的 60 500 两相比，每年 500 两的下降并不需要税务监督做出特别的解释。[④]

① 伊桑阿等：《康熙大清会典》卷 34，康熙二十九年（1690 年）刻本。

② 张廷玉等：《清朝文献通考》卷 26，上海：商务印书馆，1936 年。

③《宫中档朱批奏折·财政类·关税》，道光二年正月二十四日，张家口税务监督明禧折，档案号 04-01-35-0555-018。《军机处录副奏折·道光朝·财政类·关税项》，道光三年正月二十一日，张家口税务监督存华折，档案号 03-3157-003。《军机处录副奏折·咸丰朝·财政类·关税项》，咸丰三年二月初三日，张家口税务监督明绪折，档案号 03-4376-004。《咸丰同治两朝上谕档》，咸丰三年七月初九日，桂林：广西师范大学出版社，1998 年。

④《军机处录副奏折·道光朝·财政类·关税项》，道光二十七年四月十三日，张家口税务监督齐斌达折，档案号 03-3168-067。《宫中档朱批奏折·财政类·关税》，道光二十八年四月十七日，张家口税务监督双鼎折，档案号 04-01-12-0467-134。《宫中档朱批奏折·财政类·关税》，道光二十九年四月十七日，张家口税务监督鸣铎折，档案号 04-01-35-0559-001。《宫中档朱批奏折·财政类·关税》，道光三十年三月二十日，张家口税务监督中福折，档案号 04-01-12-0478-084。

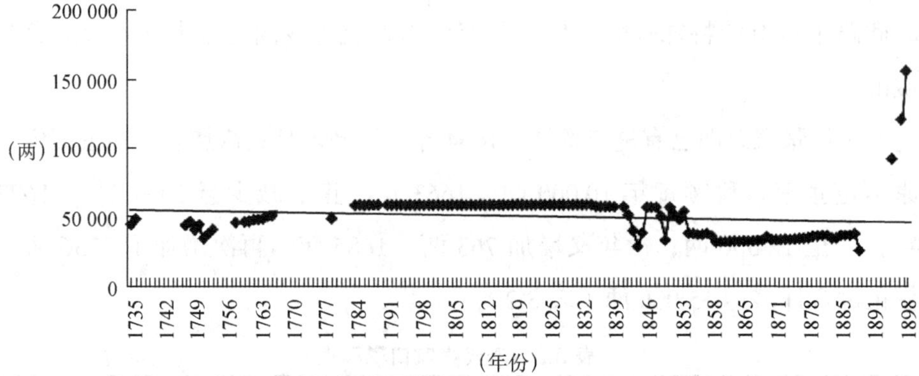

图 3.2　张家口税收趋势示意图（1735—1898 年）

最大的变化发生在太平天国运动期间。在此期间，张家口的税收发生剧烈波动，几乎下降至运动发生前的一半。1853 年，张家口税关监督向朝廷上奏税收下降的原因："逆氛未靖，两江直隶一带未免被扰。咸丰二年冬季南茶均经到口，所以收数尚多。今咸丰三年少此大宗来项，遂致茶、货两妨"，"南北路途梗塞，本年实不能赴南省办茶，既无南茶，本年亦无凭出口换货，此系实在情形，并无把持行市情弊"。[①]咸丰四年（1854 年），张家口全年少收，据称"实因路途梗阻，商贩率多不前，南北货物互未流通"。[②]这种状态持续了很长时间，当附近建立几个洋关后，张家口失去了像以前那样征收外国货物税的权力，这一状况更加恶化。[③]咸丰十一年至同治元年（1861—1862 年），张家口仍然少收，因为"俄商南茶北货自行互相贩运，并各国商人往来贩运货物，均系本口向年

---

①《宫中档朱批奏折·财政类·关税》，咸丰三年十二月十五日，张家口税务监督庆至等折，档案号 04-01-35-0382-014。

②《宫中档朱批奏折·财政类·关税》，咸丰五年二月二十八日，张家口监督哈兴阿折，档案号 04-01-35-0382-059。

③《宫中档朱批奏折·财政类·关税》，咸丰五年二月二十八日，张家口税务监督哈兴阿折，档案号 04-01-35-0382-059。《军机处录副奏折·同治朝·财政类·关税项》，同治四年二月十六日，张家口税务监督麟书折，档案号 03-4872-023。《军机处录副奏折·同治朝·财政类·关税项》，同治十二年四月十七日，张家口税务监督承禄折，档案号 03-4880-074。

应税之货，现均于天津关完纳子口税银”。还是归结于洋税侵占。[①]同治四年至五年（1865—1866 年），张家口少收的原因仍是“南路道途梗塞，货物壅滞，洋税侵占”。[②]同治十年至十一年（1871—1872 年），则据称是“直隶等处久雨成灾，去冬中外一带又逢冻雪连绵，马驼羊倒毙者甚多”。[③]可见这一时期张家口税收的减少，既有战争的影响，也同样受到洋税侵占的影响。

1900 年，张家口的税收受到义和团运动的强烈影响。根据记载：

伏查张家口税务向以南茶并恰克图皮毛等货为出入两大宗，次则进口牲畜。南茶每于冬春陆续出口，北货秋季即可回还，夏令牲畜进口，均系内地商贾往来兴贩，是以从前税课丰旺。及至俄国通商后，所有大宗茶货俱由俄商自行贩运，照章免税。内地商贾渐多歇业，因之每岁征额均属短绌。……讵意各国开衅，天津接仗，京城戒严，既而有警。张家口内外一带地方设兵防守，南北道路无不梗塞，各项商贩货物均经裹足不前，所有牲畜至口者又复折回，以致征收货税均系本地零星，甚属寥寥。忽于九月间，德英等国由京带兵至口，铺店住户均皆关闭，商民人等大半逃躲，张家口虽无失陷而蹂践情形，弗堪言状。嗣经南返，人心渐稍定，不料口外一带地方散勇土匪肆行，抢劫商民，又属恐惧。税收毫无征收，因而盈余银两未能照额征足。[④]

然而，在清末的最后几年，张家口的税收突然快速增长。根据清代关税考核制度的规定，官员需要奏报税收出现下降的原因，但不需要奏报增

① 《军机处录副奏折·同治朝·财政类·关税项》，同治元年十月十七日，张家口监督景福折，档案号 03-4871-023，中国第一历史档案馆藏。

② 《军机处录副奏折·同治朝·财政类·关税项》，同治五年九月十四日，张家口监督庆爱折，档案号 03-4874-008，中国第一历史档案馆藏。

③ 《军机处录副奏折·同治朝·财政类·关税项》，同治十二年四月十七日，张家口监督承禄折，档案号 03-4880-074，中国第一历史档案馆藏。

④ 中国第一历史档案馆：《光绪朝朱批奏折》第 74 辑，光绪二十七年五月十三日，张家口监督松宽折，北京：中华书局，1995 年，第 2201 页。

长的原因，因此我们只能猜测税收的突然大量增加，可能与铁路的建成有关，有越来越多的货物通过铁路运至张家口。

（三）杀虎口

杀虎口隶属山西省右玉县，坐落于山西和内蒙古的交界地带，连接大同（长城沿线的重要关口）和呼和浩特（归化城）。杀虎口居于群山之间，是为防止蒙古南侵我国北方而设置的军事城镇。在明代，蒙古的入侵是朝廷面对的最大威胁，而杀虎口正位于蒙古边境。当这一地区的和平得到保障后，明朝在杀虎口建立马市，并开始征税。1651 年，清政府开始在此任命官员负责征税。

杀虎口的税收主要来自北方运来的牲口和南方运来的烟草、茶叶、棉布。杀虎口之关期与任期虽皆为一年，但因起始日不同，一年关期中必历经两任或两任以上监督征收的情况。各任监督到任时间大约是关期的下半期，卸任监督将所征的前半期税收造册移交下任，故每任监督差满后，亲赍到京上缴的盈余银，是结合了前任的下半关期与本任的上半关期所征。若在一个征税关期中，发生监督病故、临时他调或因事更换等，必须再补，就有一年三任或三任以上监督就任的现象。但一个关期的算法是以实际日数摊算，连闰扣足，不受监督更换的影响。清代其他的榷关很少发生杀虎口这么复杂的情况，通常是一任一个关期。

从表 3.3 可以看出，1661—1696 年杀虎口的正额发生了很大的波动，范围从 6000 两至 13 000 两。乾隆时正额定为 16 919 两，1799 年盈余定为 15 414 两。此外，还需征银 3358 两以满足关署的日常开支，解送工部大青山木税盈余 7200 两，归化城落地木税 446 两。因此，合计需征银 43 337 两以上才能达标，其中大部分都被送往内务府。

表 3.3　清代杀虎口税额表　　（单位：两）

年份	1661	1663	1667	1674	1677	1696	乾隆（1735—1795）	1799
正额	13 000	10 000	8 000	6 000	9 000	10 920	16 919	16 920
盈余								15 414
合计	13 000	10 000	8 000	6 000	9 000	10 920	16 919	32 334

需要指出的是，1830 年、1835 年和 1868 年，杀虎口均出现了两个税收数据的情况。①1830 年和 1835 年之所以在如此短的时间内出现两个双征税数据，主要是由于 1833 年的征税关期出现了调整。②

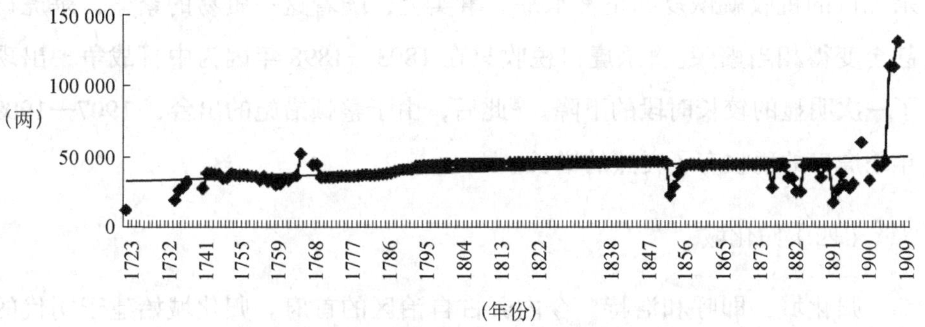

图 3.3　杀虎口税收趋势示意图（1723—1911 年）

如图 3.3 所示，1723—1850 年，杀虎口的税收处于平衡增长状态，我们可以理所当然地把这一增长解释为人口的增加和经济的发展。1766 年税收达到最高的 52 236.525 两，这是一个特殊的例子，因为这一年的关期由

①《军机处录副奏折・道光朝・财政类・关税项》，道光十年二月初八日，管理杀虎口税务热河副总管庆琛折，档案号 03-3160-039。《军机处录副奏折・道光朝・财政类・关税项》，道光十年十月初九日，兵部郎中富尔崇阿折，档案号 03-3300-004。《军机处录副奏折・道光朝・财政类・关税项》，道光十五年正月二十二日，工部郎中兆那苏图折，档案号 03-9487-016。《军机处录副奏折・道光朝・财政类・关税项》，道光十五年十二月二十二日，兵部员外郎普泰折，档案号 03-9487-037。《军机处录副奏折・同治朝・财政类・关税项》，同治七年十月二十七日，杀虎口监督裕宽折，档案号 03-4890-083。《军机处录副奏折・同治朝・财政类・关税项》，同治八年十一月初一日，杀虎口监督穆特布折，档案号 03-4879-018。

②《内阁户科题本・财政类・关税》，道光十三年三月初六日，杀虎口监督清平析，档案号 02-01-04-20603-007，中国第一历史档案馆藏。（以下同类档案省收藏单位）

一年零二十五天组成，几乎长达 13 个月。①

杀虎口在咸丰四年（1854 年）出现征税减少，据奏报系因“南货不能畅行，北货亦因而壅滞，加以富商撤收银本，贩运纷纷歇业”。②对于此后两年杀虎口税收快速下滑的原因，在档案中可以看到如下记载：“杀虎口税务向来全仗南商，贩运茶叶、绸缎、纸张等一切南货出口，贸易口外皮张牲畜等进口，为税课大宗。自南省军兴以来，道途间阻，南货既不能畅行，北货亦因而壅滞。加以富商撤收银本，贩运纷纷歇业，输纳税课愈形稀少。此短征盈余银两之实在情形。”③幸运的是，因为中俄贸易，1856 年杀虎口的税收就恢复到正常水平。事实上，随着这一贸易的繁盛，杀虎口甚至变得相当繁荣。④杀虎口税收只在 1893—1898 年因为中日战争，出现了一次明显的较长时段的下降。⑤此后，由于整顿措施的出台，1907—1909 年杀虎口的税收有了突然的增长。⑥

（四）归化城

归化城，即呼和浩特，今内蒙古自治区的首府。归化城始建于明代的

① 《宫中档朱批奏折·财政类·关税》，乾隆三十一年正月［朱批时间］，杀虎口监督喀宁阿折，档案号 04-01-35-0337-004。

② 《军机处录副奏折·咸丰朝·财政类·关税项》，咸丰五年五月二十九日，管理杀虎口税务吏部郎中奇克坦泰折，档案号 03-4378-028。

③ 《军机处录副奏折·咸丰朝·财政类·关税项》，咸丰五年五月二十九日，管理杀虎口税务吏部郎中奇克坦泰折，档案号 03-4378-028。

④ 《军机处录副奏折·咸丰朝·财政类·关税项》，咸丰七年闰五月初九日，杀虎口监督松龄折，档案号 03-4380-017。《军机处录副奏折·咸丰朝·财政类·关税项》，咸丰九年五月初五日，礼部郎中全陞折，档案号 03-4382-016。《军机处录副奏折·咸丰朝·财政类·关税项》，咸丰十年四月初二日，杀虎口监督文衡折，档案号 03-4383-008；等等。

⑤ 《内阁户科题本·财政类·关税》，光绪十九年十月初六日，杀虎口监督伊清阿折，档案号 02-01-04-22558-028。《军机处录副奏折·光绪朝·财政类·关税项》，光绪二十一年二月十五日，杀虎口监督斌儒折，档案号 03-6506-021。《军机处录副奏折·光绪朝·财政类·关税项》，光绪二十二年正月二十日，杀虎口监督安存折，档案号 03-6573-008。《内阁户科题本·财政类·关税》，光绪二十二年九月十五日，杀虎口监督松塄折，档案号 02-01-04-22625-004。《内阁户科题本·财政类·关税》，光绪二十三年九月二十四日，杀虎口监督恩长折，档案号 02-01-04-22650-019。《军机处录副奏折·光绪朝·财政类·关税项》，光绪二十四年十二月初一日，杀虎口监督麟德折，档案号 03-6405-026。

⑥ 《军机处录副奏折·宣统朝·财政类·关税项》，宣统三年五月初四日，杀虎口监督谦顺折，档案号 03-7508-045。

1572年，于1575年建成，明朝赐名“归化”。尽管归化城位于蒙古，但距华北平原很近，因此很快成为一个蒙古族和汉族杂居的商业城镇。清朝康熙以前，归化城没有开征商税。此后，蒙古地区开始种植烟叶，生产酒、油，并逐渐繁荣起来。1761年，清政府下令对酒、油和烟征税，五年后朝廷任命归化城的长官兼管这项税收。1769年，归化城改归山西巡抚兼辖；五年后，由归绥道道台兼辖，此后成为定例。

归化城的定额为白银15 000两，钱9 000 000文。1799年，钦定盈余银1600两，钱137 610文（表3.4）。①

表3.4　清代归化城税额表

年份	1761	1770	1799
正额（两）	15 000	15 000	15 000
正额（千文）	9 000	9 000	9 000
盈余（两）		1 548	1 600
盈余（千文）		137	137 610
白银合计	15 000	16 548	16 600
铜钱合计	9 000	9 137	9 000

1778年、1811年和1842年，归化城分别有两个税收数据，但1862年以后的数据因为缺失，是否出现过变动就不得而知了。②

从图3.4可以清楚地看到，坐标轴下面的年份有一些“空白”。这与一年有两个税收数据有关。例如，在1778年，有两个税收数据，一个从乾隆四十一年（1776年）正月十三日至乾隆四十二年正月十二日；另一个从乾

① 《宫中档朱批奏折·财政类·关税》，道光四年二月二十八日，山西巡抚邱树棠折，档案号04-01-35-0373-012。

② 台北“故宫博物院”故宫文献编辑委员会：《宫中档乾隆朝奏折》第42册，乾隆四十三年二月二十四日，山西巡抚巴延三折，第191页；《宫中档乾隆朝奏折》第46册，乾隆四十四年二月十三日，山西巡抚巴延三折，台北：“故宫博物院”，1983年第753页。《内阁户科题本·财政类·关税》，嘉庆十六年七月二十五日，大学士庆桂折，档案号02-01-4-19152-021。《内阁户科题本·财政类·关税》，嘉庆十七年七月十二日，大学士庆桂折，档案号02-01-04-19261-029。《内阁户科题本·财政类·关税》，道光二十二年九月三十日，大学士潘世恩折，档案号02-01-04-21172-035。《内阁户科题本·财政类·关税》，道光二十三年十月二十二日，大学士潘世恩折，档案号02-01-04-21226-027。

隆四十二年正月十三日连闰至十二月十二日。[①]在图 3.4 中，如果把两个数据都加到 1778 年，这一年的数据看起来会高得让人觉得奇怪。为减少这种错觉，因此本图用两个年份来呈现这两个数据。当然，在最后的附录中还是把两个数据汇总到了同一年。其他关的情况都是以这种方式进行处理。

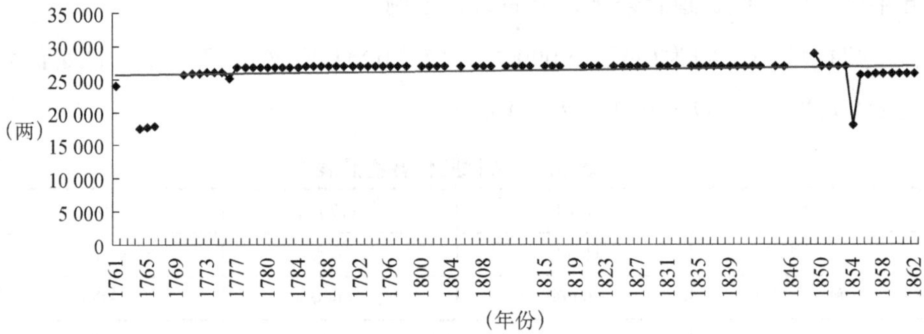

图 3.4　归化城税收趋势示意图（1761—1862 年）

图 3.4 显示出归化城的税收趋势几乎保持了一个世纪的稳定。道光时期，当地官员还奏称："近年以来，杀虎口、归化城除按额征收之外，均有盈余。尽数解交，并无短绌。"[②]只有在 1854—1856 年，税收出现急剧下滑。笔者在记载中无法找到任何关于这一问题的解释，尽管山西省远离冲突中心，但大致也可以猜得出这是受到了太平天国起义的影响。[③]

（五）打箭炉

打箭炉位于四川省康定地区。康熙四十年（1701 年），派部院员外郎一

① 台北"故宫博物院"故宫文献编辑委员会：《宫中档乾隆朝奏折》第 42 册，乾隆四十三年二月二十四日，山西巡抚巴延三折，第 191 页；《宫中档乾隆朝奏折》第 46 册，乾隆四十四年二月十三日，山西巡抚巴延三折，台北："故宫博物院"，1983 年，第 753 页。

②《宫中档朱批奏折·财政类·关税》，道光四年二月二十八日，山西巡抚邱树棠折，档案号 04-01-35-0373-012。

③ 1854 年的材料来源于《内阁户科题本·财政类·关税》，咸丰七年十二月初十日，户部尚书柏葰折，档案号 02-01-04-21618-028。1855—1856 年的材料来源于《各关常税实征短征银两数目》，《归化城》，藏于中国社会科学院经济研究所图书馆。

人监督打箭炉税务。1777 年，改由宗人府选派管关人员。[①]与湖北荆关类似，部派人员“人地生疏，又或经理不善，往往易致缺少。按例既不可不令赔补，而该员等因一二年小差，以致折变房产，赔缴官项，非所以示体恤。虽该员等赔项每多加恩豁免，而于帑项公务究属无济”[②]，所以 1780 年打箭炉体制再一次发生变化，由四川巡抚任命监督。康熙到嘉庆年间打箭炉税额增长情况如表 3.5 所示。1882 年以后，改委当地的同知征收。

表 3.5 清代打箭炉税额表 （单位：两）

年份	康熙年间	乾隆年间	1801
正额	5 317	19 368	20 000
盈余	—	—	—
合计	5 317	19 368	20 000

打箭炉主要征收茶税，通常税率为每一百斤茶叶征税 0.18 两。雍正时期，打箭炉的征收颇为起伏。据奏报可知，打箭炉“虽久归版图，犹系边末。其茶杂等项，附炉交易者无几，均属番蛮唐古忒人等远来货易贩卖，而该番蛮等或经年一次，或年余一次，倘遇路途不便，亦有二三年一次者，实非内地税关可比。又查在炉行茶商人，多有沉积引张，隔年输税行茶”。[③]嘉庆时期每年征收茶税约为 18 958.32 两。1819 年，清政府减少税关 1621.62 两的定额，仍征 17 336.7 两。打箭炉没有设置固定盈余，只是要求盈余尽收尽解。

起初，打箭炉的关期为一整个阴历年，而不管它是否为闰年，因此不会出现一年有两个税收数据的情况。然而到了 1802 年，清廷下令打箭炉应该像其他税关一样以 12 个月为关期，[④]导致 1808 年和 1841 年有两个税收

① 张廷玉等：《清朝文献通考》卷 27，上海：商务印书馆，1936 年。

②《明清档案》，乾隆四十六年三月三十日，户部尚书和珅等折，档案号 A235-98，台北“中央研究院”历史语言研究所藏清代内阁大库。

③《明清档案》，雍正九年四月十二日，四川巡抚[缺作者名]奏，档案号 A47-50，台北“中央研究院”历史语言研究所藏清代内阁大库。

④《内阁户科题本·财政类·关税》，嘉庆七年十二月十六日，户部尚书禄康折，档案号 02-01-04-18407-024。

数据。[1]但是 1857 年政府又修改了这一政策，重新按阴历年征税。

从图 3.5 可以看出，打箭炉的税收保持在 20 000 至 25 000 两，且在绝大部分时间都很稳定。正如笔者所指出，1857 年以后政府按一个阴历年征税，无论其是由 12 个月还是 13 个月组成。因此，1857 年以后的征税波动，正是由于三年两闰造成的。

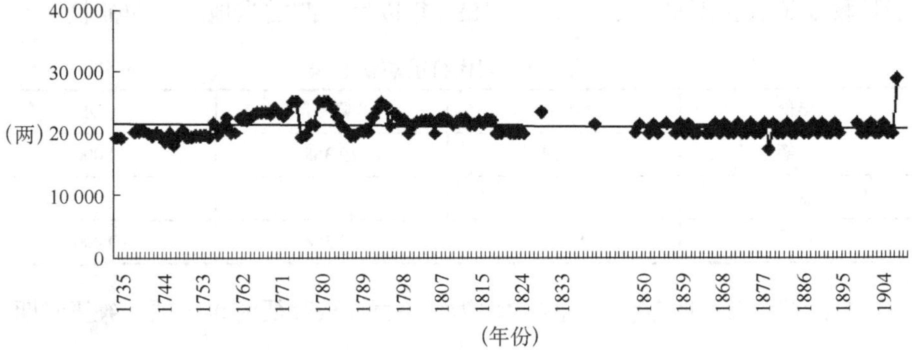

图 3.5　打箭炉税收趋势示意图（1735—1911 年）

（六）凤凰城中江

凤凰城中江位于盛京地区，而盛京在清代是陪都。1481 年，由明廷建立中江城，并在清代最终升为府一级治所，今属辽宁省凤城市。凤凰城一年征税两次，分别在二月和八月，都是针对中国与朝鲜的马市贸易。[2]1702 年，征收税银 4000 两。[3]1747 年，正额定为 3307 两，其余尽收尽解。因为所有的税收都被用于支付该城的军费，所以没有设定盈余的必要。[4]

由于使用阴历和特定的一年两次征收，1764 年、1832 年、1835 年和

① 《内阁户科题本·财政类·关税》，嘉庆十三年十月十一日，大学士禄康折，档案号 02-01-04-18816-018。《内阁户科题本·财政类·关税》，嘉庆十四年十月初七日，大学士禄康折，档案号 02-01-04-18928-020。《内阁户科题本·财政类·关税》，道光二十二年二月三十日，四川总督宝兴折，档案号 02-01-04-21172-007。《内阁户科题本·财政类·关税》，道光二十二年六月初四日，四川总督宝兴折，档案号 02-01-04-21176-012。

② 旻宁：《钦定户部则例》卷 29，道光十一年（1831 年）刻本。

③ 《军机处录副奏折·乾隆朝·财政类·关税项》，乾隆十年六月十九日[朱批时间]，中江税务恩特折，档案号 03-0585-028。

④ 金毓黻：《奉天通志》卷 146，沈阳：辽海出版社，2003 年。

1843 年分别有两个税收数据。[①]当时，这种一年两次的征收，并不是严格按照 12 个月进行。以道光十五年（1835 年）的情况为例，第一个关期系从道光十四年正月初四日至道光十五年正月初三日，第二个关期则变成从道光十五年正月十六日至十二月十五日。1887 年以后，开始以阴历年为征收关期，而无论有闰与否。

图 3.6 表明凤凰城中江的税收保持了一个多世纪的稳定。不过，在 1884 年和 1887 年，税收出现了迅猛的增长，这是税率变化的结果。凤凰城中江普通货物的税率为其价值的 5%，但政府突然规定人参的税率为其价值的 10%。[②]虽然税收在短时间内快速增加，但又连锁反应导致随后的几年过关人参数量减少，使清廷只好将税率改回到原来的水平。

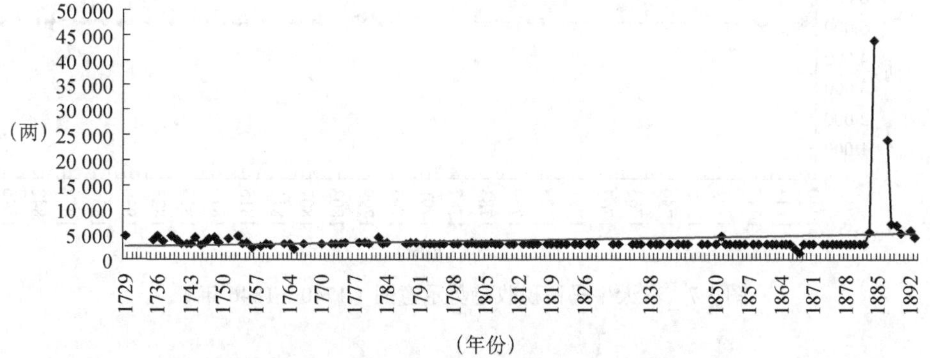

图 3.6 凤凰城中江税收趋势示意图（1729—1893 年）

---

① 《内阁户科题本·财政类·关税》，乾隆二十九年四月十三日，盛京户部侍郎长福折，档案号 02-01-04-15649-026。《内阁户科题本·财政类·关税》，乾隆三十年六月二十一日，大学士傅恒折，档案号 02-01-04-15716-021。《内阁户科题本·财政类·关税》，道光十二年三月二十八日，盛京户部侍郎嵩惠折，档案号 02-01-04-20532-006。《内阁户科题本·财政类·关税》，道光十三年七月初十日，大学士长龄折，档案号 02-01-04-20603-018。《内阁户科题本·财政类·关税》，道光十五年二月二十九日，盛京户部侍郎德兴折，档案号 02-01-04-20723-030。《内阁户科题本·财政类·关税》，道光十六年三月二十五日，盛京户部侍郎德兴折，档案号 02-01-04-20805-007。《内阁户科题本·财政类·关税》，道光二十三年四月十二日，盛京户部侍郎惠丰折，档案号 02-01-04-21226-015。《内阁户科题本·财政类·关税》，道光二十四年三月二十七日，盛京户部侍郎明训折，档案号 02-01-04-21269-008。

② 《军机处录副奏折·光绪朝·财政类·关税项》，光绪十一年正月二十八日，盛京将军庆裕折，档案号 03-6352-021。

（七）奉天牛马税

奉天牛马税征收于奉天省的省会（今沈阳市），所收之税主要来源于牛马贸易。该城建于清朝开国之初，1727 年，清廷下令奉天牛马税的税差从盛京将军衙门中选派。随后，这一做法变为从北京选派。1768 年以后，税关由盛京户部侍郎兼管。1780 年，清政府定正额为 4000 两，盈余 1000 两。①

遗憾的是，道光以前只有少数几个数据，1847 年以后则一个都没有。尽管如此，图 3.7 仍然显示奉天牛马税的税收趋势相当稳定，很少受经济波动或政局动荡的影响。

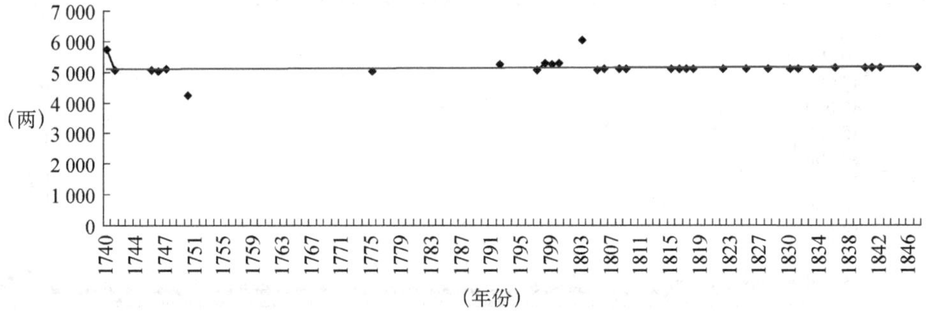

图 3.7　奉天牛马税税收趋势示意图（1740—1846 年）

（八）梧厂、浔厂

梧州厂和浔州厂是两个独立的税关，但它们总是被广西当局作为一个对象，统一奏报各自的征税情况，有时也被称为梧浔厂。梧州府位于容江、浔江和苗江的三江交汇处，其关口建于明朝 1521 年。清初定税额为 10 976 两。随后定额频繁地变动，到嘉庆时为 68 734 两，其中正额 60 913 两，盈余 7821 两（表 3.6）。②

① 李鸿章等：《大清会典事例》卷 226，上海：商务印书馆，1908 年。
②《军机处录副奏折·嘉庆朝·财政类·关税项》，缺奏报时间，户部清单，档案号 03-1767-077。

表 3.6 清代梧州厂税额表 （单位：两）

年份	康熙年间	1730	1750	1774	1776	1799	1804
正额	10 977	46 828	46 828	63 008	54 621	54 621	60 913
盈余			17 335		7 500	7 500	7 821
合计	10 977	46 828	64 163	63 008	62 121	62 121	68 734

浔州府与梧州府相邻，今属于广西桂平市。浔州厂的情况与梧州厂大致相同，主要的税收来自米谷贸易。梧州厂的税率为每谷 1 石征银 0.078 两，每米 1 石征银 0.156 两，每年征收米谷税银 10 300 两至 12 000 两。浔州厂的税率，北厂每石稻米（来自北方）征税银 0.162 两，南厂每石稻米（来自南方）征税银 0.144 两，正常年份每年可征米谷税银 6000 两至 7100 两。从税率可以看出，清政府鼓励商人将米谷运往北方，因为那里居住着中国大部分的人口，需要更多的粮食。嘉庆时期，浔州厂的正额为 43 741 两，盈余为 5565 两（表 3.7）。①

表 3.7 清代浔州厂税额表 （单位：两）

年份	康熙年间	1730	1750	1774	1776	1799	1804
正额	4 347	34 131	34 131	45 820	38 606	38 606	43 741
盈余			17 335		5 200	5 200	5 565
合计	4 347	34 131	51 466	45 820	43 806	43 806	49 306

因为梧州厂和浔州厂总是一起奏报他们的税收，因此不得不把税收数据加在一起。同样由于是按 12 个月征税，所以 1767 年和 1832 年分别出现了两个税收数据。②

图 3.8 清晰地显示，梧浔厂的税收在雍正和乾隆时期保持增长。嘉道时

①《军机处录副奏折·嘉庆朝·财政类·关税项》，缺奏报时间，户部清单，档案号 03-1767-077。

②《军机处录副奏折·乾隆朝·财政类·关税项》，乾隆三十二年十一月二十一日，广西巡抚宋邦绥折，档案号 03-594-035。《抄档·题本·关税·梧浔厂》，乾隆三十三年九月十六日，大学士刘纶折。《内阁户科题本·财政类·关税》，道光十三年八月十八日，广西巡抚祁埙折，档案号 02-01-04-20607-015。

期，这两座城市的税收也几乎保持平稳。[①]在此之后，梧州厂和浔州厂开始受到太平天国运动的影响，因为广西是太平军兴起的地方，所到之处，必然影响税收。[②]然而，1850—1911 年缺失了很多数据，这降低了我们认知这两关税收趋势的准确度。不过总体上说，税收在这一时期没有发生太大的变化。

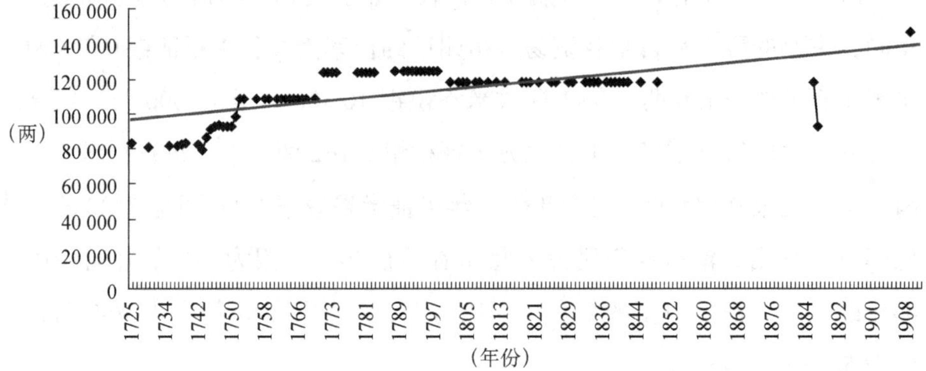

图 3.8 梧州、浔州厂税收趋势示意图（1725—1911 年）

（九）直隶潘桃口

直隶潘桃口位于永平府（今属河北省卢龙县）。1735 年，直隶潘桃口开始征税，但只征收木税，税率为木材价值的 10%。潘桃口的木税管理多有变迁，木税一度议定归于张家口监督管理，乾隆三十年（1765 年）又改归多伦诺尔会办；乾隆五十九年（1794 年）又将潘桃口的 6 小口改归通永

① 《内阁户科题本・财政类・关税》，嘉庆三年三月初六日，署广西巡抚台布折，档案号 02-01-04-18111-002。《内阁户科题本・财政类・关税》，道光十四年八月初五日，广西巡抚惠吉折，档案号 02-01-04-20662-033。

② 《内阁户科题本・财政类・关税》，咸丰元年九月十三日，大学士赛尚阿折，档案号 02-01-04-21474-016。《内阁户科题本・财政类・关税》，光绪十四年四月十四日，广西巡抚沈秉成折，档案号 02-01-04-22429-019。《内阁户科题本・财政类・关税》，光绪二十三年八月初二日，大学士麟书折，档案号 02-01-04-22653-015。《宫中档朱批奏折・财政类・关税》，宣统二年二月十八日，广西巡抚张鸣岐折，档案号 04-01-35-589-006。《军机处录副奏折・宣统朝・财政类・关税项》，宣统三年二月二十五日，广西巡抚沈秉堃折，档案号 03-7513-037。

管理。①

由于直隶潘桃口的征税对象是木植，因此木植的来源是否充分就成为征税数量最重要的依据。例如，乾隆十年（1745 年）的征收，据奏称系“近年潘桃口税务木植渐少，商贩无多，又兼山场日远，水运迢遥，惟赖春秋雨泽调匀，木植易于前进”。②

尽管直隶潘桃口的数据缺失严重，但从图 3.9 中仍可推断出乾隆时期的税收趋势是基本上平稳的。乾隆时期税收的最低值出现在 1751 年，因为没有征满一年，只是从乾隆十五年（1750 年）十二月二十一日至十六年十一月初二日。③与此类似，由于 1762 年的关期包含 1 年 134 天（乾隆二十六年四月初四日至二十七年七月二十日），因此该年也成为潘桃口税收的峰值年。④晚清时木材短缺导致贸易衰落，税收很快地下滑。⑤

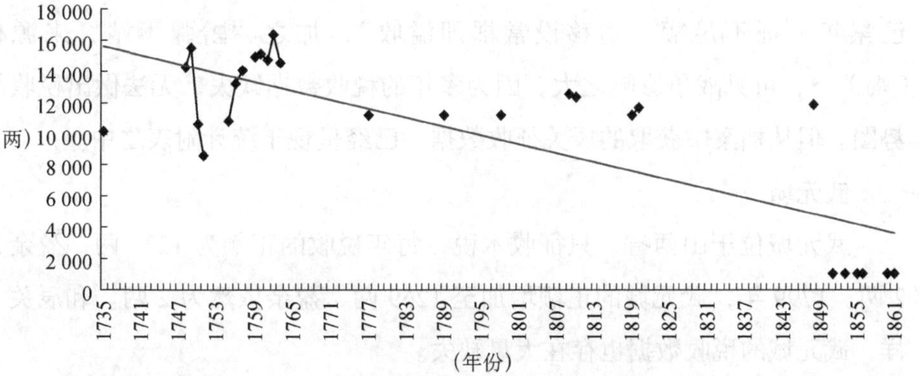

图 3.9　直隶潘桃口税收趋势示意图（1735—1861 年）

---

①《明清档案》，嘉庆二年三月初十日，兵部尚书梁肯堂折，档案号 A276-40，台北“中央研究院”历史语言研究所藏清代内阁大库。

②《明清档案》，乾隆十年十二月初四日，潘桃口监督明俊折，档案号 A140-94，台北“中央研究院”历史语言研究所藏清代内阁大库。

③《抄档・题本・关税・潘桃口》，乾隆十七年三月二十三日，庄亲王允禄折，中国社会科学院经济研究所图书馆藏。

④《宫中档朱批奏折・财政类・关税》，乾隆二十七年八月十五日，潘桃口监督依章阿折，档案号 04-01-35-0335-032。

⑤《军机处录副奏折・同治朝・财政类・关税项》，同治十年十二月初五日，直隶总督李鸿章折，档案号 03-4891-053。

（十）其他税关

下面将讨论档案记载较少，无法进行更详细分析的税关。

辰关

辰关位于湖南省，为工部税关。辰关的主要税收来自木材贸易，康熙时期通常可以征收约 2400 两。①随后税收正额增长到 12 500 两；1799 年，辰关的盈余定为 3800 两。②因其税收以木植为主，“非同长江大河各关可比”，如果逐根丈量尺寸，必致烦琐壅塞，经题请改为只填木植根数，而无须填写其他内容。③

太平天国运动时期，为了避免战乱的影响，辰关的关署从辰州府迁往常德府。尽管有这一措施，税收依然大幅度下降，少收的原因在于“警报频传”。④到了同治年间，辰关少收的现象仍未改变，据称系因“江路梗阻已累年，征不足额。迨移设常郡即溢收”，加之“黔疆不靖，来源枯（竭）”⑤，可见战争影响之大。因为多年的税收数据缺失，无法做出税收趋势图。但从档案中获取的辰关征收数据，已经呈现于统计附表之中。

武元城

武元城位于山西省，只征收木税，每年税收的正额为 1231 两，盈余为 2 两。1799 年，武元城的正额增加至 1269 两，盈余依然为 2 两。和辰关一样，武元城的税收数据也存在大量缺失。

---

① 中国第一历史档案馆：《雍正朝汉文朱批奏折汇编》第 7 册，雍正四年六月二十二日，湖南巡抚布兰泰折，南京：江苏古籍出版社，1991 年，第 514 页。

②《内阁户科题本 · 财政类 · 关税》，嘉庆十二年六月初十日，湖南巡抚景安折，档案号 02-01-04-18726-018。

③《明清档案》，乾隆三年九月初四日，湖南巡抚张[缺作者]折，档案号 A84-127，台湾“中央研究院”历史语言研究所藏清代内阁大库。

④《军机处录副奏折 · 咸丰朝 · 财政类 · 关税项》，咸丰十年十二月十九日，署湖南巡抚翟诰折，档案号 03-4400-008。

⑤《军机处录副奏折 · 同治朝 · 财政类 · 关税项》，同治十一年七月初一日，湖南巡抚王文韶折，档案号 03-4880-174。

古北口

古北口位于直隶省，和武元城一样，大部分税收来自木材贸易。雍正七年（1729年），定古北口的正额为40 341.5两，这是一个高得离谱的数额。由于可用木料的减少，次年的税收低至1012.51两。1734年，再次因为木材供应的短缺，仅征税银402.074两。[①]乾隆二年十月二十四日至乾隆三年十月二十三日，据奏报收税银1026.082两。[②]乾隆五十一年（1786年）共收银1096.972两。[③]乾隆五十四年（1789年）征收银1096.939两。[④]乾隆五十五年（1790年）收银1012.562两。[⑤]乾隆五十六年（1791年）收银1012.559两。[⑥]嘉庆元年（1796年）收银1012.557两。[⑦]

数据极为稀失的税关

有一些税关缺失了大量的数据，因此没有包括在附录A。这些税关是通永道、盛京木税、吉林木税、伊犁木税。但这些税关的正额和盈余数额非常小，因此其数据缺失对数据表的影响是可以忽略的，因此没有把它们放入附录A。

通永道

通永道位于直隶省，其正额为板木船窑税银7115两，盈余为3900两，闰年盈余加征592.98两。嘉庆四年（1799年），定其正额盈余为

① 《内阁户科题本·财政类·关税》，乾隆元年七月初九日，直隶总督李卫折，档案号02-01-04-12847-014。

② 《明清档案》，乾隆四年四月十六日，直隶总督孙嘉淦折，档案号A88-96，台北“中央研究院”历史语言研究所藏清代内阁大库。

③ 《明清档案》，乾隆五十二年十二月十七日，直隶总督刘峨折，档案号A251-51，台北“中央研究院”历史语言研究所藏清代内阁大库。

④ 《明清档案》，乾隆五十六年二月二十四日，直隶总督梁肯堂折，档案号A257-8，台北“中央研究院”历史语言研究所藏清代内阁大库。

⑤ 《明清档案》，乾隆五十七年四月二十三日，工部尚书金简折，档案号A262-116，台北“中央研究院”历史语言研究所藏清代内阁大库。

⑥ 《明清档案》，乾隆五十八年六月十四日，署工部尚书金简折，档案号A268-110，台北“中央研究院”历史语言研究所藏清代内阁大库。

⑦ 《明清档案》，嘉庆三年十一月二十三日，直隶总督胡季堂折，档案号A287-44，台北“中央研究院”历史语言研究所藏清代内阁大库。

11 015.76 两。又迁安、抚宁、临榆、昌黎、乐亭 5 县共额征银 1700 两，每年汇交通永道。以上共计 12 715.76 两。又收天津县、宁河县、文安县、通州、武清及京城六处小口木税银 1200 两，合计 13 915.76 两。

道光二十一年（1841 年）的时候，直隶当局奏报通永道的征税情形时称，“通永道自高丽沟木植禁止贩运，即形短绌”，而自嘉庆十三年（1808 年）以来，“每年缺银六七八百两及一千余两不等”。这一年的征税，因为商贩不通，短收木税银 5424.64 两，短收米税 2037.8 两，认赔外仍短大税二成银 2203.152 两，米税二成银 600 两。[①]此外，笔者还找到了同治九年（1870 年）和光绪二十九年（1903 年）的征税情况，但收数不多，甚至需要官员自掏腰包赔补。[②]

盛京木税

盛京木税位于盛京地区，正额为 2000 两。主要征收胡纳胡河木材税，税率为木材价值的 1/15。[③]在档案材料中，可以发现乾隆三十年十二月二十七日至三十一年十二月二十六日，共征税银为 1937.464 两。乾隆三十一年十二月二十七日至三十二年十二月二十六日，共征银 1852.875 两。[④] 此外的数据还包括二十九年（1764 年）征收 2624 两，“乾隆二十三年收银六千余两，此外每年有自数百两至一千一二百两及二千六百余两不等”。[⑤]不过由于资料缺欠严重，无法提供趋势图。

---

① 《军机处录副奏折·道光朝·财政类·关税项》，道光二十一年二月十八日，直隶总督讷尔经额折，档案号 03-3165-085。

② 《内阁户科题本·财政类·关税》，同治十年四月二十八日，直隶总督李鸿章折，档案号 02-01-04-21917-031。台北“故宫博物院”文献编辑委员会：《宫中档光绪朝奏折》第 20 册，光绪三十年十一月二十三日，直隶总督袁世凯折，台北：“故宫博物院”，1973 年，第 518 页。

③ 李鸿章等：《大清会典事例》卷 941，上海，商务印书馆，1908 年。

④ 《明清档案》，乾隆三十四年三月二十三日，大学士陈宏谋等折，档案号 A208-45，台北“中央研究院”历史语言研究所藏清代内阁大库。

⑤ 《明清档案》，乾隆三十三年三月十一日，大学士陈宏谋等折，档案号 A206-168，台北“中央研究院”历史语言研究所藏清代内阁大库。

吉林木税

吉林木税位于吉林省，正额为656两。主要征收木材税，税率为木材价值的1/10。①

伊犁木税

伊犁木税位于新疆省，税收主要来源于木材税。与其他关口不同，伊犁木税没有定额，税率约为木材价值的7%。②

（十一）本章小结

现将边疆边贸税关的数据整合在一起。许多边疆边贸税关的税收数据缺失严重，因此此处分别做了两条趋势线（图3.10）。第一条线显示了从档案中搜集到的数据；第二条线包括缺失的数据，这些数据是笔者根据邻近年份的数据推算出来的。笔者选择将推算数据的正额和盈余合在一起，因为它们是一个整体，在实际征收中也绝不会进行区分。

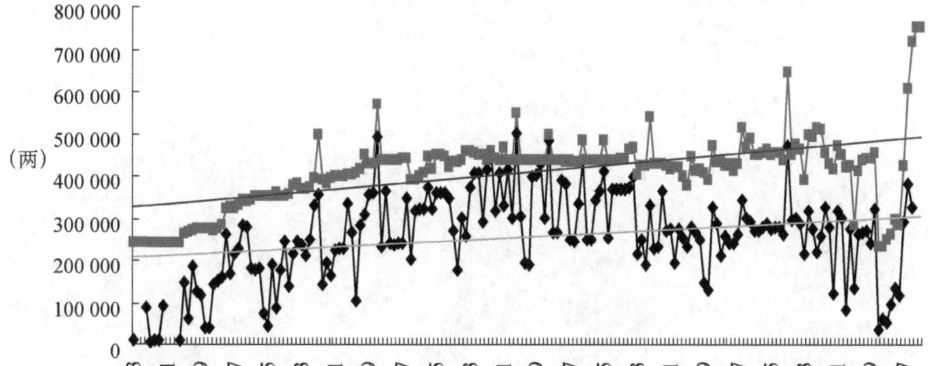

图3.10 边疆边贸税关税收趋势示意图（1723—1911年）

下线菱形线代表档案中的数据，上线方形线代表档案中的数据加上缺失年份的数据

① 李鸿章等：《大清会典事例》卷941，上海，商务印书馆，1908年。
② 李鸿章等：《大清会典事例》卷941，上海，商务印书馆，1908年。

图 3.10 清晰的显示出雍乾时期（1723—1795 年），边疆边贸各关的税收出现陡然的上升，这是受人口增加和经济发展的影响。嘉道时期（1796—1850 年），税收几乎没有发生大的变化。接下来的晚清时期，出现过微小的下降，特别是在 1891—1902 年。这一下降主要是因为洋关的强势地位，因为洋关掌握了很大一部分之前由常关征收的关税；另外，在一定程度上，这一时期也受到甲午中日战争的不利影响。不过，总体来说，边疆边贸税关很少受到晚清出现的各种政治事件和军事事件的影响（特别是太平天国运动），最重要的原因当然是这些税关位于国家的边陲，通常远离这些政治、军事区域，而且本身的征税量也并不是太大。

第四章　运河长江沿线各关

直到现代技术引入之前的二十世纪早期，水运一直都是中国最低廉的运输方式。运河和长江是传统时代最重要的水路，因此运河和长江是清前期关税设置的主要地点，并不会让人感到惊讶。然而，随着沿海地区经济的发展，海关税收开始逐渐超过运河长江沿线税关的收入，这也在一定程度上反映出清代中国经济区域的转移。

（一）崇文门

崇文门既是北京最重要的税口，也是北京城的城门之一。“燕京为都会之所，致天下之民，聚天下之货，熙熙攘攘，骈阗辐辏，驵坐之徒，群萃杂出。于是设关吏定课则。”①

关于崇文门税关的设置时间，现有的研究中存在分歧。一些学者认为崇文门是沿袭自明代，而另一些则认为是设置于清初。从记载中可以知道，1666 年崇文门隶属于顺天府；1668 年，朝廷下令从各部中挑选官员出任崇文门监督；1724 年，再一次改由顺天府管辖；直到 1762 年，又改由户部派员监督。最终，在 1822 年，朝廷考虑到崇文门的重要地位，决定任命中央高级官员直接管理。这也是为什么傅恒、和珅、僧格林沁、奕劻等会出现在崇文门的税务监督名单上。

① 缪荃孙：《光绪顺天府志》卷 11，光绪十二年（1886 年）刻本。

1830 年，御史寅德奏称，崇文门税关弊端颇多，“税局巡役过多，该役等所有亲戚及熟识、闲杂人等每向该管委员请讨谕帖，因此藉端影射，辄用白役多人，需索讹诈，以致来往官民人等视为畏途”，有时正常的装载行李车辆，“每一衣箱索取银四两至八两、十两不等”，行贿之人，“私贩违禁等物，夹带进城，胥吏等转得受钱文私行卖放”，所以建议派出满汉御史各 10 人，前往纠察，这得到了道光皇帝的同意。[①]

崇文门所收的关税主要来自商业贸易，尤以茶、酒、烟、布为大宗。顺治时期，税额（正额）定为 85 099 两。此后，1686 年正额增长至 94 483 两，但没有设置固定盈余，此后正额和盈余随时间调整（表 4.1）。[②]

表 4.1　清代崇文门税额表　（单位：两）

年份	顺治时期	1686	1723	1800	1804	1806	1822
正额	85 099	94 483	102 175	102 175	102 175	102 175	102 175
盈余				183 269	212 376	212 473	197 825
合计	85 099	94 483	102 175	285 444	314 551	314 648	300 000

与大部分税关按 12 个月征收不同，崇文门的关期严格固定，按阴历从八月初三至次年八月初二。因此，有些年份由 13 个月组成。这也在一定程度上，人为地造成了崇文门税收的波动起伏。

如图 4.1 所示，雍正、乾隆时期崇文门的税收变化很大，但总体上有一个增长的趋势，到后期已经能保持以 25 万两的水平以上。嘉道时期，税收相当稳定，部分原因是受新的正额盈余税收政策的影响。这一时期仅发生过三次严重的缺额时段。据档案文献可知，1813 年的缺额是因为漕船的推迟到达。[③]1821 年的缺额是因为从南方来的绸缎减少，当年几乎没有货物运

①《宫中档道光朝奏折》，道光十年五月二十二日上谕，档案号 011365，台北“故宫博物院”藏。
② 缪荃孙：《光绪顺天府志》卷 11，光绪十二年（1886 年）刻本。
③《军机处录副奏折・嘉庆朝・财政类・关税项》，嘉庆十八年八月十三日，崇文门税务吉纶、玉麟折，档案号 03-1770-050。

往北京。[①]最后，1822 年的关税缺额是大洪水导致的。[②]

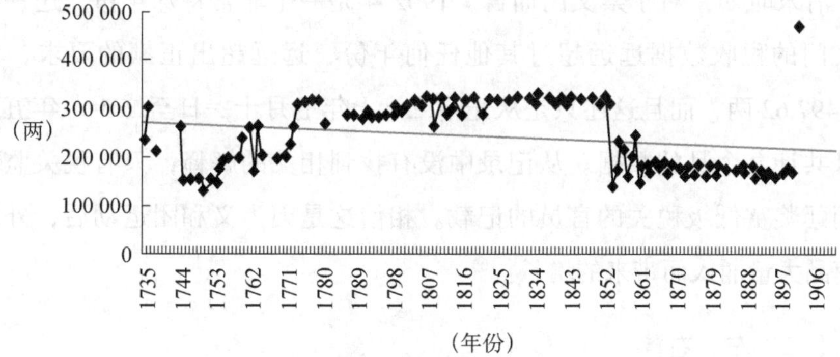

图 4.1 崇文门税收趋势示意图（1735—1911）

太平天国运动期间，崇文门的税收显然受到了南方战争的严重影响。咸丰三年（1853 年）崇文门的监督向皇帝奏报：崇文门自咸丰二年八月以至十二月，“与历届比较虽觉稍差，尚不甚相悬”，但转入咸丰三年以后，税课日见短少，其原因正是“现值逆匪滋扰江南，道路梗塞，商贾往来运转不能流通，以致输纳钱粮不畅”。[③]这种情况在此后的几年重复发生。咸丰四年至五年期间（1854—1855 年），关税征收又减少，据奏报原因是“本年夏间直隶山东均就肃清，而南省商贩仍多阻滞”。[④]到了咸丰五年至六年期间，仍未见好转，“亏短盈余实因商贩不通，货物稀少”[⑤]。第二次鸦片战争期间，崇文门税关又受到了战争的影响，“近来各省道路未能一律疏通，南货本属稀少，兼之京外银价悬殊，商贩诸多畏累。而入夏以来，又

① 《军机处录副奏折・道光朝・财政类・关税项》，道光元年八月十一日，崇文门税务监督晋昌、舒明阿折，档案号 03-3155-032。
② 《军机处录副奏折・道光朝・财政类・关税项》，道光二年八月初八日，崇文门税务监督博启图、松筠折，档案号 03-3156-028。
③ 《军机处录副奏折・咸丰朝・财政类・关税项》，咸丰三年五月十八日，崇文门税务监督德木楚克扎布等，档案号 03-4376-023。
④ 《军机处录副奏折・咸丰朝・财政类・关税项》，咸丰五年八月初五日，崇文门税务监督花沙纳等折，档案号 03-4378-033。
⑤ 《军机处录副奏折・咸丰朝・财政类・关税项》，咸丰六年八月初七日，崇文门税务监督僧格林沁折，档案号 03-4379-048。

有夷船停泊津门两月在余，客货愈形阻滞，以致各项钱钱粮征收短少”。①

清末时期，对于崇文门而言，1902 年是一个非常特殊年份。这一年，崇文门的税收数据远远超过其他任何年份，远远超出正额的要求，多达 472 497.62 两，而且这还只是从光绪二十七年七月十一日至二十八年五月初二日共计九个月的数据。从记录中没有找到相关的解释，只有税关监督请求朝廷奖赏低级税关的官员的记载。相信这是因为义和团运动后，外国进口商品大量涌入而带来的增长。②

（二）左、右翼

左、右翼设于清初。左翼负责北京东部的安定、东直、朝阳、东便、广渠、左安六门的税收；右翼负责北京西部的德胜、西直、阜城、西便、广安、右安、永定七门的税收。1797 年，清政府将左、右翼归并一起管理，但两年后又恢复旧制。③

1644—1662 年左翼定额为 6000 两，1663 年增长至 10 000 两。此后定额发生多次变化，1799 年定正额银为 10 000 两，盈余银为 18 000 两（表 4.2）。除了征收商税外，左翼还征收北京东部的房地税银（房产交易税），每年税收从几百至千两不等。④

表 4.2　清代左翼税额表　　（单位：两）

年份	1661	1663	1799
正额	6 000	10 000	10 000
盈余			18 000
合计	6 000	10 000	28 000

由于按阴历征税，左翼在 1792 年、1827 年、1860 年和 1892 年分别有

①《军机处录副奏折 · 咸丰朝 · 财政类 · 关税项》，咸丰八年八月初九日，崇文门监督景寿折，档案号 03-4381-022。

②《军机处录副奏折 · 光绪朝 · 财政类 · 关税项》，光绪二十八年五月二十八日，崇文门监督善耆折，档案号 03-6513-095。

③ 李鸿章等：《大清会典事例》卷 236，上海：商务印书馆，1908 年。

④ 缪荃孙：《光绪顺天府志》卷 11，光绪十二年（1886 年）刻本。

两个税收数据。[①]

由于在雍正朝和乾隆前期，左翼的数据太过于缺乏，所以图 4.2 只能从 1759 年开始绘制数据图，而不是如其他图中的 1725 或 1735 年。尽管如此，从这些不完整数据中仍然可以看出，在乾隆中后期的税收是相当稳定的。而在 1796—1850 年，左翼出现了下滑的状态。不过，如果仔细核对数据，又会发现，这种下降其实并不大，每年仅数千两，与定额 45 000 两相比时，几乎微不足道。[②]

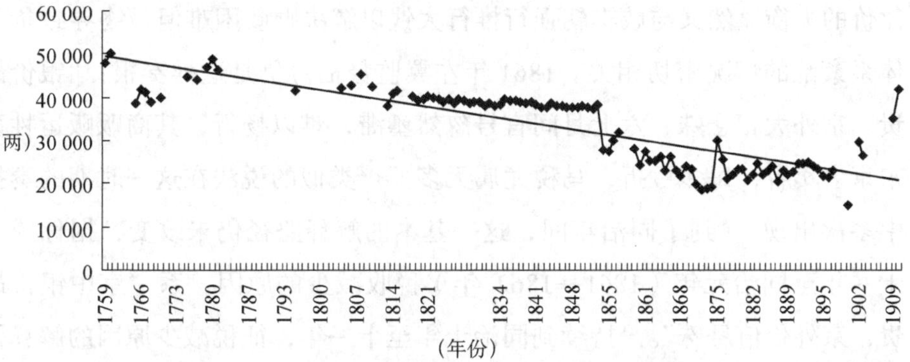

图 4.2　左翼税收趋势示意图（1759—1911 年）

太平天国运动使左翼的税收出现明显地下降。咸丰五年（1855 年）左翼监督萨迎阿向朝廷奏报“上年连镇贼匪尚未扑灭，道路阻滞，马税尤少”。[③]据此可以看出，税收减少受到了太平天国起义的影响，货物运输不

① 《内阁户科题本 · 财政类 · 关税》，乾隆五十八年六月初一日，署户部尚书苏凌阿折，档案号 02-01-04-17757-026。《内阁户科题本 · 财政类 · 关税》，乾隆五十九年六月十七日，署户部尚书苏凌阿折，档案号 02-01-04-17834-020。《内阁户科题本 · 财政类 · 关税》，道光七年十月十六日，户部尚书禧恩折，档案号 02-01-04-20206-019。《抄档 · 清代关税收支报告表 · 常关》，道光七年十二月十五日，左翼税务监督福泰折，中国社会科学院经济研究所图书馆藏。《军机处录副奏折 · 咸丰朝 · 财政类 · 关税项》，咸丰十年二月初十日，左翼监督爱仁折，档案号 03-4383-002。《军机处录副奏折 · 咸丰朝 · 财政类 · 关税项》，咸丰十一年正月初八日，左翼监督伊精阿折，档案号 03-4400-007。《军机处录副奏折 · 咸丰朝 · 财政类 · 关税项》，咸丰十一年正月初八日，左翼监督伊精阿折，档案号 03-4400-007。《军机处录副奏折 · 光绪朝 · 财政类 · 关税项》，光绪十八年十二月二十五日，左翼监督巴克坦布折，档案号 03-6384-032。

② 倪玉平：《清朝嘉道关税研究》第二版，北京：科学出版社，2017 年，第 35 页。

③ 《军机处录副奏折 · 咸丰朝 · 财政类 · 关税项》，咸丰五年二月二十二日，左翼监督萨迎阿折，档案号 03-4395-057。

畅。1853 年以后，清廷不得不实施通货膨胀的办法来渡过因农民战争造成的财政危机。政府制造了大量的铜钱，并强制百姓使用，很快就导致了铜钱的贬值。百姓不得不在日常生活中使用铜钱，却要用银两交税，这对民众的个人财产造成巨大损失，这也造成了左翼税收的下降。1856 年左翼监督奏报："实缘京中银价昂贵，京外价值悬殊，商贩大都因此亏折资本居多，是以商贩间有歇业。且各省营驿牌马屡经裁减，马税亦属无多。"[①]此后，这一关于银钱比价变化导致商贩亏本的原因屡次被提起。当然，银钱比价的失衡显然又与咸丰朝强行推行大钱以解决财政困难但最终导致货币体系紊乱的情况密切相关。1861 年左翼监督福钤仍是这样奏报："银价昂贵，京外大相悬殊，六七月间官号忽然壅滞，难以畅行，其商贩贩运牲畜来京售卖者，每多亏折，马税尤属无多。"[②]类似的说法在这一时期的奏报中多次出现。[③]到了同治年间，这一基本的解释路径仍未改变，据称咸丰十一年至同治元年（1861—1862 年）税收减少的原因，系"京中银价昂贵，京外价值悬殊"。[④]持续到同治十年至十一年，征税减少原因的解释仍然是"京中银价昂贵，入夏以来大雨时行，入京道路仍属巨浸"。[⑤]由此可见，由于太平天国战争所引发的货物运输困难，以及发行大钱所造成的银钱比价悬殊，一直是咸丰同治年间左翼税收减少和波动的最重要原因。

---

①《军机处录副奏折·咸丰朝·财政类·关税项》，咸丰六年二月十五日，左翼监督肃顺折，档案号 03-4379-004。

②《军机处录副奏折·咸丰朝·财政类·关税项》，咸丰十一年十二月十八日，左翼监督福钤折，档案号 03-4384-048。

③《军机处录副奏折·咸丰朝·财政类·关税项》，咸丰十年二月初十日，左翼监督爱仁折，档案号 03-4383-002。《军机处录副奏折·同治朝·财政类·关税项》，同治元年十二月初五日，左翼监督基溥折，档案号 03-4871-029。《军机处录副奏折·同治朝·财政类·关税项》，同治五年十月二十八日，左翼税务照祥折，档案号 03-4874-019。《军机处录副奏折·同治朝·财政类·关税项》，同治六年十月二十五日，左翼监督广科折，档案号 03-4876-008。《军机处录副奏折·同治朝·财政类·关税项》，同治十一年九月二十五日，左翼监督托云折，档案号 03-4880-192。

④《军机处录副奏折·同治朝·财政类·关税项》，同治元年十二月初五日，左翼监督基溥折，档案号 03-4871-029。

⑤《军机处录副奏折·同治朝·财政类·关税项》，同治十一年九月二十五日，左翼监督托云折，档案号 03-4880-192。

1900年，在义和团运动期间，北京被八国联军占据，左翼的税收跌至历史最低点，即从年均50 000两跌至20 000两。而在清代的最后几年，税收再一次出现急速增长。与崇文门类似，这可能是因为义和团运动结束后，进口的外国货物增加，促进了商业活动的繁荣。①

和左翼一样，最初右翼的定额为6000两，到1663年也增长至10 000两。随后定额仍然频繁变动，直到1799年，正额才确定为10 005.12两，盈余则定为7321.4两（表4.3）。右翼如左翼一样，也要征收北京西部的房地税银，每年从几百至千两不等。②

表4.3 清代右翼税额表 （单位：两）

年份	1661	1663	1799
正额	6 000	10 000	10 005.12
盈余			7 321.4
合计	6 000	10 000	17 326.52

也是因为按阴历征税，右翼在1797年、1827年，1860年和1892年的资料中有两个税收数据。③

和左翼类似，因为从1735—1770年间右翼数据缺失严重，所以图4.3仅分析1771年以后的税收趋势。和左翼的趋势不同，1771—1795年，右翼的税收经历了一个小的增长；1796—1850年，则有一个轻微的下滑。

① 《抄档·清代关税收支报告表·常关》，宣统元年四月初五日，左翼监督乌珍折，中国社会科学院经济研究所图书馆藏。《奏为接管关税期满正额无方盈余未能足额请饬部核议事》，宣统三年正月十九日，左翼监督麟光折，档案号03-7507-004。

② 缪荃孙：《光绪顺天府志》卷11，光绪十二年（1886年）刻本。

③ 《军机处录副奏折·嘉庆朝·财政类·关税项》，嘉庆二年正月二十二日，右翼税务监督緼布折，档案号03-1766-032。《内阁户科题本·财政类·关税》，嘉庆四年八月二十三日，户部尚书布颜达赍折，档案号02-01-04-18185-012。《内阁户科题本·财政类·关税》，道光七年十月十六日，户部尚书禧恩折，档案号02-01-04-20296-020。《抄档·清代关税收支报告表·常关》，道光七年十二月十五日，右翼税务监督福勒洪阿折，中国社会科院经济研究社图书馆藏。《军机处录副奏折·咸丰朝·财政类·关税项》，咸丰十年二月十三日，右翼监督春佑折，档案号03-4383-003。《内阁户科题本·财政类·关税》，同治二年十二月十五日，大学士倭仁折。档案号02-01-04-21737-043。《军机处录副奏折·光绪朝·财政类·关税项》，光绪十八年二月初六日，右翼监督佛佑折，档案号03-6380-014。《军机处录副奏折·光绪朝·财政类·关税项》，光绪十八年十二月二十五日，右翼监督立山折档案号03-6384-033。

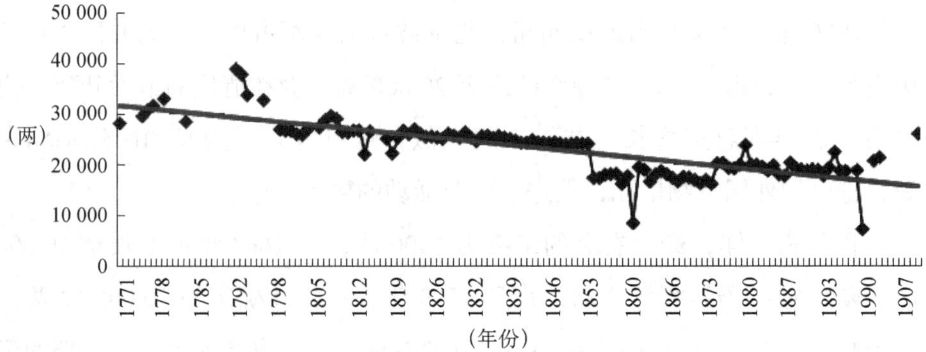

图 4.3 右翼税收趋势示意图（1771—1911 年）

和前期相比，咸丰元年（1851 年）以后右翼税收经历了严重的下滑，这和左翼一样是受太平天国运动的巨大影响。1855 年，右翼监督绵森向朝廷奏报关税下滑时，将之归因于太平天国运动，“直隶寇氛未靖，马乾裁减”。①随后几年，税收下降则大多和银价有关。主要是中央政府为了弥补太平天国运动的财政损失，新发行了很多的大面值铜钱，这导致银贵钱贱。由于民众不信任新的铜钱，因此他们使用铜钱纳税。

1856 年，马税减少，“奏请裁减，不赴口外采买者居多。且向例右翼税课征收银少钱多，时值近年银价日昂，以钱易银愈多折耗”。②

1857 年，“京畿大钱壅滞，银价食物昂贵”。③

1858 年，“马税减少，不及从前十分之三。京中银价过昂，百物腾贵”。④

1859 年，“各省营驿牌马屡经裁减，又值上年夷船停泊天津，数月以来，商贩稀少。兼之京中银价过昂，京外价值悬殊，售卖牲畜，客商因亏

① 《军机处录副奏折 · 咸丰朝 · 财政类 · 关税项》，咸丰五年三月十一日，右翼监督绵森折，档案号 03-4395-062。
② 《军机处录副奏折 · 咸丰朝 · 财政类 · 关税项》，咸丰六年三月十三日，右翼监督熙拉布折，档案号 03-4379-014。
③ 《军机处录副奏折 · 咸丰朝 · 财政类 · 关税项》，咸丰七年二月十八日，右翼监督熙拉布折，档案号 03-4396-021。
④ 《军机处录副奏折 · 咸丰朝 · 财政类 · 关税项》，咸丰八年二月三十日，右翼监督多尔济那木凯折，档案号 03-4397-010。

折资本，更其裹足”。[①]

1860 年，“京中银价昂贵，商贩因此亏折资本，马税亦属无多”。[②]

1861 年，“上年京城银价过最，商贩亏折资本”。[③]

1862 年，“本年京城银价低昂不定，民生日艰”。[④]

1865 年，“实因京中银价过昂，京外畿辅之乡银价大相悬殊，客商贩运因亏资本，近年以来，军民拮据，京城诸物生意倍常淡薄，猪羊各畜滞销更甚，且各直省牌马屡经裁减，马税亦属无多，是以盈余未能足额”。[⑤]

1866 年，“京中银价昂贵”。[⑥]

1867 年，“京外银价悬殊，春夏亢旱，口外水草缺乏，羊马无从放青，来者稀少”。[⑦]

1869 年，“实因本年春夏亢旱，雨泽稀少。北来羊马无多，又兼京中生计维艰，诸物滞销”。[⑧]

1872 年，“永定河决口，道路梗阻，且京中银价昂贵”。[⑨]

显然，咸丰同治时期右翼征税的不足，是受到太平天国运动及这一时期银价的波动造成的。

1900 年，由于义和团运动，税收达到最低点，“缘自二十六年五月中外

①《军机处录副奏折·咸丰朝·财政类·关税项》，咸丰九年正月二十日，右翼监督多尔济那木凯折，档案号 03-4382-002。

②《军机处录副奏折·咸丰朝·财政类·关税项》，咸丰十年二月十三日，右翼监督春佑折，档案号 03-4383-003。

③《军机处录副奏折·同治朝·财政类·关税项》，同治元年十二月十九日，右翼监督崇纶折，档案号 03-4888-071。

④《军机处录副奏折·同治朝·财政类·关税项》，同治元年十二月十九日，右翼监督崇纶折，档案号 03-4888-070。

⑤《军机处录副奏折·同治朝·财政类·关税项》，同治四年十一月初十日，右翼税务监督德懋折，档案号 03-4872-082。

⑥《军机处录副奏折·同治朝·财政类·关税项》，同治五年十月二十八日，右翼监督绵宜折，档案号 03-4874-018。

⑦《军机处录副奏折·同治朝·财政类·关税项》，同治六年十月二十五日，右翼监督伊精阿折，档案号 03-4876-007。

⑧《军机处录副奏折·同治朝·财政类·关税项》，同治八年十月二十五日，户部尚书宝鋆等折，档案号 03-4879-015。

⑨《军机处录副奏折·同治朝·财政类·关税项》，同治十一年九月二十五日，右翼监督尚宗瑞折，档案号 03-4880-193。

开衅以来，京外道路梗塞，商贩惶惶，畏避不前，市面大半歇业，以致税课异常奇绌。前项不敷办差之款，即向商号借垫，借供要需，正拟具折请款间，讵联军入都，肆意焚掠，更兼土匪聚抢，遂将署内存储案卷什物，抢掠一空”。①

（三）坐粮厅

坐粮厅位于北京通州地区，始设于明代；1700 年，清政府任命满、汉各一员管理税关。1768 年，改由户部侍郎监管。②康熙初期定坐粮厅正额为 6000 两，如表 4.4 所示。

表 4.4　清代坐粮厅税额表　（单位：两）

年份	1669	1699	乾隆年间	1799
正额	6 000	6 339	6 339	6 339
盈余			7 871	6 000
合计	6 000	6 339	14 210	12 339

坐粮厅所征税银，“悉系南来货物及粮麦猪酒等税”③，所以运河的通畅与否直接关系到坐粮厅的征税。坐粮厅主要根据货物的价值，分为落地、起京计数科税。如果货物在通州地区销售，那么征收货物价值的 8%；如果运往北京，税率为 3%。1776 年，朝廷更改了坐粮厅的税率：谷米按石征税，牲畜按数量征税。④

坐粮厅的关期由 12 个月组成。因为按阴历征税，1735 年、1751 年、

① 中国第一历史档案馆：《光绪朝朱批奏折》第 74 辑，光绪二十七年十一月十四日，大学士荣禄折，北京：中华书局，1995 年，第 282 页。

② 吴存礼：《通州志》卷 3，上海：上海书店出版社，2002 年。

③《明清档案》，乾隆五年十二月初五日，议政大臣讷亲等折，档案号 A97-118，台北“中央研究院”历史语言研究所藏清代内阁大库。

④ 李鸿章等：《大清会典事例》卷 234，上海：商务印书馆，1908 年。

1784年、1816年、1849年和1881年，均有两个税收数据。①

如图4.4所示，总体来说，1732—1740年的税收（雍正末年至乾隆初期），坐粮厅的税收波动较大，尤其是1740年有一个明显的下降。从1739年的官方记载来看，清政府禁止了粮食贸易，因为粮食是酿造白酒的主要原料，清政府认为白酒的生产会消耗太多的粮食，并最终会出现广泛的饥荒。这一禁令意味着坐粮厅每年减少几千两的税收。②

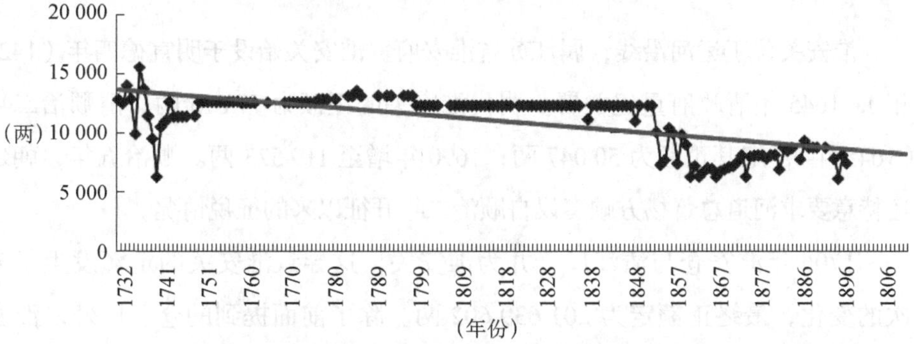

图4.4　坐粮厅税收趋势示意图（1732—1911年）

1740年以后至道光时期，坐粮厅的税收大致保持平稳，当然其间也发生过几次急剧的下滑。第一次下滑发生在嘉庆四年（1799年），嘉庆帝在这一年停止了三年比较之例，转而设立新的固定盈余（正额没有变化），导致

① 《军机处录副奏折·乾隆朝·财政类·关税项》，乾隆四十二年[缺月日]，清单，档案号03-597-087。《内阁户科题本·财政类·关税》，乾隆元年八月十八日，大学士张廷玉折，档案号02-01-04-12842-005。《内阁户科题本·财政类·关税》，乾隆十六年八月初十日，户部尚书海望折，档案号02-01-04-14520-006。《内阁户科题本·财政类·关税》，乾隆十七年五月二十八日，仓场侍郎鹤年折，档案号02-01-04-14596-020。《内阁户科题本·财政类·关税》，乾隆五十年五月二十九日，仓场侍郎保泰折，档案号02-01-04-17432-025。《军机处录副奏折·乾隆朝·财政类·关税项》，乾隆五十年三月初十日，仓场侍郎保泰等折，档案号03-599-024。《内阁户科题本·财政类·关税》，嘉庆二十一年四月十七日，仓场侍郎润祥折，档案号02-01-04-19710-014。《内阁户科题本·财政类·关税》，嘉庆二十二年六月初九日，大学士托津折，档案号02-01-04-19761-015。《内阁户科题本·财政类·关税》，咸丰元年五月二十七日，仓场侍郎庆祺折，档案号02-01-04-21487-012。《内阁户科题本·财政类·关税》，道光三十年五月二十七日，仓场侍郎庆祺折，档案号02-01-04-21444-029。《内阁户科题本·财政类·关税》，光绪八年八月二十八日，署仓场侍郎锡珍折，档案号02-01-04-22198-013。《内阁户科题本·财政类·关税》，光绪十一年三月十九日，户部尚书额勒和布折，档案号02-01-04-22324-008。

② 《内阁户科题本·财政类·关税》，乾隆五年九月十七日，议政大臣协理户部事务讷亲折，档案号02-01-04-13254-010。

了第一次的波动。1838 年的税收也急剧下滑，但没有找到对其做出解释的记载，但估计与第一次鸦片战争之前的局势相关。[①]1849 年则再次出现了下滑，记载中也没有相关的解释。太平天国运动的爆发导致了税收永久性下降，原因是“实缘南来茶叶、杂货、纸张各商贩稀少，年复一年，实属无力赔缴”。[②]至光绪二十三年（1897 年）之后的数据则缺失了。

（四）淮安关

淮安关位于运河沿线，属江苏省淮安府。淮安关始设于明宣德四年（1429 年），1645 年清政府重建关署。明代淮安关的正额为 77 875 两；清顺治二年（1645 年），定其正额为 50 047 两；1690 年增至 119 523 两。顺治五年，朝廷还特意要求河道总督杨方顺奏议自顺治二年开征以来的征税情况。[③]

1706 年淮安仓与清江厂合并为淮安关，这导致淮安关的定额发生了多次的变化，最终正额定为 201 639.602 两。除了前面提到的仓、厂外，淮安关还兼管另外两个税口，即宿迁关、庙湾口。虽然由相同的衙门管理，这三个税关却隶属于不同的征税系统。淮安关和庙湾口隶户部，宿迁关隶工部。1741 年，宿迁关正额为 48 884 两，庙湾口为 3 840 两。

1799 年淮安关的盈余确定为 101 000 两，加上庙湾口 2 200 两，宿迁关 7 800 两，合计 111 000 两（表 4.5）。1804 年淮安关盈余增至 121 000 两，但随后在 1831 年减少 10 000 两，重回 111 000 两。加上庙湾口和宿迁关，定额（正额加盈余）达到 364 363 两。虽然它们属于朝廷不同的部门，但三个税关同时奏销，并主要由户部管理。本节对它们不加以区分，而只视为一个整体的税关。

---

①《内阁户科题本·财政类·关税》，道光二十年五月二十六日，仓场侍郎德春折，档案号 02-01-04-21049-025。

②《军机处录副奏折·同治朝·财政类·关税项》，同治六年三月十八日，仓场侍郎仲岱等折，档案号 03-4875-030。

③《明清档案》，顺治五年十月缺日，河道总督杨方兴折，档案号 A9-142，台北“中央研究院”历史语言研究所藏清代内阁大库。

表 4.5　清代淮安关税额表　（单位：两）

年份	1645	1652	1669	1670	1686	1723	1799	1804	1831
正额	22 780	58 300	50 000	80 891	150 728	135 223	254 363	254 363	254 363
盈余							111 000	121 000	110 000
合计	22 780	58 300	50 000	80 891	150 728	135 223	365 363	375 363	364 363

由于使用阴历，淮安关于 1740 年、1767 年、1800 年、1832 年、1865 年和 1898 年分别有两个税收数据（图 4.5）。①

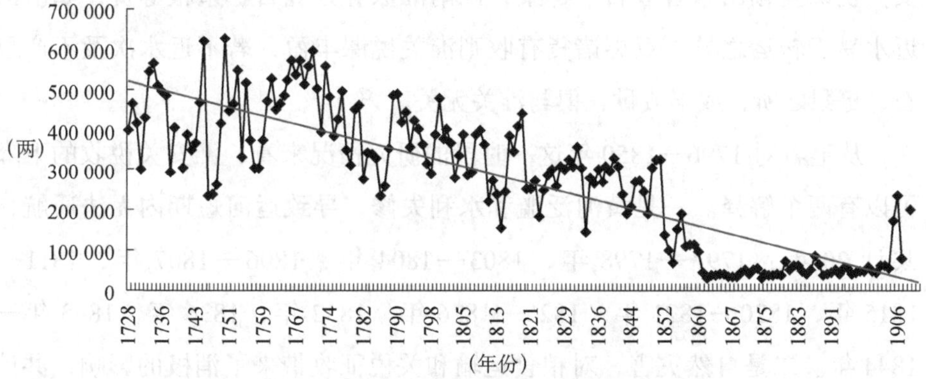

图 4.5　淮安关税收趋势示意图（1728—1911 年）

淮安关的税收经历着持续的波动。晚清时有人做出这样的解释：

淮关为南北冲衢，舟车挽运，万商咸出其途。初无海道通行

---

①《宫中档朱批奏折・财政类・关税》，乾隆四年五月初二日，淮安关监督唐英折，档案号 04-01-35-0310-026。《宫中档朱批奏折・财政类・关税》，乾隆六年六月初八日，淮安关监督伊拉齐折，档案号 04-01-35-0312-016。《宫中档朱批奏折・财政类・关税》，乾隆三十二年正月二十七日，江南河道总督李弘折，档案号 04-01-35-0338-014。《军机处录副奏折・乾隆朝・财政类・关税项》，乾隆三十三年正月初八日，淮安关监督方体浴折，档案号 03-0593-039。《内阁户科题本・财政类・关税》，嘉庆五年九月十五日，淮安关监督三义助折，档案号 02-01-04-18261-024。《宫中档朱批奏折・财政类・关税》，嘉庆五年十二月十五日，淮安关监督三义助折，档案号 04-01-35-0360-026。《军机处录副奏折・道光朝・财政类・关税项》，道光十二年二月初六日，淮安关监督福泰折，档案号 03-1768-030。《内阁户科题本・财政类・关税》，道光十四年四月十五日，大学士长龄折，档案号 02-01-04-20661-027。《军机处录副奏折・同治朝・财政类・关税项》，同治四年四月初九日，淮安关监督文明折，档案号，档案号 03-4872-034。《军机处录副奏折・同治朝・财政类・关税项》，同治五年三月初七日，淮安关监督世荣折，档案号 03-4873-036。中国第一历史档案馆：《光绪朝朱批奏折》第 73 辑，光绪二十四年六月二十六日，淮安关监督金声折，北京：中华书局，1995 年，第 723-724 页。《光绪朝朱批奏折》第 73 辑，光绪二十五年五月二十六日，淮安关监督金声折，北京：中华书局，1995 年，第 891 页。

之事，内河来源既旺，税课自丰。迨后时事变迁，迥非昔比，如黄河北徙，陆路绕越，其亏一；轮船通行，货多航海，其亏二；粮艘停运，北货稀来，其亏三；各省土药改为统捐，其亏四；而最大亏者，莫如洋税之侵占。①

应该说，上文所给出的解释原因大致上都是对的。早在乾隆时期，在解释乾隆十五年（1750 年）淮安关税银短征时，江苏当局即奏报即解释道："淮安关税课全赖山东省豆石、枣梨，江南淮徐等处豆石、杂粮等货，如沿河近水易于转运之处，豆枣诸货有收则淮关税课丰盈，若不近水次及不产豆石、枣梨之所，或丰或歉，俱与淮关无关。"②

从笔者对 1796—1850 年这一时段的研究情况来看，淮安关税收的下降可以有两个解释。一是黄河泛滥和水利失修，导致运河短期内无法通航，共计 20 年：1797—1798 年，1803—1804 年，1806—1807 年，1811—1815 年，1820—1821 年，1825—1826 年，1832 年，1836 年，1843 年—1844 年。二是自然灾害，对粮食运输和关税征收带来了消极的影响，共计 17 年：1796 年，1822—1824 年，1827—1831 年，1833—1835 年，1846—1850 年。③即以 1846 年关期为例，由于遭受"数十年来未有如此冷且久"之"天气冻寒"，大雪封河长达五六十日，"处处坚冰"，船只无法通行，因而少收。④

太平天国运动时期，形势发生了巨大的变化。因为淮安关被太平军占据，经常发生惨烈的战斗，商人和其他人员过关十分危险，因此在这段时间税收急剧下滑。咸丰三年（1853 年），在记载中发现了这样的奏报："粤

① 中国第一历史档案馆：《光绪朝朱批奏折》第 74 册，北京：中华书局，1995 年，第 755 页。
②《明清史料》，乾隆十七年五月初七日，江苏巡抚庄有恭折，档案号 162，台北"中央研究院"历史语言研究所藏清代内阁大库。
③ 倪玉平：《清朝嘉道关税研究》第二版，北京：科学出版社，2017 年，第 49—50 页。
④《宫中档道光朝奏折》，道光二十六年三月初一日，淮安关监督兴浚折，档案号 008880，台北"故宫博物院"藏。

匪东窜，沿江各处戒严，南北商货不能流通，关税几至无征。”[①]在记载中，同样的原因不断重复地用于解释税收缺额。例如，第二年仍奏报：“逼近贼氛，较之他处情形大相悬殊，几与龙江、扬关相似，亏短实属有因。”[②]咸丰四年（1854 年），淮安关征税仍然短缺，其原因据奏报乃系“淮宿等关税课，以北来饼豆为大宗，南来绸布杂货次之，饼豆之来源以皖豫两省为最，豫省货船由黄河驶运皖省，货船由洪湖达淮而南去之路皆以瓜洲、镇江为要道。自军兴以来，皖豫二省叠遭蹂躏，瓜洲、镇江两口迄今尚为贼踞，南北货物均属无路可通。兼之丰北漫工久未堵合，富商大贾悉皆歇业，仅有零星小贩绕道行走，冒险往来，征税甚属无几。且庐州一带逆焰方张，相距淮安不过一湖之隔，前由丰工渡黄北窜，徐邳两次戒严，宿迁关近在咫尺，风鹤频惊，行旅且有戒心，商贩曷敢运货”。[③]与此同时，在另一份奏折，淮关安则表示，希望朝廷能对淮安关税收亏空做出适当调整，即按惯例免予赔偿。因为道光二十二年（1843 年），即在第一次鸦片战争期间，英军军舰驶入长江，以及后来东河、南河先后决口时，所有淮宿海三关通年短收税银，“均经奏奉谕旨作正开销，而今之情形，南北军兴，丰工缓堵，商途梗塞，迄未疏通。较之道光二十二年情形尤为加重。请作正开销”。不过，因为户部的坚决反对，认为必须要与已经被太平军横扫的龙江关、扬州等关有所区别，故仍要求淮安关赔补损失的二成。[④]

咸丰五年（1855 年），淮安关之短少仍因“军务孔殷，商旅倍形畏缩”。[⑤]

---

①《军机处录副奏折·咸丰朝·财政类·关税项》，咸丰三年二月十二日，淮安关监督福瑞折，档案号 03-4376-008。

②《宫中档朱批奏折·财政类·关税》，咸丰四年六月初一日，淮安关监督毓泰折，档案号 04-01-35-0382-035。

③《宫中档朱批奏折·财政类·关税》，咸丰四年六月初一日，淮安关监督毓泰折，档案号 04-01-35-0382-035。

④《宫中档朱批奏折·财政类·关税》，咸丰四年六月初一日，淮安关监督毓泰折，档案号 04-01-35-0382-036。

⑤《军机处录副奏折·咸丰朝·财政类·关税项》，咸丰五年四月二十四日，淮安关监督毓泰折，档案号 03-4378-019。

淮安关此后的短收，还有一个特殊的原因，就是 1855 年黄河改道，使运河相应地受到影响。例如，咸丰六年奏报即称："军兴以来，迄今数载，百货均未流通。兼之东南两河漫工缓堵，黄河上下游俱不通舟楫。"[①]咸丰七年（1857 年），淮安关少收的原因亦没有变化："道路节节梗阻，百货均未流通。"[②]咸丰八年，少收的原因再次得到重复："粤匪窜扰，又值东南两河漫工缓堵，黄河上下游不通舟楫。"[③]此后，咸丰九年少收，据称原因系"东南两河漫工未堵，黄河又成平陆，军情吃紧"。[④]咸丰十年少收，还是"迭次生警，商贾闻风裹足"。[⑤]咸丰十一年（1861 年），随着苏州的失守，淮安关将短收的原因归结为"苏州失陷，南北不通"。[⑥]淮安关还大致回顾了这一时期的征税情况：淮安关自咸丰元年（1851 年）丰工漫口、黄河断流以来，"岁征税银尚有十万余两"，但自咸丰十年春天，捻军兴盛，遍扫清江浦、淮安一带之后，税收大受影响，再加上海道通畅，洋税侵占，"每年所征不过二三万两上下，各项货物大宗者固多由海运行，而近者行销之货亦大半由洪泽湖绕越"。[⑦]由此可见，在咸丰时期，淮安关的少收主要是受军事形势的影响，当然黄河的决口也是另一个重要的原因。

1860 年以后，太平军再次占据了江苏部分地区，特别是苏州的失陷，再次让商人无法过关。与此同时，这段时间清政府又禁止米谷贸易，以防

---

①《军机处录副奏折 · 咸丰朝 · 财政类 · 关税项》，咸丰六年五月初六日，淮安关监督恒起折，档案号 03-4379-027。

②《宫中档朱批奏折 · 财政类 · 关税》，咸丰七年闰五月二十五日，淮安关监督文勋折，档案号 04-01-35-0383-015。

③《宫中档朱批奏折 · 财政类 · 关税》，咸丰八年五月初四日，淮安关监督毓清折，档案号 04-01-35-0383-050。

④《军机处录副奏折 · 咸丰朝 · 财政类 · 关税项》，咸丰九年四月十三日，淮安关监督鹤昶折，档案号 03-4392-026。

⑤《军机处录副奏折 · 咸丰朝 · 财政类 · 关税项》，咸丰十年闰三月 初二日，淮安关监督祥恒折，档案号 03-4383-007。

⑥《宫中档朱批奏折 · 财政类 · 关税》，咸丰十一年六月二十日，大学士户部尚书周祖培折，档案号 04-01-35-0383-071。

⑦《宫中档朱批奏折 · 财政类 · 关税》，同治七年二月初四日，淮安关监督惠志折，档案号 04-01-1-0899-027。

止粮食被供应给太平军，这使征税变得更加困难。[①]1863年夺回苏州府后，捻军起义紧接着发生。多年的战争，导致商人和民众日渐贫困，市场萧条，税收下降。[②]同治元年（1862年），淮安关征不足数的原因仍系“捻扰东河，两月无征。商贾往来更形畏缩，风鹤交惊，较去腊为尤甚，商民迁徙一空”。[③]同治二年，奏折指出还是受到捻军军事行动的影响，“捻匪之扰，苏常失守，南北不通”。[④]同治三年，淮安关之少收的原因并无二致，系因军事行动频繁，为切断太平军的粮食供应，“金陵一带攻剿吃紧，米麦豆粮禁止南渡，以防济贼”，并导致商贾日益稀少。奏折还同时指出，同治二年十月，清军虽已收复苏州，但“为日无几，居民人等一时尚难复业”。[⑤]同治四年（1865年），仍然由于战事，宿、海二关税课无征，“本年二月间，豫省发捻各逆屡有东窜之谣，清淮人心惶惑。三月间该逆窜至东省，蹂躏数十州县，多与江境毗连。三月下旬直逼海州、赣榆一带，距淮较近。连年捻扰，坊机被毁，大都歇业”。[⑥]同治四年的第二个关期之内，税收仍受战事影响，太平军与捻军的军事行动，导致“商民纷纷迁徙”。[⑦]

---

①《军机处录副奏折·咸丰朝·财政类·关税项》，咸丰十年闰三月初二日，淮安关监督祥恒折，档案号03-4383-007。《宫中档朱批奏折·财政类·关税》，咸丰十一年六月二十日，大学士周祖培折，档案号04-01-35-0383-072。《宫中档朱批奏折·财政类·关税》，同治元年四月初二日，江南织造启裕折，档案号04-01-35-0384-024。

②《军机处录副奏折·同治朝·财政类·关税项》，同治二年三月十五日，淮安关监督永存折，档案号03-4871-054。《宫中档朱批奏折·财政类·关税》，同治三年三月十七日，淮安关监督希曾折，档案号04-01-35-0385-023。《军机处录副奏折·同治朝·财政类·关税项》，同治五年三月初七日，淮安关监督世荣折，档案号03-4873-036。《军机处录副奏折·同治朝·财政类·关税项》，同治六年二月初五日，淮安关监督世荣折，档案号03-4875-021。

③《宫中档朱批奏折·财政类·关税》，同治元年四月初二日，江南织造启裕折，档案号04-01-35-0384-024。

④《军机处录副奏折·同治朝·财政类·关税项》，同治二年三月十五日，淮安关监督永存折，档案号03-4871-054。

⑤《宫中档朱批奏折·财政类·关税》，同治三年三月十七日，淮安关监督希曾折，档案号04-01-35-0385-023。

⑥《宫中档朱批奏折·财政类·关税》，同治四年四月初九日，淮安关监督文明折，档案号04-01-35-0385-077。

⑦《军机处录副奏折·同治朝·财政类·关税项》，同治五年三月初七日，淮安关监督世荣折，档案号03-4873-036。

同治五年，淮安关税收减少，原因仍是“捻逆屡有东窜之谣，四五月间往返滋扰”。[①]同治七年，虽军事行动接近尾声，但“自黄河改道以后，豫东大宗饼豆久不来淮，捻扰之余，商情畏缩”，所以仍然少收。[②]同治八年（1869 年），据解释仍是由于“黄河改道，军情甫定，元气未苏，商无营运之赀，货鲜销售之利”。[③]同治九年，因为军事行动已经结束，所以淮安当局将税收减少的原因归结于黄河改道和厘金林立：“黄河改道，内河厘捐林立，海口各路通商，南北货物大都航海而行。”[④]这一情况可以被总结如下：“淮关自咸丰元年丰工漫口，黄河断流，岁征税银尚有十万余两，迨咸丰十年春间捻扰清淮，兼值海道畅通，每年所征不过二三万两上下，奴才悉心体察，各项货物大宗者固多由海运行，而近……行销之货亦大半由洪泽湖绕越。”[⑤]

厘金和关税对税源的争夺，也正式开始出现在淮安关的奏报之中。同治十年（1871 年）之关税减少，据称是“黄河改道以来，河南商船绝迹。山东安徽两省所产亦不来淮，筑坝挑河以备河运，宿迁关一带舟楫不通”。[⑥]同治十一年，在黄河改道的原因之外，又加入了洋税侵占的解释：“军兴以来，商途阻滞，黄河改道，洋税侵占。”[⑦]同治十二年（1873 年），仍是黄河改道，河道难通，加之本年入夏以后，“始则亢旱日久，继复大雨连绵，近年军务虽平，商

① 《军机处录副奏折・同治朝・财政类・关税项》，同治六年二月初五日，淮安关监督世荣折，档案号 03-4875-021。
② 《宫中档朱批奏折・财政类・关税》，同治八年二月初二日，淮安关监督连明折，档案号 04-01-35-0388-047。
③ 《宫中档朱批奏折・财政类・关税》，同治九年二月初一日，淮安关监督舒麟折，档案号 04-01-35-0389-024。
④ 《宫中档朱批奏折・财政类・关税》，同治九年十一月初十日，淮安关监督舒麟折，档案号 04-01-35-0389-051。
⑤ 《宫中档朱批奏折・财政类・关税》，同治七年二月初四日，淮安关监督惠志折，档案号 04-01-01-0899-027。
⑥ 《宫中档朱批奏折・财政类・关税》，同治十年十一月初四日，淮安关监督舒麟折，档案号 04-01-35-0390-019。
⑦ 《军机处录副奏折・同治朝・财政类・关税项》，同治十一年十一月二十七日，淮安关监督海绪折，档案号 03-4880-234。

民元气未复”。[①]同治十三年则在黄河改道的原因之外，再加上漕粮河运的影响。因为同治后期，在江浙漕粮海运之外，清廷力图恢复江北漕粮河运，“上年九月，江北漕船回空南下，豆粮、梨枣等货悉被揽装”，而按惯例漕船携带土宜（土特产）均是“免税”。[②]综上所述，可知同治时期淮安关税收之减少，前期主要归因于战争，后期主要归因于黄河改道。这一趋势一直持续到清末。

（五）浒墅关

浒墅关位于江苏省苏州府，紧邻扬州关，浙海关和北新关。浒墅关建于明宣德四年（1429 年），顺治二年（1645 年）重设浒墅关。税关的管理权从户部移交给江苏巡抚，后来又改为江宁织造兼管。[③]浒墅关的正额盈余变动见表 4.6。

表 4.6　清代浒墅关税额表　　　　（单位：两）

年份	1645	1656	1669	1686	1694	1699	1723	1799	1804	1831
正额	113 947	149 000	140 000	159 709	179 709	159 709	191 151	191 151	191 151	191 151
盈余								235 000	250 000	230 000
合计	113 947	149 000	140 000	159 709	179 709	159 709	191 151	426 151	441 151	421 151

由于使用阴历，浒墅关分别于 1748 年、1770 年、1803 年和 1835 年有两个税收数据。[④]

---

① 《宫中档朱批奏折·财政类·关税》，同治十二年十一月十一日，淮安关监督文桂折，档案号 04-01-35-0391-052。

② 《宫中档朱批奏折·财政类·关税》，同治十三年十一月十五日，淮安关监督文桂折，档案号 04-01-35-0393-005。

③ 凌寿祺《浒墅关志》卷 6，上海：上海书店出版社，1992 年。

④ 《宫中档朱批奏折·财政类·关税》，乾隆十三年五月十七日，署江苏巡抚安宁折，档案号 04-01-35-0322-030。《宫中档朱批奏折·财政类·关税》，乾隆十四年六月十五日，苏州织造图拉折，档案号 04-01-35-0324-012。《宫中档朱批奏折·财政类·关税》，乾隆三十五年二月十二日，苏州织造萨载折，档案号 04-01-35-0340-028。《宫中档朱批奏折·财政类·关税》，乾隆三十五年十二月十三日，苏州织造舒文折，档案号 04-01-35-0341-040。《宫中档朱批奏折·财政类·关税》，嘉庆八年正月二十一日，苏州织造兼管浒墅关那苏图折，档案号 04-01-35-0360-058。《宫中档朱批奏折·财政类·关税》，嘉庆八年十二月二十三日，苏州织造兼管浒墅关那苏图折，档案号 04-01-35-0361-052。《宫中档朱批奏折·财政类·关税》，道光十五年正月二十七日，苏州织造兼管浒墅关松桂折，档案号 04-01-35-0378-002。《宫中档朱批奏折·财政类·关税》，道光十五年十二月二十八日，苏州织造兼管浒墅关英诚折，档案号 04-01-35-0378-041。

雍正、乾隆时期，浒墅关的税收清楚地表现出增长的趋势，1725 至 1760 年税收增长了差不多一倍。这段时间内关税最低的年份是 1744 年，因为这一年浒墅关的征收期限仅从 1743 年 11 月 12 日至 1744 年 3 月 9 日，比半年时间还少，[①]下一个关期的时间相应的改变。第二个谷底是 1786 年（图 4.6），这是因为水运线路淤塞，无法通航。[②]

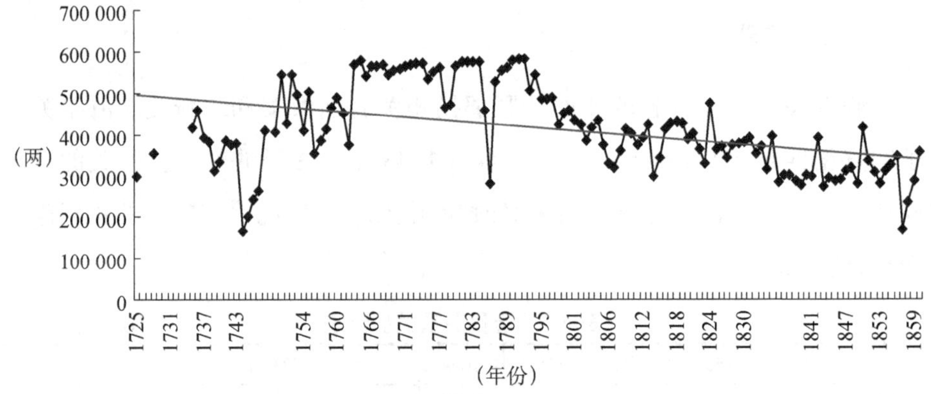

图 4.6　浒墅关税收趋势示意图（1725—1860 年）

嘉道时期，浒墅关的税收逐渐下降。根据笔者的研究，1796—1850 年税收下降是因为运河的阻塞和自然灾害，如水灾和旱灾都对贸易造成了影响。“但深层次的原因恐怕在于，商品流通与市场格局的变化导致当地经济开始出现萎缩，米行倒闭，粮食流通不再前往苏州。尤其值得注意的是，一旦清廷实行免米税，便会起到很好的效果，从中也不难发现税收的杠杆调节作用。”[③]当然，关税征收也受到第一次鸦片战争的影响。1842 年英军进入长江流域，“因镇江失陷，南北道路因之梗塞，零星小贩每日仅收一二百两”。[④]然

① 《宫中档朱批奏折・财政类・关税》，乾隆十年三月初九日，江苏巡抚陈大受折，档案号 04-01-35-0318-006、007。

② 《军机处录副奏折・乾隆朝・财政类・关税项》，乾隆五十一年七月初十日，苏州织造四德折，档案号 03-0601-024。

③ 倪玉平：《清朝嘉道关税研究》第二版，北京：科学出版社，2017 年，第 65 页。

④ 《军机处录副奏折・道光朝・财政类・关税项》，道光二十二年十月十六日，苏州织造兼管浒墅关铭海折，档案号 03-9489-060。

而，考虑到当时的社会背景，笔者推测这一下降现象是因为中国经济从内陆型向沿海型转变。换句话说，是经济重心从运河转移到沿海，导致了浒墅关附近地区经济的衰退。

1850年以后，太平天国运动是浒墅关税收持续下降的直接原因。相较于淮安关，浒墅关的情况更为严重。道光三十年至咸丰元年（1850—1851年），浒墅关因“川楚来源渐稀，投税未见踊跃”，较为隐晦地指出太平军起义的冲击。[①]咸丰二年至三年，浒墅关仍然短收税银14万两，“所幸大兵调集，阻贼东窜之路。始有商栈免税米船，及近省零星小贩杂货船只往来纳税”。[②]咸丰三年至四年，浒墅关之短收更为严重，实因“粤匪窜入江境，商贾多有戒心，不敢贩运前来”。[③]咸丰四年至五年，浒墅关征税仍不见改善，原因乃是“军兴以来，江路梗阻，川楚江皖等省商贾率皆裹足”。[④]浒墅关咸丰六年之少收，当局归结于天气原因：“苏省亢旱不雨，浒墅关税无征。六七月间不雨，支河小港水涸，仅有无锡零星小贩十数船往来行运，以致日征不过一二十两至三四两各不等。”而在征税正常的情况下，浒墅关原本每日应征1180余两，此时下降至日征银数十两，可见下滑幅度颇为厉害。[⑤]咸丰六年至七年，浒墅关税收进一步减少，据奏报实因“近年逆氛未靖，要道梗阻，南北货物多由上海等处行走，是以浒关税课愈觉寥寥，亏短甚巨”，不仅不及额数，相较前三年的收数也是远远逊色。[⑥]

---

①《军机处录副奏折·咸丰朝·财政类·关税项》，咸丰元年七月十九日，苏州织造毓泰折，档案号03-4375-029。

②《宫中档朱批奏折·财政类·关税》，咸丰四年七月十五日，苏州织造文勋折，档案号04-01-35-0382-042。

③《军机处录副奏折·咸丰朝·财政类·关税项》，咸丰四年七月初三日，苏州织造文勋折，档案号03-4377-036。

④《军机处录副奏折·咸丰朝·财政类·关税项》，咸丰五年六月二十四日，苏州织造德毓折，档案号03-4378-032。

⑤《军机处录副奏折·咸丰朝·财政类·关税项》，咸丰六年六月十一日，苏州织造文熊折，档案号03-4379-033。

⑥《宫中档朱批奏折·财政类·关税》，咸丰七年闰五月十九日，苏州织造毓祺折，档案号04-01-35-0383-014。

咸丰七年至八年，浒墅关之减少据称仍因“近年逆氛未靖，道路梗阻，商贩本属寥寥”，所以征收未见起色。[①]咸丰八年至九年，浒墅关之少收仍由“逆氛未靖，用兵吃紧。上年逆众扰及浙省，去秋后扰淮扬仪征等处，警报频闻，远近商贩又多观望”。[②]咸丰十年（1860 年），浒墅关迎来了重要的命运转折点，这一年“苏州失守，关署民房俱被贼毁”[③]，直接导致浒墅关的完全停征。至同治时期，由于有名无实，据奏称“近来军务大定，撤厘开关，若仍由织造兼管，仅循旧制，必难振兴”，所以当局奏准将原属苏州织造兼管的浒墅关改归巡抚兼管。不过，清廷一直有在浒墅关重开税关征税的努力，却未有任何进展。[④]也就是说，经此打击，浒墅关退出了清朝的关税征收历史。

（六）扬州关

扬州关位于江苏省扬州府，始设于明宣德四年（1429 年）。在很长的时间内，扬州关由户部派员监收。1723 年，朝廷决定将管理权移交给江苏巡抚。此后发生了多次变化，1739 年管理权移交给了两淮盐政；但不久之后改由江苏巡抚兼管，并成为定例。扬州关正额盈余的变动见表 4.7。

表 4.7 清代扬州关税额表 （单位：两）

年份	1656	1669	1686	1723	1799
正额	36 500	30 000	44 884	52 576	92 791
盈余					71 000
合计	36 500	30 000	44 884	52 576	163 791

---

①《宫中档朱批奏折·财政类·关税》，咸丰八年五月二十四日，苏州织造文煓折，档案号 04-01-35-0383-051。

②《军机处录副奏折·咸丰朝·财政类·关税项》，咸丰九年五月二十七日，苏州织造文煓折，档案号 03-4382-026。

③《军机处录副奏折·同治朝·财政类·关税项》，同治四年四月十四日，江苏巡抚李鸿章折，档案号 03-4872-031。

④《军机处录副奏折·同治朝·财政类·关税项》，同治四年七月初四日，苏州织造锡祉折，档案号 03-4889-089。

因为使用阴历，研究显示，1748 年、1781 年、1814 年、1846 年和 1876 年，扬州关有两个税收数据。①

如图 4.7 所示，乾隆时期的税收非常稳定。偶尔会因灾歉而发生下降，如乾隆六年（1741 年）少征，实因“淮扬筑坝挑河，商贩船只不能往来，税课无征”。②乾隆五十四年（1789 年）少征，则因“睢宁河水漫溢，北路货载较少”。③

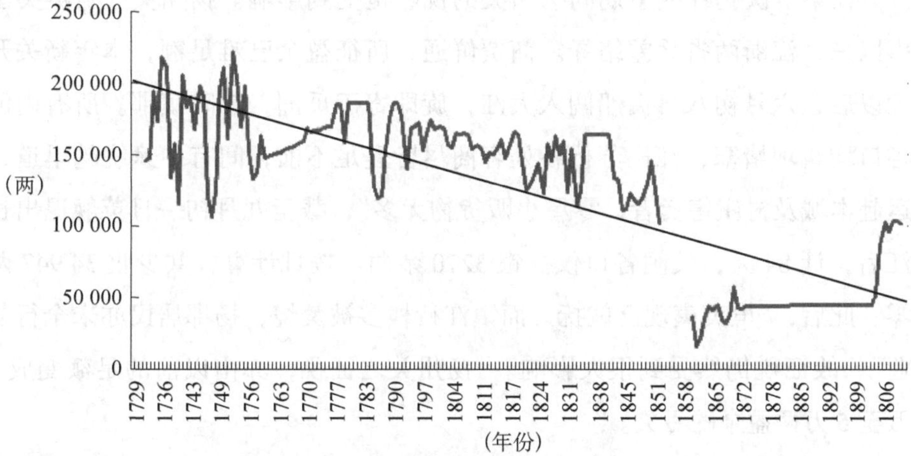

图 4.7　扬州关税收趋势示意图（1729—1911 年）

---

①《宫中档朱批奏折·财政类·关税》，乾隆十三年四月初十日，署江苏巡抚安宁折，档案号 04-01-35-0322-026。《宫中档朱批奏折·财政类·关税》，乾隆十四年二月二十四日，署江苏巡抚雅尔哈善折，档案号 04-01-35-0323-043。《宫中档朱批奏折·财政类·关税》，乾隆四十六年正月二十五日，江苏巡抚闵鄂元折，档案号 04-01-35-0350-001。《军机处录副奏折·乾隆朝·财政类·关税项》，乾隆四十七年二月初二日，江苏巡抚闵鹗元折，档案号 03-0598-029。《宫中档朱批奏折·财政类·关税》，嘉庆十九年二月二十四日，江苏巡抚朱理折，档案号 04-01-35-0368-007。《军机处录副奏折·嘉庆朝·财政类·关税项》，嘉庆二十年正月三十日，江苏巡抚张师诚折，档案号 03-1760-114。《宫中档朱批奏折·财政类·关税》，道光二十六年五月二十八日，江苏巡抚李星沅折，档案号 04-01-35-0380-040。《内阁户科题本·财政类·关税》，道光二十八年八月初三日，大学士潘世恩折，档案号 02-01-04-21404-006。《军机处录副奏折·光绪朝·财政类·关税项》，光绪二年五月二十八日，江苏巡抚吴元炳折，档案号 03-6061-071。《军机处录副奏折·光绪朝·财政类·关税项》，光绪三年四月二十八日，江苏巡抚吴元炳折，档案号 03-6333-067。

②《明清档案》，乾隆七年八月二十五日，大学士徐本等折，档案号 A114-75，台北“中央研究院”历史语言研究所藏清代内阁大库。

③《明清档案》，乾隆五十四年十月二十八日，江苏巡抚闵[此处缺作者]折，档案号 102666，台北“中央研究院”历史语言研究所藏清代内阁大库。

然而，嘉庆之后，税收开始缓慢下滑。1796—1850 年的记载指出这一下滑是因为运河阻塞，以及扬州府及邻近省份发生饥荒，运来的商品减少。[①]例如，嘉庆十四年（1809 年）的少征，就在于“扬关、由闸税课向以北来饼豆船为大宗，因上年夏秋以来，河湖盛涨，佘家坝、荷花塘、百子堂等处连次缺口，豆货船只艰于南下，淮扬两属又复被水歉收，豆船到关稀少，以致税课盈余短少”[②]。

在第一次鸦片战争期间扬州关的税收也受到影响。扬州关“自英夷滋事以来，江浙两省兵差络绎。商贾鲜通，所征盈余已难足额，本年新关开征以后，六月初八日夷船闯入大江，旋即寄于瓜洲，攻陷镇郡。所有内河各口均筑坝堵塞，江广苏杭各处客商尽皆裹足不前，间有中途绕越旱道，运赴本城及村庄售卖者，零星小贩货物无多”，截至九月初一日英舰退出长江后，计 84 天，关闸各口仅征银 3270 余两。按日计算，共少收 34 947 两零。此后，“虽英夷现已就抚，而镇江行栈多被焚烧，扬郡居民亦未全行复业”，故征税仍然受到很大影响。[③]扬州关之征税，亦由以前的足额变成 3 万至 5 万两盈余的亏欠。

咸同时期出现一个更明显的下滑，当然也是太平天国运动造成的。咸丰元年至二年（1851—1852 年），扬州关即出现少收情况，原因系“上年丰工漫口，迄今尚未合龙，黄河断流”。[④]此后，随着清廷和太平军之间战事的加剧，扬州关自咸丰三年、四年发生停征，五年虽然复开，但旋即停征至咸丰八年。到了咸丰九年，清廷再次要求扬州关恢复关税征收，不过与上次一样，恢复之后的征收情况仍不理想。也就是说，战争使扬州关有四

① 倪玉平：《清朝嘉道关税研究》第二版，北京：科学出版社，2017 年，第 74 页。

②《宫中档嘉庆朝奏折》，嘉庆十四年三月二十四日，江苏巡抚汪日章折，档案号 013674，台北“故宫博物院”藏。

③《军机处录副奏折・道光朝・财政类・关税项》，道光二十二年十月十六日，江苏巡抚程楙采折，档案号 03-3166-018。

④《军机处录副奏折・咸丰朝・财政类・关税项》，咸丰二年十二月二十九日，江苏巡抚杨文定折，档案号 03-4376-001。

年的时间（1856—1859 年）无法征收关税：税收数据的缺失不是因为档案丢失，而是税关被叛军占据。

到了同治元年至二年（1862—1863 年），扬州关仍然少收，原因据称是“苏常等处收复之后，商民未尽复业，市镇诸多荒凉，兼之北路捻匪窜扰靡常，道途又多梗阻”。[①]同治五年至六年，扬州关较前三年收数仍有短绌，“实因迫于时势所致”。[②]同治十一年至十二年少收，扬州关当局将少收的原因归结于“洋税侵占”。[③]同治十二年至十三年之少收，仍是“洋税侵占”。[④]由此可见，扬州关之少收，前期系因太平天国起义的影响，太平天国起义被镇压之后，这一原因则改为洋关对常关税收的侵占。不过，尽管税额只有定额的一半，但关税维持了很长一段时期的平稳。此外，清末最后七年，洋关的税收与之前相比翻了一倍，这是实行新税收制度的结果。[⑤]

（七）芜湖关

芜湖关由户关和工关组成，都位于安徽省太平府芜湖县，也都设于晚明时期。1471 年，芜湖工关开始征收竹木税。最初其税额为 1000 两，此后

① 《宫中档朱批奏折 · 财政类 · 关税》，同治五年九月初八日，两江总督李鸿章折，档案号 04-01-01-0888-017。

② 《军机处录副奏折 · 同治朝 · 财政类 · 关税项》，同治六年九月二十八日，署江苏巡抚郭柏荫折，档案号 03-4876-011。

③ 《宫中档朱批奏折 · 财政类 · 关税》，同治十二年六月二十一日，江苏巡抚张树声折，档案号 04-01-35-0391-017。

④ 《宫中档朱批奏折 · 财政类 · 关税》，同治十三年四月二十六日，江苏巡抚张树声折，档案号 04-01-01-0925-033。

⑤ 台北“故宫博物院”文献编辑委员会：《宫中档光绪朝奏折》第 23 册，光绪三十二年六月二十二日，江苏巡抚铁良折，台北：“故宫博物院”，1973 年，第 407-408 页。《宫中档朱批奏折 · 财政类 · 关税》，光绪三十二年八月初七日，江苏巡抚陈夔龙折，档案号 03-6439-011。《军机处录副奏折 · 光绪朝 · 财政类 · 关税项》，光绪三十三年六月初八日，两江总督端方折，档案号 03-6445-060。台北“故宫博物院”文献编辑委员会：《光绪朝朱批奏折》第 75 辑，光绪三十四年七月初三日，两江总督端方折，台北：“故宫博物院”，1973 年，第 166-167 页。《宫中档朱批奏折 · 财政类 · 关税》，宣统元年四月二十八日，两江总督端方折，档案号 04-01-35-0434-077。《宫中档朱批奏折 · 财政类 · 关税》，宣统二年五月十七日，两江总督张人骏折，档案号 04-01-35-0437-007。

逐年增加。1502 年，所征税银达 37 000 两。1630 年，芜湖设立钞关。最初户关（表 4.8）和工关（表 4.9）分别隶属于户部和工部，因此也由不同的衙门管理。但从 1670 年开始，虽然它们的税收依然需要分别报告给户部和工部，但二者都统一由安徽巡抚管理。雍正十一年（1733 年），芜湖关移交给芜湖府管理，从此成为定例。

表 4.8　清代芜湖户关税额表　　（单位：两）

年份	顺治年间	1656	1669	1686	1691	1694
正额	87 338	123 100	120 000	135 396	138 496	158 496
盈余						
合计	87 338	123 100	120 000	135 396	138 496	158 496
年份	1699	1723	1735	1756	1799	
正额	138 496	156 920	156 920	156 919	156 919	
盈余			57 870	42 867	73 000	
合计	138 496	156 920	214 790	199 786	229 919	

表 4.9　清代芜湖工关税额表　　（单位：两）

年份	1658	1681	1686	1706	乾隆年间	1799
正额	45 300	50 300	55 530	70 145	70 146	70 146
盈余					57 453	47 000
合计	45 300	50 300	55 530	70 145	127 599	117 146

芜湖关的过关商品非常丰富，包括粮食，竹木，食盐和茶叶等，货源主要来自四川、湖北、江西、浙江和江苏等省。到嘉庆时，芜湖关成为长江沿线最重要的税关之一。

因为芜湖关的关期为一年 12 个月，但阴历年有时会有 13 个月，随着时间的积累，在 1767 年、1800 年、1832 年和 1890 年，芜湖关都有两个税收数据。[①]

图 4.8 和图 4.9 说明，随着清代经济活动从内陆转向沿海的转移，乾隆时期芜湖关的税收出现微小的下滑。例如，乾隆二十六年（1761 年）少收，“江浙秋成歉薄，江楚豆油杂货停滞难销”。[②]乾隆五十二年（1787 年），则是这一时期工关征收的最低点，户部则略有盈余，朝廷担心征不足数为地方官贪污所致，并希望了解相邻地区的税关征税，结果据安徽巡抚解释，仍称“工关税课全赖竹木簰把”，而本年度九江关的情况与之类似，也是“所到簰把甚属稀少，比较亦有不敷”。[③]

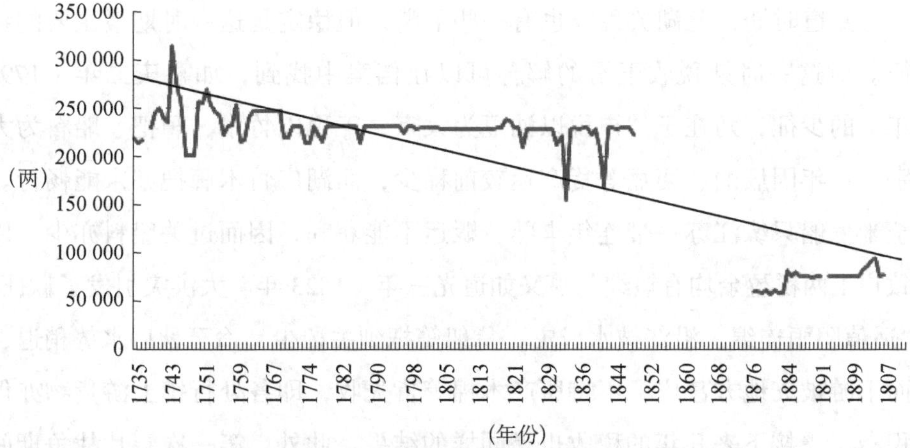

图 4.8　芜湖户关税收趋势示意图（1735—1911 年）

① 《宫中档朱批奏折·财政类·关税》，乾隆三十二年正月十七日，安徽巡抚冯钤折，档案号 04-01-35-0338-008。《军机处录副奏折·乾隆朝·财政类·关税项》，乾隆三十二年十二月十九日，安徽巡抚冯钤折，档案号 03-0594-038。《宫中档朱批奏折·财政类·关税》，嘉庆五年十二月二十二日，安徽巡抚荆道乾折，档案号 04-01-35-0360-030。《宫中档朱批奏折·财政类·关税》，嘉庆五年十二月二十二日，安徽巡抚荆道乾折，档案号 04-01-35-0360-030。《宫中档朱批奏折·财政类·关税》，道光十二年二月初十日，安徽巡抚邓廷桢折，档案号 04-01-35-0376-066。《抄档·清代关税收支报告表·常关》，道光十三年正月二十三日，安徽巡抚邓廷桢折，中国社会科学院经济研究所图书馆藏。中国第一历史档案馆:《光绪朝朱批奏折》第 72 辑，光绪十六年五月二十九日，安徽巡抚沈秉成折，北京：中华书局，1995 年，第 468 页。《军机处录副奏折·光绪朝·财政类·关税项》，光绪十七年三月十二日，护理安徽巡抚阿克达春折，档案号 03-6376-009。

② 《明清档案》，乾隆二十六年二月初七日，大学士傅恒等折，档案号 A202-2，台北“中央研究院”历史语言研究所藏清代内阁大库。

③ 《明清史料》，乾隆五十二年四月六日，安徽巡抚书麟折，档案号 102083，台北“中央研究院”历史语言研究所藏清代内阁大库。

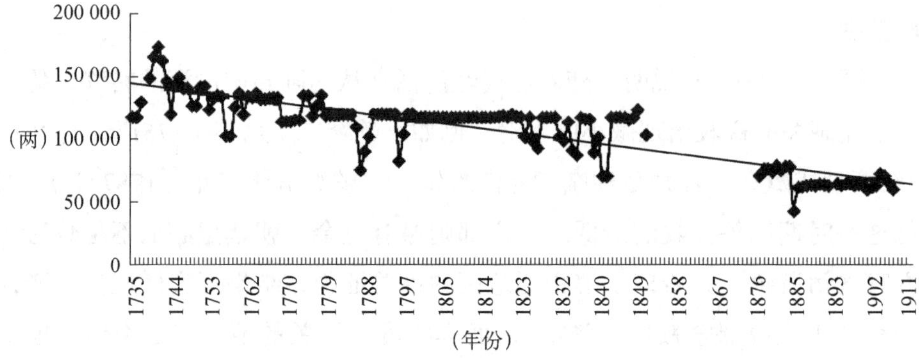

图 4.9　芜湖工关税收趋势示意图（1735—1911 年）

嘉道时期，芜湖关税收也有一些下滑，但稳定是这一时期最主要的特征。对这一时期税收下滑的解释可以在档案中找到，如嘉庆二年（1797 年）的少征，乃在于“户税以油豆为大宗，工税以竹木、簰把、船料为大宗，本年因辰油、襄豆等货产运较前稀少，而湖广竹木簰把亦未能畅行。至米麦船只缘江苏一带连年丰熟，贩运不能获利，因而过关船料亦少，以致户工两税盈余均有短绌”。[①]又如道光三年（1823 年）大洪灾引发了歉征：“适值阴雨连绵，沿江被水成灾，货船簰把到关稀少，迨至秋后水势稍退，而下游被灾地方甚广，不特所产木棉等货失收，即各处行销上游货物亦俱积滞。”[②]接下来几年的税收也是同样的结果。此外，第一次鸦片战争期间的 1841 年，关税缺额 67 573 两，次年缺额 106 221 两。奏报指出“传言夷船已到圌山关，扬州、镇江居民纷纷迁徙，皆由下而上，前赴湖广、江西各处安插，商船已税过者亦复泝流折回”，税收短缺“实因江路阻塞，非寻常水患偏灾可比”。[③]

当然，芜湖关也受到太平天国运动的强烈影响。1851 年的档案记载：

---

① 《宫中档嘉庆朝奏折》，嘉庆二年四月十三日，安徽巡抚朱珪折，档案号 002328，台北“故宫博物院”藏。

② 《宫中档朱批奏折·财政类·关税》，道光三年四月二十七日，安徽巡抚陶澍折，档案号 04-01-35-0372-024。

③ 《军机处录副奏折·道光朝·财政类·关税项》，道光二十二年九月初三日，安徽巡抚程楙采折，档案号 03-9489-056。

"现在广西匪徒未靖，木商怀挟重赀未免观望。"[①]由于安徽是太平军与清军争夺的主战区之一，芜湖关之受影响就不可避免了，据相关史料可知，芜湖关自咸丰三年至光绪二年（1853—1876年）是完全停征的。[②]即使后来经济活动得到恢复（在太平天国运动被镇压后），税收仍低至定额的一半左右。

（八）凤阳关

凤阳关位于安徽省凤阳府，是淮河流域唯一的税关，始设于明成化元年（1465年）。到了清代（表4.10），凤阳关监督首先由户部委派，在1716年其管理权转移到安徽巡抚；1749年，凤阳关监督定为由庐凤道担任。

表4.10　清代凤阳关税额表　（单位：两）

年份	顺治年间	1669	1680	1681	1686	1723	乾隆年间	1799	1804
正额	21 807	20 000	30 000	71 116	79 839	90 160	90 160	90 159	90 159
盈余							74 280	15 000	17 000
合计	21 807	20 000	30 000	71 116	79 839	90 160	164 440	105 159	107 159

因为使用阴历，凤阳关于1765年、1797年、1830年和1890年分别有两个税收数据。[③]

图4.10呈现了一个有趣的趋势，清前期税收增长的很快；但1760年以

①《军机处录副奏折·咸丰朝·财政类·关税项》，咸丰元年闰八月十四日，安徽巡抚蒋文庆折，档案号03-4375-030。

②《军机处录副奏折·光绪朝·财政类·关税项》，光绪三年八月三十日，安徽巡抚裕禄折，档案号03-6334-045，中国第一历史档案馆藏。

③《军机处录副奏折·乾隆朝·财政类·关税项》，乾隆三十年闰二月二十四日[朱批日期]，凤阳关监督卓尔岱折，档案号03-0593-007。《军机处录副奏折·乾隆朝·财政类·关税项》，乾隆三十一年二月初七日，凤阳关监督卓尔岱折，档案号03-0593-054。《宫中档朱批奏折·财政类·关税》，嘉庆四年正月初八日，吏部尚书署安徽巡抚朱珪折，档案号04-01-35-0359-012。《军机处录副奏折·道光朝·财政类·关税项》，道光十年正月初八日，管理凤阳关税务庐凤道蔡世松折，档案号03-3160-040。《内阁户科题本·财政类·关税》，道光十一年三月十六日，安徽巡抚邓廷桢折，档案号02-01-04-20471-028。《军机处录副奏折·光绪朝·财政类·关税项》，光绪十六年闰二月十七日，凤阳关监督王廉折，档案号03-6372-002。《军机处录副奏折·光绪朝·财政类·关税项》，光绪十七年二月十七日，凤阳关监督王廉折，档案号03-6375-039。

后开始逐渐下滑；1786 年因自然灾害降到雍乾时期的最低点。[①]根据笔者的研究，总体的下滑是由于经济活动正在向沿海地区转移，这意味着运河的运输量比以前减少了。有奏报称，凤阳关之税收，全藉淮河贸易，“豫省年岁收成与江苏相等，粮价亦属相仿，客商运赴下江，加以水脚盘费，无利可图”，是以会出现少收。[②]

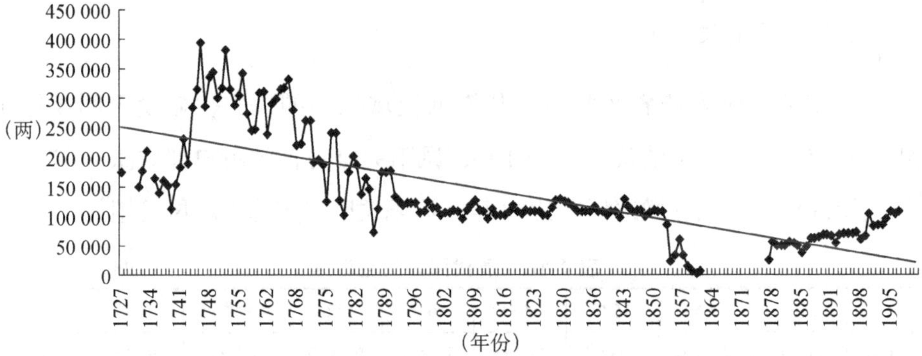

图 4.10　凤阳关税收趋势示意图（1727—1911 年）

当清政府停用三年比较之例后，凤阳关的税额定为乾隆时期最高点的三分之一，这导致了税收稳定化。嘉庆初年，因为白莲教起义也影响了前往凤阳关船只的数量。[③]当然，从更长的时段来看，因为自然灾害，嘉道时期也发生了一些波动。[④]凤阳关也受到第一次鸦片战争的影响：“夷船拦入长江”，导致没有商人敢于过关，税收缺额达 10 000 两。[⑤]

在太平天国起义期间，凤阳关的经历和芜湖关类似，也经过了从关闭到重新开征的阶段。下面是这一段时间内凤阳关关于税收减少原因的

① 台北“故宫博物院”文献编辑委员会：《宫中档乾隆朝奏折》第 60 册，乾隆五十一年六月十二日，凤阳关监督王懿德折，台北：“故宫博物院”，1083 年，第 707—708 页。

②《宫中档嘉庆朝奏折》，嘉庆二年二月十二日，凤阳关监督刁玉成折，档案号 001996，台北“故宫博物院”藏。

③《宫中档嘉庆朝奏折》，嘉庆二年四月二十八日，凤阳关监督刁玉成折，档案号 002399，台北“故宫博物院”藏。

④ 倪玉平：《清朝嘉道关税研究》第二版，北京：科学出版社，2017 年，第 79-82 页。

⑤《军机处录副奏折・道光朝・财政类・关税项》，道光二十三年八月十三日，凤阳关监督郑家麟折，档案号 03-3166-044。

解释。

咸丰三年（1853 年）："军务方殷，需用孔亟"，凤阳虽经收复，"而兵燹之余，居民离散，兼之土匪四起，掠夺频仍，商旅戒严，愈形阻滞"。①

咸丰四年，前后两任合计一年征收期满，共收银 23 026.258 两，短收正额银 84 133.342 两，据解释原因是："实因被贼蹂躏，行商裹足。"②

咸丰五年，"军兴以来，皖省地方祸害最重，历时最久。凤阳关所设五大口遭荼毒……蹂躏不堪"。③

咸丰六年，"实因粤逆未平，捻匪肆扰，民遭荼毒，路断行商之可致也"。④

咸丰七年（1857 年），"较上届尤为短绌，实由匪扰商停"。⑤

咸丰八年，"较上届尤为短绌，实由正阳两关久为贼占，路阻商停"。⑥

咸丰九年，"捻匪出没之区，久已无收"。⑦

咸丰十一年，"粤捻攻扑寿州、凤阳，河路不通，商贩绝迹，数月以来，无从稽征。加以承办书吏大半逃避，税册文案均未送呈"。⑧由于实在收无所收，所以凤阳关自同治元年至光绪二年完全停征。⑨

---

①《军机处录副奏折·咸丰朝·财政类·关税项》，咸丰三年五月十九日，庐凤道奎绶折，档案号 03-4376-031。

②《宫中档朱批奏折·财政类·关税》，咸丰四年七月九日，安徽巡抚福济折，档案号 04-01-35-0382-040。

③《军机处录副奏折·咸丰朝·财政类·关税项》，咸丰五年四月二十一日，庐凤道张光第折，档案号 03-4378-015。

④《军机处录副奏折·咸丰朝·财政类·关税项》，咸丰六年四月十五日，庐凤道张光第折，档案号 03-4379-022。

⑤《军机处录副奏折·咸丰朝·财政类·关税项》，咸丰七年五月二十八日，安徽巡抚福济折，档案号 03-4380-018。

⑥《军机处录副奏折·咸丰朝·财政类·关税项》，咸丰八年五月十二日，安徽巡抚福济折，档案号 03-4381-015。

⑦《军机处录副奏折·咸丰朝·财政类·关税项》，咸丰九年五月十七日，安徽巡抚翁同书折，档案号 03-4382-022。

⑧《宫中档朱批奏折·财政类·关税》，咸丰十一年六月二十日，大学士周祖培折，档案号 04-01-12-0492-011。

⑨《军机处录副奏折·光绪朝·财政类·关税项》，光绪三年七月二十六日，安徽布政使胡玉坦折，档案号 03-6334-018。

太平天国之后，凤阳关恢复征税，税收量达到嘉道时期的水平。

（九）龙江西新关

龙江关隶属于工部，西新关隶属于户部，二者都位于江苏省江宁府（今南京），相距 20 里。龙江、西新关始设于明代，清康熙二十四年（1685 年）以前，两关由不同的衙门管理，并分别由中央政府任命管关人员。1689 年，尽管仍有各自的定额，但两关合为一关；从 1728 年起，两关统一由江宁织造兼管。龙江、西新两关的正额盈余变动见表 4.11、表 4.12 和图 4.11、图 4.12。

表 4.11　清代龙江关税额表　（单位：两）

年份	1658	1681	1686	1713	1735	1763	1764	1799
正额	39 300	43 800	46 838	57 607	57 607	57 607	57 607	57 607
盈余					102 399	93 299	87 340	55 000
合计	39 300	43 800	46 838	57 607	160 006	150 906	144 947	112 607

表 4.12　清代西新关税额表　（单位：两）

年份	顺治年间	1656	1669	1681	1682	1686	1723	1799	1804
正额	18 269	28 300	20 000	30 800	28 300	33 684	41 376	41 376	41 376
盈余								29 000	33 000
合计	18 269	28 300	20 000	30 800	28 300	33 684	41 376	70 376	74 376

因为使用阴历，龙江、西新关两关均在 1759 年、1792 年和 1824 年有两个税收数据。①

①《宫中档朱批奏折·财政类·关税》，乾隆二十四年三月初七日，江宁织造讬庸折，档案号 04-01-35-0331-018。《宫中档朱批奏折·财政类·关税》，乾隆二十五年正月二十四日，江宁织造讬庸折，档案号 04-01-35-0332-022。《宫中档朱批奏折·财政类·关税》，乾隆五十七年二月十七日，江宁织造同德折，档案号 04-01-35-0355-004。《宫中档朱批奏折·财政类·关税》，乾隆五十八年正月二十五日，江宁织造征瑞折，档案号 04-01-35-0355-049。《宫中档朱批奏折·财政类·关税》，道光四年二月二十一日，江宁织造广亮折，档案号 04-01-35-0373-008。《军机处录副奏折·道光朝·财政类·关税项》，道光五年正月二十六日，江宁织造广亮折，档案号 03-3159-004。

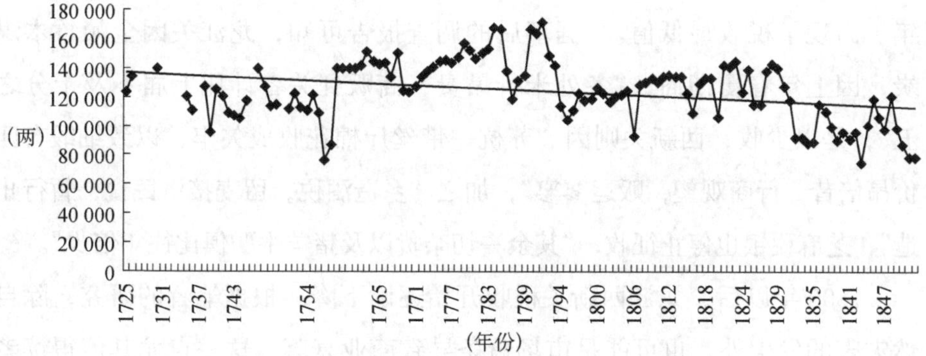

图 4.11　龙江关税收趋势示意图（1725—1852 年）

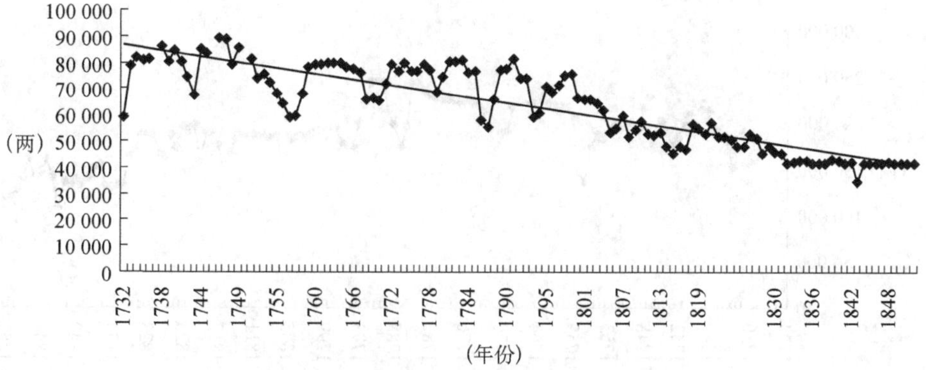

图 4.12　西新关税收趋势示意图（1732—1852 年）

因为太平天国运动发生后，1853 年以后龙江、西新关没有关税数据，因此尝试去弄清 1851—1911 年的税收趋势是没有意义的。[①]龙江、西新关的税收数据通常是由江宁织造在同一份奏折奏报，下面也将其一并合计。

如图 4.13 所示，雍正、乾隆时期的税收增长很小，这与当时经济发展和人口增加是同步的。因为发生自然灾害，两关在乾隆二十二年（1757

① 《军机处录副奏折 · 光绪朝 · 财政类 · 关税项》，光绪八年十月十七日，两江总督左宗棠折，档案号 03-6347-055。

年）出现了税收最低值。[①]据事后的调查报告可知，龙江关因全赖竹木煤炭，因上年春夏期商，“各处米价昂贵，商贩到关者计比上届不及十分之五”，是以少收；西新关则因“苏杭一带丝斤棉花收成欠丰，以致绸缎布匹价昂倍昔，行商观望，贩运寥寥”，加之“乡造酒税，留麦接济民食，暂行止造”，芝麻税银也停止征收，“其余一切杂货以及猪羊牛驴俱比往年倍少”。[②]

1800 年以后，龙江西新关税收开始逐渐下降。根据笔者的研究，除自然灾害的发生外，也可能是市场萧条导致商业衰落，这一点尤其值得读者重视。[③]

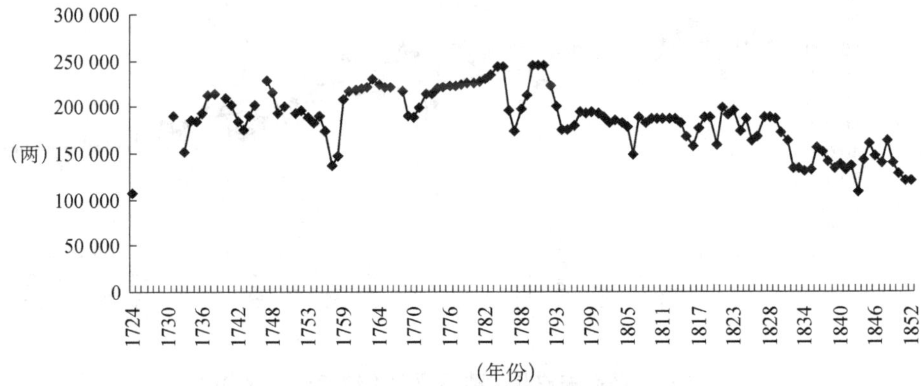

图 4.13　龙江、西新关税收趋势示意图（1724—1852 年）

1806 年龙江、西新关出现关税缺额，其解释如下：“本年浙湖一带产丝歉薄，因此进城新丝、出城绸缎较少，兼之上游杂货等项船只到关亦稍稀疏。”[④]同样的解释还出现在 1808 年的档案中。[⑤]

① 《宫中档朱批奏折·财政类·关税》，乾隆二十二年四月二十八日，江宁织造托庸折，档案号 04-01-35-0329-011。
② 《明清档案》，乾隆二十二年五月二十三日，署理工部尚书李元亮折，档案号 A194-74，台北“中央研究院”历史语言研究所藏清代内阁大库。
③ 倪玉平：《清朝嘉道关税研究》第二版，北京：科学出版社，2017 年，第 90 页。
④ 《宫中档朱批奏折·财政类·关税》，嘉庆十一年八月二十一日，江宁织造嵩年折，档案号 04-01-35-0363-051。
⑤ 《军机处录副奏折·嘉庆朝·财政类·关税项》，嘉庆十三年七月二十日，江宁织造嵩年折，档案号 03-1768-081。

1814年，奏报声称：“户税全仗进城丝斤、出城绸缎，近因丝绸价贵，绸缎滞销，机户歇业者多，客商贩运更少。”[①]这一原因还在1817年和1820年的记载中出现。[②]

1823年，在道光时期江苏省出现了清代受灾面积最大的洪灾。1824年的档案解释了税收的缺额：“江潮盛涨，兼之收成歉薄，粮价昂贵。”[③]

1832年，一份奏折解释：“缘自去岁湖广、江西、安徽、江苏、浙江等省均被灾歉，今年虽收成稍稔，商民元气未复，诸形拮据。”[④]在1834年、1835年和1836年也给出了同样的理由。

第一次鸦片战争期间，南京深受战争的影响，这也对龙江、西新关的征税有消极作用。1842年六月，当局指出：“夷船驶入江口，上下戒严，即已商贩绝迹。”自六月二十八日新季起，“夷船扼据关口，南北行旅不通”，直至八月二十八日，共计停征67天。[⑤]1849年，又一次税收缺额，是因上一年水灾较广，省城及各税口被淹，贩来竹木煤炭杂货俱极短少，本城所产绸缎机户，“亦半歇业”。[⑥]

太平天国运动期间，长江一线成为主战场，道光三十年至咸丰元年

---

①《宫中档朱批奏折·财政类·关税》，嘉庆十九年五月二十七日，江宁织造雙德折，档案号04-01-35-0368-013。

②《宫中档朱批奏折·财政类·关税》，嘉庆二十二年四月二十六日，江宁织造延隆折，档案号04-01-35-0368-054。《宫中档朱批奏折·财政类·关税》，嘉庆二十五年三月二十一日，江宁织造七十四折，档案号04-01-35-0370-037。

③《宫中档朱批奏折·财政类·关税》，道光四年二月二十一日，江宁织造广亮折，档案号04-01-35-0373-008。

④《宫中档朱批奏折·财政类·关税》，道光十四年十月二十一日，江宁织造克明额折，档案号04-01-35-0377-068。《宫中档朱批奏折·财政类·关税》，道光十五年九月初十日，江宁织造福泰折，档案号04-01-35-0378-033。《宫中档朱批奏折·财政类·关税》，道光十六年九月十六日，江宁织造明伦折，档案号04-01-35-0378-061。《宫中档朱批奏折·财政类·关税》，道光十七年九月二十六日，江宁织造明伦折，档案号04-01-35-0379-012。

⑤《军机处录副奏折·道光朝·财政类·关税项》，道光二十三年七月十五日，江宁织造乌明阿折，档案号03-3166-039。

⑥《宫中档朱批奏折·财政类·关税》，道光二十九年闰四月十九日，江宁织造铭海折，档案号04-01-35-0381-026。

（1850—1851 年），两关征税即受影响，“现值禁市戒严，木贩闻风裹足”[1]，税收下降得很快。1853 年，南京成为太平天国的首都，清政府不可能再去那里征税。故龙江西新关自咸丰三年（1853 年）起停征，即便是曾国藩收复南京后，龙江西新关也一直没有复关。[2]太平天国起义被平定后，因为附近有洋关建立，税收依然无法恢复，中央企图重建旧关署，但遭到地方政府的强烈反对，并一直持续到清朝灭亡。[3]

（十）九江关

九江关位于江西省，濒临长江，地处赣、皖、鄂三省之交，是鄱阳湖、赣江和长江水系的汇流处。因为其特殊的地理位置，九江关成为清代重要的税关。九江关始设于明景泰元年（1450 年）。顺治二年（1645 年）重新设立了九江关，并规定九江关由九江知府管理。后来，管理体制发生了改变，直到 1778 年前，一直由九江兵备道管理。从明代设关之始，九江关的税收逐渐增长。直到 1840 年，九江关最终成为清代内陆第一大关，其正额盈余变动见表 4.13。

表 4.13　清代九江关税额表　（单位：两）

年份	顺治年间	1656	1669	1682	1685	1686	1723	乾隆年间	1799	1804
正额	79 784	99 799	90 000	120 907	141 015	153 890	172 281	172 281	172 281	172 281
盈余								148 598	347 800	367 000
合计	79 784	99 799	90 000	120 907	141 015	153 890	172 281	320 879	520 081	539 281

与其他税关一样，因为阴历的原因，九江关在 1727 年、1748 年、1756

① 《军机处录副奏折·咸丰朝·财政类·关税项》，咸丰元年四月二十六日，江南织造存樋折，档案号 03-4375-012。

② 《军机处录副奏折·光绪朝·财政类·关税项》，光绪八年十月十七日，两江总督左宗棠折，档案号 03-6347-055。

③ 《军机处录副奏折·同治朝·财政类·关税项》，同治八年正月初三日，两江总督马新贻折，档案号 03-4878-009。《军机处录副奏折·光绪朝·财政类·关税项》，光绪八年十月十七日，两江总督左宗棠折，档案号 03-6347-055。

年、1789年、1822年和1890年的档案中可以找到两个税收数据。①

图 4.14 清楚的显示，因为人口增加和经济发展，在雍正、乾隆时期税收增长的很快，并在乾隆后期达到了峰值。当然，对于其间的税收低点也有相关的解释。例如，乾隆五十三年正月初九日至五十四年正月初八日，税收与前三年比较有所亏缺，据解释是“九江关例不征收货税，止征盐茶竹木，以及上下水时满船料，而税银之所出时，船则居其半”，此段时间正好因为“五六月间大雨时行，安省川楚山水接连暴发，致江水泛涨，关楼口岸在在被淹，日久不能消退”。由于往秋船只寥寥，所以少征。②

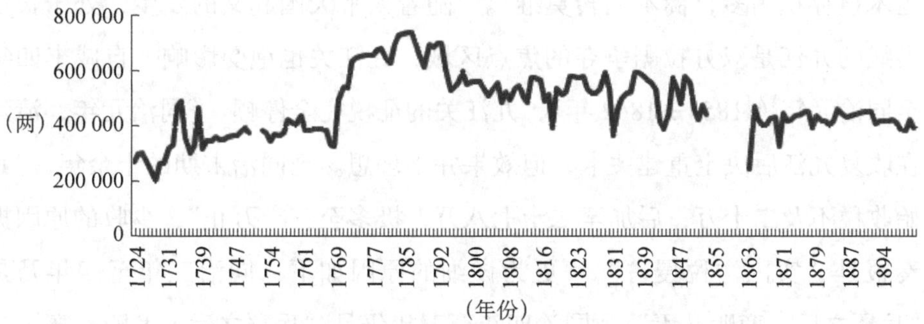

图 4.14　九江关税收趋势示意图（1724—1901 年）

---

① 台北“故宫博物院”故宫文献编辑委员会:《宫中档雍正朝奏折》第 7 册，雍正五年三月十九日，署江西巡抚迈柱折，台北:“故宫博物院”，1978 年，第 647 页。台北“故宫博物院”文献编辑委员会:《宫中档雍正朝奏折》第 10 册，雍正六年三月初六日，江西巡抚布兰泰折，台北:“故宫博物院”，1978 年，第 13-14 页。《内阁户科题本·财政类·关税》，乾隆十三年九月二十八日，九江关监督唐英折，档案号 02-01-04-14218-007。《宫中档朱批奏折·财政类·关税》，乾隆十四年七月十二日，九江关监督唐英折，档案号 04-01-35-0324-017。《军机处录副奏折·乾隆朝·财政类·关税项》，乾隆二十一年十月初七日【朱批日期】，九江关监督尤拔世折，档案号 03-0588-060。《宫中档朱批奏折·财政类·关税》，乾隆二十二年五月初六日，九江关监督尤拔世折，档案号 04-01-35-0329-013。台北“故宫博物院”文献编辑委员会:《宫中档乾隆朝奏折》第 71 册，乾隆五十四年正月二十九日，海绍折，台北:“故宫博物院”，1983 年，第 140 页。《宫中档朱批奏折·财政类·关税》，乾隆五十五年正月初五日，九江关监督善泰折，档案号 04-01-35-0353-016。《宫中档朱批奏折·财政类·关税》，道光二年正月二十五日，九江关监督常兴折，档案号 04-01-35-0371-044。《宫中档朱批奏折·财政类·关税》，道光二年十二月二十一日，九江关监督费履升折，档案号 04-01-35-0372-010。中国第一历史档案馆:《光绪朝朱批奏折》第 72 辑，光绪十六年六月十三日，江西巡抚德馨折，北京：中华书局，1995 年，第 470-471 页。《光绪朝朱批奏折》第 72 辑，光绪十七年五月二十一日，江西巡抚德馨折，北京：中华书局，1995 年，第 579 页。

②《明清史料》，乾隆五十四年二月二十五日，九江关监督海绍折，档案号 097789，台北“中央研究院”历史语言研究所藏。

嘉道时期（1796—1850 年），九江关的税收大致保持稳定，出现下降是因为自然灾害或收获过丰（随后导致价格过低、上下游价格相等，以致没有船愿意再过关贸易）。一些档案也指出，自然灾害导致粮食和木材交易减少，市场萧条。[①]九江关也受到第一次鸦片战争的强烈影响，长江流域发生战争，导致没有船只敢前来贸易。[②]

太平天国运动期间，因为位于长江航道的中游，九江关再一次遭受损失。甚至因为被太平军占据，在 1854 年至 1862 年一度处于关闭状态。道光三十年至咸丰元年（1850—1851 年），九江关之少收原因系"下江一带前运木植存积尚多，商本周转莫继"。[③]随着太平天国起义的发生，处于长江沿线的九江是双方拉踞争夺的焦点区域，九江关也饱受影响。自咸丰四年至同治元年（1854—1862 年），九江关的征税完全停顿。[④]同治元年，清廷在收复九江后决定重建关卡，但效果并不理想。至同治末期的十余年，"其始收税不及二十万，后加至二十七八万，极多至三十万止"，少收的原因据奏报是"实因洋税侵占"。[⑤]更为详细的原因如下：同治三年至四年乃是"兵燹之后，商贩几无"。[⑥]同治四年至五年仍是"兵燹之后，商贩寥寥"。[⑦]

---

①《宫中档嘉庆朝奏折》，嘉庆二年正月十一日，九江关监督全德折，档案号 001820，台北"故宫博物院"藏。《宫中档嘉庆朝奏折》，嘉庆二十年三月二十五日，九江关监督德泰折，档案号 018175，台北"故宫博物院"藏。《宫中档朱批奏折·财政类·关税》，嘉庆十一年六月二十一日，九江关监督广惠折，档案号 04-01-35-0363-048。《宫中档朱批奏折·财政类·关税》，嘉庆二十三年二月二十七日，九江关监督任兰祐折，档案号 04-01-35-0369-019。《宫中档朱批奏折·财政类·关税》，道光十一年［缺月日］，江西巡抚吴光悦折，档案号 04-01-35-0376-063。

②《宫中档朱批奏折·财政类·关税》，道光二十一年六月初九日，江西巡抚钱宝琛折，档案号 04-01-35-0379-050。

③《军机处录副奏折·咸丰朝·财政类·关税项》，咸丰元年三月初六日，九江关监督德新折，档案号 03-4375-004。

④《宫中档朱批奏折·财政类·关税》，同治十二年九月十三日，江西巡抚刘坤一折，档案号 04-01-35-0391-038。

⑤《宫中档朱批奏折·财政类·关税》，同治十二年九月十三日，江西巡抚刘坤一折，档案号 04-01-35-0391-038。

⑥《军机处录副奏折·同治朝·财政类·关税项》，同治五年三月十一日，江西巡抚刘坤一折，档案号 03-4873-026。

⑦《军机处录副奏折·同治朝·财政类·关税项》，同治五年十一月二十七日，江西巡抚刘坤一折，档案号 03-4875-007。

同治五年至六年，则称“洋税侵占，贼骑时到”，可见受到捻军的影响。[①]同治六年至七年，仍是“苏皖等省不能畅销，贩运寥寥”。[②]同治七年至八年，“本年水灾既早且广，黄梅堤溃，洋税侵占”。[③]同治十二年至十三年，还是“洋税侵占”。[④]洋关也削弱了九江关的征税能力，因为许多关税改由洋关征税。这也是在奏折中被反复提及的一个话题。[⑤]

（十一）赣关

赣关位于江西南部政治、经济和文化中心的赣州府，始设于明正德六年（1511 年），一直由赣州知府兼管。赣关处于内地货物运往粤海关的主干道，而粤海关是 1840 年以前国际贸易的唯一口岸。因此，赣关所处的地理位置十分优越，对当地的经济有着重要的影响。在清前期，赣关的税额逐渐增长（表 4.14）。

表 4.14 清代赣关税额表 （单位：两）

年份	1656	1669	1680	1681	1723	乾隆年间	1799
正额	30 800	30 000	34 383	37 383	46 471	46 471	46 471
盈余						43 610	38 000
合计	30 800	30 000	34 383	37 383	46 471	90 081	84 471

---

①《军机处录副奏折·同治朝·财政类·关税项》，同治六年十月二十八日，江西巡抚刘坤一折，档案号 03-4876-043。

②《军机处录副奏折·同治朝·财政类·关税项》，同治七年十月二十六日，江西巡抚刘坤一折，档案号 03-4877-144。

③《军机处录副奏折·同治朝·财政类·关税项》，同治八年十二月十七日，江西巡抚刘坤一折，档案号 03-4879-029。

④《宫中档朱批奏折·财政类·关税》，同治十三年八月二十八日，江西巡抚刘坤一折，档案号 04-01-35-0392-044。

⑤《宫中档朱批奏折·财政类·关税》，同治十二年九月十三日，江西巡抚刘坤一折，档案号 04-01-35-0391-038。《军机处录副奏折·同治朝·财政类·关税项》，同治五年三月十一日，江西巡抚刘坤一折，档案号 03-4873-026。《军机处录副奏折·同治朝·财政类·关税项》，同治五年十一月二十七日，江西巡抚刘坤一折，档案号 03-4875-007。《军机处录副奏折·同治朝·财政类·关税项》，同治六年十月二十八日，江西巡抚刘坤一折，档案号 03-4876-043。《军机处录副奏折·同治朝·财政类·关税项》，同治七年十月二十六日，江西巡抚刘坤一折，档案号 03-4877-144。《军机处录副奏折·同治朝·财政类·关税项》，同治八年十二月十七日，江西巡抚刘坤一折，档案号 03-4879-029。《宫中档朱批奏折·财政类·关税》，同治十三年八月二十八日，江西巡抚刘坤一折，档案号 04-01-35-0392-044。

因为使用阴历，赣关于 1754 年、1786 年、1819 年、1851 年和 1884 年有两个税收数据。①

图 4.15 说明赣关的税收在很长一段时间里都处于下降趋势，从 129 000 两逐年下降至 40 000 两，这毫无疑问与清代经济地理格局的变化有关。同治十年至十一年（1871—1872 年），江西当局奏报赣关少收的原因时，在洋税侵占的理由之外，还特意指出，自中外通商之后引发了国内贸易格局的变化，极大地冲击了赣关的地位，因为赣关“地处腹里，前仅止广东通商，则百货不能不由此而往。迨五口长江陆续添设通商，俱泛海湖江而来，一水可通，兵燹之后，继以水旱相寻”。赣关在粤海关一口通商时期，所有需要进入内陆或前往西方国家的商业活动，其货物都要经过赣关。第一次鸦片战争后，开放了五个通商口岸，允许货物自由地运送至九江洋关或上海洋关。随着这种商业的发展，赣关失去了优势地位，税收也因此下降。②

乾隆时期，赣关的税收保持稳定，只有微弱的增长。期间的税收减少，则归结于商品流通不畅，如乾隆二十年（1755 年），据奏称：“晴久雨少，滩高水浅，木簰艰运。又土产黄烟及浙省湖丝俱属兼收，过关甚少。兼之广东洋船间有随风沿海运至浙省宁波海口货卖，以致苏木、檀香、胡椒、哔叽、哆啰等货税亦减半。”③

---

①《军机处录副奏折·乾隆朝·财政类·关税项》，乾隆十九年五月二十日，江西巡抚范时绶折，档案号 03-0587-046。《军机处录副奏折·乾隆朝·财政类·关税项》，乾隆二十年五月二十九日，江西巡抚胡宝瑔折，档案号 03-0588-014。《宫中档朱批奏折·财政类·关税》，乾隆五十一年二月二十七日，江西巡抚何裕城折，档案号 04-01-35-0352-039。《军机处录副奏折·乾隆朝·财政类·关税项》，乾隆五十二年二月二十八日，江西巡抚何裕城折，档案号 03-0601-054。《内阁户科题本·财政类·关税》，嘉庆二十四年四月二十四日，江西巡抚钱臻折，档案号 02-01-04-19903-007。《内阁户科题本·财政类·关税》，嘉庆二十五年二月十二日，江西巡抚陈臻折，档案号 02-01-04-19904-011。《内阁户科题本·财政类·关税》，咸丰元年四月二十八日，江西巡抚陈应毂折，档案号 02-01-04-21471-015。《内阁户科题本·财政类·关税》，咸丰二年十二月初八日，大学士祁寯藻折，档案号 02-01-04-21496-029。《军机处录副奏折·光绪朝·财政类·关税项》，光绪十年九月初二日，江西巡抚潘霨折，档案号 03-6351-017。《军机处录副奏折·光绪朝·财政类·关税项》，光绪十一年七月二十八日，江西巡抚德馨折，档案号 03-6353-071。

②《宫中档朱批奏折·财政类·关税》，同治十一年六月二十八日，江西巡抚刘坤一折，档案号 04-01-35-0390-045。

③《明清档案》，乾隆二十一年七月十六日，大学士傅恒等折，档案号 A193-12，台北“中央研究院”历史语言研究所藏清代内阁大库。

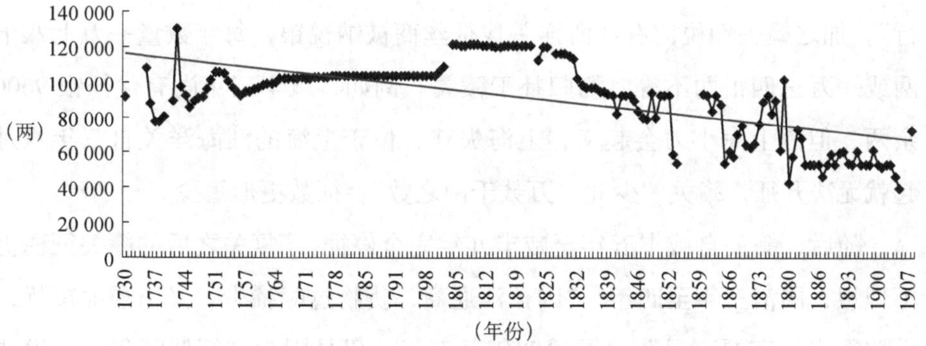

图 4.15　赣关税收趋势示意图（1730—1911 年）

而在嘉道时期，则为固定的下降趋势。[①]第一次鸦片战争发生时期，粤海关受到强烈的影响。由于赣关地处内陆前往粤海关的主干道上，“缘赣关为粤省咽喉，全恃出入海口各货往来，以充盈余。今自二十年英夷在粤滋事以来，各商贾观望不前，过关货物较少”，因此赣关在 1841 年缺额 9728 两也就不足为奇了。[②]

按惯例，江海洋关负责征收丝绸税，第一次鸦片战争后，这项税收的收入移交给了赣关。1842 年之后，赣关每年的丝绸税定额超过 10 000 两。然而，1853 年上海小刀会起义，江海洋关被占领，无法征税，赣关随即失去了该项税收。图 4.15 同样显示了 1850 年发生的一个重大变化，江西省是清政府与太平军作战的最重要地区之一，赣关深受影响。咸丰二年（1852 年）十二月二十六日至三年二月十五日，不到三个月的时间即少征税银 10 000 两有余，“自三年四月以前，每日征税银数十两，至五月内逆匪扑省城，又值上犹、泰和土匪先后窃发，赣河上下节节不通，各路客商竟至绝迹”。[③]咸丰三年至四年（1853—1854 年），仍是由于“江路梗塞，商贾滞

① 倪玉平：《清朝嘉道关税研究》第二版，科学出版社，2017 年，第 100—101 页。

②《军机处录副奏折 · 道光朝 · 财政类 · 关税项》，道光二十一年五月十二日，江西巡抚陈宝琛折，档案号 03-3165-090。

③《宫中档朱批奏折 · 财政类 · 关税》，咸丰三年十二月二十九日，江西巡抚张芾折，档案号 04-01-35-0382-016。

行”，加之赣关额税向有江海洋关代征丝商被纳税银，每年数量一万七八千两或一万三四千两不等，均归补于赣关。例如，咸丰三年尚有代征银 9600 余两，但因上海小刀会起义，上海失守，位于上海的江海洋关自三年八月起就无法开征，赣关“少此一万数千两之数”，征数更形短少。①

随后，赣关自咸丰五年至咸丰九年完全停征。②复关之后的赣关征税仍不理想，同治三年至四年，“因长江通商，货物过赣稀少，又值逆匪窜扰，兵差往来，商贾裹足”。③同治四年至五年，仍是因为“征调频仍，行道戒心，商贩裹足”。④同治五年至六年，江西当局开始将短收原因归结于“洋税侵占”。⑤同治七年至八年，除了仍归结于“洋税侵占”的原因外，他们还特意强调，平民百姓更愿意交纳洋税，省事省费，“商民趋便”。⑥此后这一理由多次得到重申，如同治十二年至十三年少收，其理由是“五口通商，一切土货洋概由上海九江出口”。⑦

（十二）北新关、南新关

北新关、南新关都位于大运河最南端的浙江杭州，北新关隶属户部，南新关隶属工部。

北新关始设于明宣德四年（1429 年）。清朝顺治四年（1647 年），北新

① 《军机处录副奏折 · 咸丰朝 · 财政类 · 关税项》，咸丰五年四月初九日，江西巡抚陈启迈折，档案号 03-4378-021。

② 《军机处录副奏折 · 咸丰朝 · 财政类 · 关税项》，咸丰九年十月初三日，江西巡抚耆龄折，档案号 03-4382-031。

③ 《军机处录副奏折 · 同治朝 · 财政类 · 关税项》，同治五年四月二十八日，江西巡抚刘坤一折，档案号 03-4940-065。

④ 《军机处录副奏折 · 同治朝 · 财政类 · 关税项》，同治五年十一月二十八日，江西巡抚刘坤一折，档案号 03-4874-047。

⑤ 《军机处录副奏折 · 同治朝 · 财政类 · 关税项》，同治六年八月二十八日，江西巡抚刘坤一折，档案号 03-4876-005。

⑥ 《军机处录副奏折 · 同治朝 · 财政类 · 关税项》，同治八年七月二十八日，江西巡抚刘坤一折发，档案号 03-4891-026。

⑦ 《宫中档朱批奏折 · 财政类 · 关税》，同治十三年五月二十八日，江苏巡抚刘坤一折，档案号 04-01-35-0392-024。

关复设后交由户部管理。后经反复，于1665年将管理权移交给浙江布政司。但仅仅一年之后，就改归杭州同知管理北新关和南新关两关事宜。1668年，管理权再度发生改变，这次是移交给了浙江的盐政衙门，但一年后又改令六部派员监督。大约半个世纪后，1718年，杭州同知开始负责北新关的管理。1729年，改隶杭州织造。1793年，因杭州织造还要兼理浙江盐务，无法同时管理太多事情，因此改由浙江巡抚负责。不过，到道光时期，北新关又重新改归由杭州织造负责管理，并成为定例。北新关正额盈余变动见表4.15。

表4.15　清代北新关税额表　（单位：两）

年份	顺治年间	1656	1669	1686	1721	1723	乾隆年间	1799
正额	89 376	94 400	90 000	123 054	163 054	123 054	123 054	123 053
盈余							43 610	65 000
合计	89 376	94 400	90 000	123 054	163 054	123 054	166 664	188 053

因为使用阴历，北新关于1740年、1773年、1805年和1838年分别有两个税收数据。①

在图4.16中，乾隆时期北新关的税收在1764年前后发生转折，1746年以前呈现增长趋势；1746年以后转为稳定。例如，在解释乾隆二十二年（1757年）税收的略微下降时，奏折称："本年春月雨水稍多，致豆麦减收，蚕事较上年歉薄，丝价昂贵，绸缎绒线，出产无多，茶税亦觉较少，是以盈余不无减少。"②

①《宫中档朱批奏折·财政类·关税》，乾隆五年二月二十四日，杭州织造伊拉齐折，档案号04-01-35-0311-013。《军机处录副奏折·乾隆朝·财政类·关税项》，乾隆六年正月二十五日，杭州织造伊拉齐折，档案号03-0581-013。《宫中档朱批奏折·财政类·关税》，乾隆三十八年二月十一日，杭州织造寅保折，档案号04-01-35-0344-023。《宫中档朱批奏折·财政类·关税》，乾隆四十年正月初十日，杭州织造寅著折，档案号04-01-35-0345-043。《宫中档朱批奏折·财政类·关税》，嘉庆十年二月十一日，浙江巡抚阮元折，档案号04-01-35-0362-049。《宫中档朱批奏折·财政类·关税》，嘉庆十一年正月十三日，浙江巡抚清安泰折，档案号04-01-35-0363-030。《军机处录副奏折·道光朝·财政类·关税项》，道光十八年二月二十一日，杭州织造普琳折，档案号03-3165-005。《军机处录副奏折·道光朝·财政类·关税项》，道光十九年正月二十六日，杭州织造瑞廷折，档案号03-3310-033。

②《明清档案》，乾隆二十二年九月十三日，大学士蒋溥等折，档案号A195-76，台北"中央研究院"历史语言研究所藏清代内阁大库。

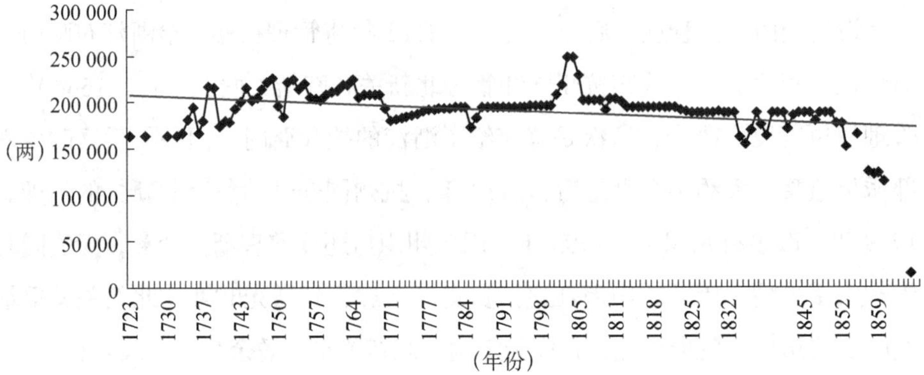

图 4.16　北新关税收趋势示意图（1723—1865 年）

嘉道时期，北新关的税收出现了一些下降，显然是因为自然灾害。[①] 1842 年，北新关出现严重的亏损："缘自夷船滋扰，江路梗阻，并因夏间雨泽甚稀，河道淤浅，兼值兵差络绎，客贩鲜通。"[②]

浙江是清代中国最富裕的省份之一，同时也是当时最重要的财政收入来源地。太平天国运动开始后，太平军进攻浙江省，并与清政府发生了无数惨烈的战斗。北新关的税收也急剧地下降。咸丰二年至三年（1852—1853 年），北新关和南新关即受到影响，"粤匪窜外江南省城，分扰镇扬等郡，江浙通途梗塞，商贾停歇，税课日遂有亏"，有鉴于此，他们只能要求"自八月初一日起，新季尽征尽解"。[③]咸丰五年，两关又因"临近寇氛"，税收大减。[④]咸丰六年之少收，则因六年四月间，"宁郡失守，岩衢等处戒严，商贩裹足不前，杭关往来税货未见畅旺。至五、六两月贼匪分扰江

① 《军机处录副奏折・道光朝・财政类・关税项》，道光五年六月十三日，杭州织造普成折，档案号 03-3159-032。《抄档・清代关税收支报告表・常关》，道光十四年三月三十日，杭州织造英裕折，中国社会科学院经济研究所图书馆藏。《军机处录副奏折・道光朝・财政类・关税项》，道光十五年三月十三日，杭州织造庆伦折，档案号 03-9487-020。《军机处录副奏折・道光朝・财政类・关税项》，道光十六年二月十二日，杭州织造文蔚折，档案号 03-9487-043。

② 《宫中档朱批奏折・财政类・关税》，道光二十二年十二月十六日，杭州织造松蔚折，档案号 04-01-35-0379-051。

③ 《军机处录副奏折・咸丰朝・财政类・关税项》，咸丰三年八月二十一日，杭州织造乌勒洪额折，档案号 03-4376-053。

④ 《军机处录副奏折・咸丰朝・财政类・关税项》，咸丰五年五月初七日，杭州织造乌勒洪额折，档案号 03-4378-025。

西、江南，各路商货不通，更兼天时亢旱日久，河水尽皆消涸，即货船轻载亦难以运行”。①咸丰七年，仍因“贼氛未靖……运到杭关者甚属寥寥”，不过幸亏“上海夷购较旺，江海关代征湖丝税银藉以牵补”，可以稍补亏缺。②咸丰八年仍然少收，实因“本年二月贼氛窜扰，接壤河口镇，货贩往来停阻，迨三月间浙境江常失守，商路不通，税源堵塞”。③自咸丰十一年（1861 年）起，北新关和南新关一体停征。④图 4.16 清晰地显示了 1850 年以后税收的下降，这与太平天国运动在时间上是一致的。

同治三年（1864 年），清军收复杭州后，北新关复开，但只持续了三个月的时间旋即停止。据左宗棠的奏折可知，七月十一日北新关启关，经过三个月的摸索，“征数寥寥，而厘税亦形减色”。推究其故，“因向来关书、巡役视为利薮，藉端刁索，任意抽收，商民久已视为畏途。兹当公私罄竭之余，遽行设关，书役故态复萌，以致商贾裹足不前，咨怨更甚”。而且自八、九两月起，虽然正当关期畅旺之时，但所得税项每月不过三千数百两而止，即照此大略估算，一年所获亦不过四五万两，“而亏欠正余各款，常在十万以外”。有鉴于此，左宗棠干脆将此税额从浙江厘捐项内拨补，而不再单设北新关，以免手续繁杂，彼此影响。⑤于是，浙江再次奏请一体暂停北新关和南新关征税。⑥此后，直到清朝灭亡，南新关和南新关都再也没有恢复。

---

①《宫中档朱批奏折·财政类·关税》，咸丰六年七月二十一日，杭州织造庆连折，档案号 04-01-35-0382-064。
②《宫中档朱批奏折·财政类·关税》，咸丰七年六月二十七日，杭州织造庆连折，档案号 04-01-35-0383-017。
③《宫中档朱批奏折·财政类·关税》，咸丰八年六月二十日，杭州织造庆连折，档案号 04-01-35-0383-053。
④《军机处录副奏折·光绪朝·财政类·关税项》，光绪八年十月十七日，两江总督左宗棠折，档案号 03-6347-055。
⑤《军机处录副奏折·同治朝·财政类·关税项》，同治三年十月二十六日，闽浙总督左宗棠折，档案号 03-4872-005。
⑥《宫中档朱批奏折·财政类·关税》，同治四年二月十三日，杭州织造恒延折，档案号 04-01-35-0385-065。

南新关隶属于工部，固定盈余为 3922.019 两。南新关的税额总是短缺，因此中央政府同意每年从北新关的盈余中拨补 4000 两给南新关，以弥补缺额。

表 4.16 清代南新关税额表 （单位：两）

年份	1658	1681	1686	1707	1721	1724	1799
正额	24 000	25 000	26 572	30 247	36 247	30 247	30 247
盈余							
合计	24 000	25 000	26 572	30 247	36 247	30 247	30 247

因为使用阴历，南新关于 1735 年、1767 年、1800 年和 1832 年有两个税收数据。①

如果将 1732—1865 年南新关的数据视为一个整体，可以认为大体上趋势是平稳的（图 4.17）。当然，在太平天国运动发生之前也有一些关税稍低的年份，如 1757 年、1786 年和 1825 年。

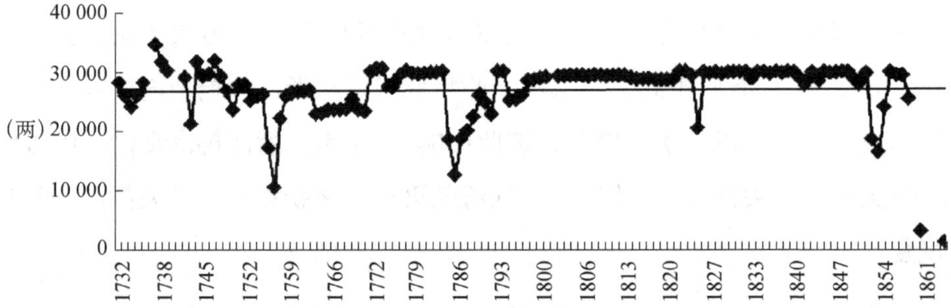

图 4.17 南新关税收趋势示意图（1732—1865 年）

① 《宫中档朱批奏折·财政类·关税》，雍正十三年二月十六日，杭州织造隆生折，档案号 04-01-35-0307-042。《宫中档朱批奏折·财政类·关税》，雍正十三年十二月十九日，杭州织造隆生折，档案号 04-01-35-0307-050。《宫中档朱批奏折·财政类·关税》，乾隆三十二年二月十三日，杭州织造西宁折，档案号 04-01-35-0338-018。《军机处录副奏折·乾隆朝·财政类·关税项》，乾隆三十三年正月十八日，杭州织造西宁折，档案号 03-0594-041。《宫中档嘉庆道奏折》，嘉庆五年正月二十三日，浙江巡抚阮元折，档案号 004820，台北“故宫博物院”藏。《宫中档朱批奏折·财政类·关税》，嘉庆五年十二月二十三日，浙江巡抚阮元折，档案号 04-01-30-0468-009。《军机处录副奏折·道光朝·财政类·关税项》，03-3163-009，道光十二年二月初一日，杭州织造阿灵阿折，档案号 03-3163-009。《抄档·清代关税收支报告表·常关》，道光十三年正月初九日，杭州织造英裕折，中国社会科学院经济研究所图书馆藏。

1757年税收下降的原因是“查南新关额课不收他税，专征竹木，其所产竹木，亦止就衢、金、岩三府属各山濒溪临江者，便于运行，赴关完税销售，非如川广、江西各省产地寥阔，销售广远可比。近因砍伐年久，木渐稀少，运木之商必得之深山穷谷，挽运艰难，是以到关木植年少一年，其征收课额岁见短绌”。[①]大体上相同的原因也被用来解释1786年的下降。[②]对于1825年的情况，档案中则没有给出解释。[③]笔者怀疑这与该年洪泽湖的泛滥有关，这次泛滥导致了运河的闭塞，以及清代第一次漕粮海运的试行。[④]

太平天国运动被镇压后，南新关与北新关命运相似，即在同治四年（1865年）二月十二日，南新关试办无果后永久关闭。[⑤]

（十三）临清关

临清关位于山东省，地处运河和会通河、卫河、汶河的交汇处，南接淮安关，北抵天津关。临清关始设于明宣德四年（1429年），随后几年屡次变化，不停经历着关闭和重开的过程。

临清关实际上由两个关口组成，即临清户关和临清工关，分别隶属于户部和工部。顺治时期，临清户关和临清工关直接由中央政府管理。1665年，管理权转移到当地的东昌府，仅4年后又由户部指派。1714年，税关改由山东巡抚派员监督，但在1756年又由临清知府负责。这一变化一直延续到1803年，此后东昌府负责其管理成为定例。其正额盈余变动见表4.17。

---

①《宫中档朱批奏折·财政类·关税》，乾隆二十二年五月十七日，杭州织造瑞保折，档案号04-01-35-0329-019。

②《军机处录副奏折·乾隆朝·财政类·关税项》，乾隆五十二年六月初三日，杭州织造额尔登布折，档案号03-0602-021。

③《军机处录副奏折·道光朝·财政类·关税项》，道光五年三月二十八日，杭州织造普成折，档案号03-3159-016。

④ 更多信息可参见倪玉平：《清代漕粮海运与社会变迁》，北京：科学出版社，2017年。

⑤《军机处录副奏折·光绪朝·财政类·关税项》，光绪三十三年四月二十六日，杭州织造彬格折，档案号03-7120-111。

表 4.17 清代临清户关税额表 （单位：两）

年份	顺治年间	1656	1669	1686	1723	1799
正额	76 271	24 300	20 000	25 384	37 376	37 376
盈余						11 000
合计	76 271	24 300	20 000	25 384	37 376	48 376

临清户关的档案中记载着1748年、1781年、1814年、1846年和1879年各有两个税收数据。[①]然而，临清工关的关期一直是从每年开河至封河，大约是从正月到十二月，因为运河上的冰块会在正月解冻，船只得以运输货物；在十二月运河会被冰冻，船只无法通行，因此其关期是一整个阴历年，不会出现两个征税数据。

如图4.18可见，1850年以前的税收峰值出现在1763年，档案中给出的原因是“推原其故，缘直隶偶然歉收，粮价昂贵，本年三四月间，麦价更昂，豫东、江苏等省米麦价平之处，商贩闻风云集，运、卫两河北运米麦船只，络绎不绝，是以征税较多，实非常年所可比拟”。[②]税收数额的最低点出现在1748年第二个关期，因为征税时间系从乾隆十三年七月二十五日至十二月初三日，仅5个月零9天。之所以如此，是因为1747年之前征税屡有亏欠，故而清廷令山东于乾隆十三年七月二十四日改由道府大员征收，结果成果并不佳，所以只持续到十二月初三日便停止。此次税收数额

① 《宫中档朱批奏折·财政类·关税》，乾隆十三年十二月初十日，山东巡抚准泰折，档案号04-01-35-0323-029。《内阁户科题本·财政类·关税》，乾隆十四年九月初六日，山东巡抚准泰折，档案号02-01-04-14315-025。《宫中档朱批奏折·财政类·关税》，乾隆四十六年四月二十一日，山东巡抚国泰折，档案号04-01-35-0350-016。《军机处录副奏折·乾隆朝·财政类·关税项》，乾隆四十七年二月三十日，山东巡抚国泰折，档案号03-0598-034。《军机处录副奏折·嘉庆朝·财政类·关税项》，嘉庆十九年六月十四日，山东巡抚同兴折，档案号03-1770-089。《内阁户科题本·财政类·关税》，嘉庆二十年七月初四日，山东巡抚陈预折，档案号02-01-04-19546-021。《军机处录副奏折·道光朝·财政类·关税项》，道光二十六年十月二十八日，山东巡抚崇恩折，档案号03-3168-044。《宫中档朱批奏折·财政类·关税》，道光二十七年十二月初十日，山东巡抚张沣中折，档案号04-01-35-0380-053。《军机处录副奏折·光绪朝·财政类·关税项》，光绪五年十月十二日，山东巡抚周恒祺折，档案号03-6341-017。《军机处录副奏折·光绪朝·财政类·关税项》，光绪六年八月二十九日，山东巡抚周恒祺折，档案号03-6343-059。

② 《军机处录副奏折·乾隆朝·财政类·关税项》，乾隆二十八年九月二十二日，山东巡抚崔应阶折，档案号03-0591-0105。

更少，但因情况特殊，不具有说明力。①

至于1796—1850年，笔者的研究显示这一阶段的下降是因为自然灾害和运河的不断淤塞。②当然，嘉庆十八年（1813年）在河南滑县发生的天理教起义，也在一定程度上影响了临清关、淮安关等相邻区域的税关征收。例如，山东巡抚即奏称："邪匪滋事，在河船只俱提泊两岸，不使北上"；淮安关则奏称："豫东邪匪滋事，凡从南往弱商贾货物未免观望，畏葸不前。"③但类似的突发事件终属特例。

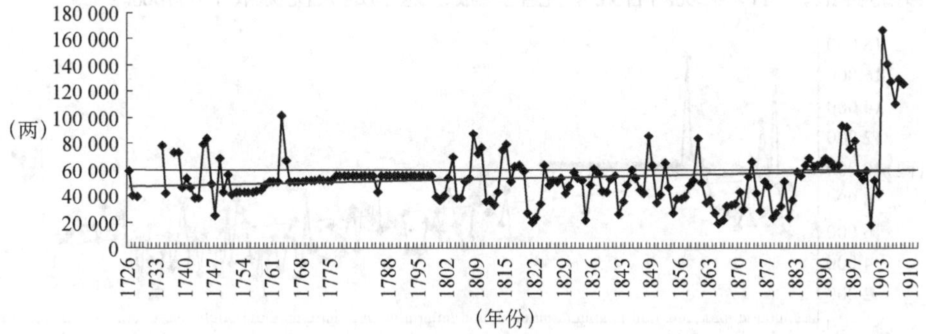

图4.18 临清户关税收趋势示意图（1726—1911年）

太平天国运动期间，因为晚清户关的税收总是和工关一起奏报，税收的变化极大，具体情况见后文。

临清工关的税额和税收趋势见表4.18和图4.19。

表4.18 清代临清工关税额表 （单位：两）

年份	1736	1799
正额	4 572	4 572
盈余		3 800
合计	4 572	8 372

①《内阁户科题本·财政类·关税项》，乾隆十四年九月初六日，山东巡抚准泰折，档案号02-01-04-14315-025。

② 倪玉平：《清朝嘉道关税研究》第二版，北京：科学出版社，2017年，第121页。

③《宫中档嘉庆朝奏折》，嘉庆十九年六月十四日，山东巡抚同兴折，档案号015704；嘉庆十九年七月二十五日，淮安关监督元成折，档案号016118，台北"故宫博物院"藏。

图 4.19 显示在乾隆时期，特别是乾隆早期税收出现了一些增长。图中出现两个峰值年份，即 1744 年和 1763 年。档案记载，1744 年“该年因直省粮价昂贵，豫省丰收，商民趋利贩运，米粮自南往北者络绎不绝，商船既多，税银自裕，故视往年较多数倍，委系尽收尽解，并无征多报少等情”。[①]1763 年也有类似的原因上奏：“为数较多，实历年所未有。缘二十七年直隶偶尔歉收，豫东等省商贩闻风云集，运、卫两河米麦船只络绎不绝，是以空重船料加多，实非常年所可比拟。”[②]对比本奏折与前文临清户关同时期的奏报，可以发现内容几乎完全照搬，这也是关税奏报中的常态。

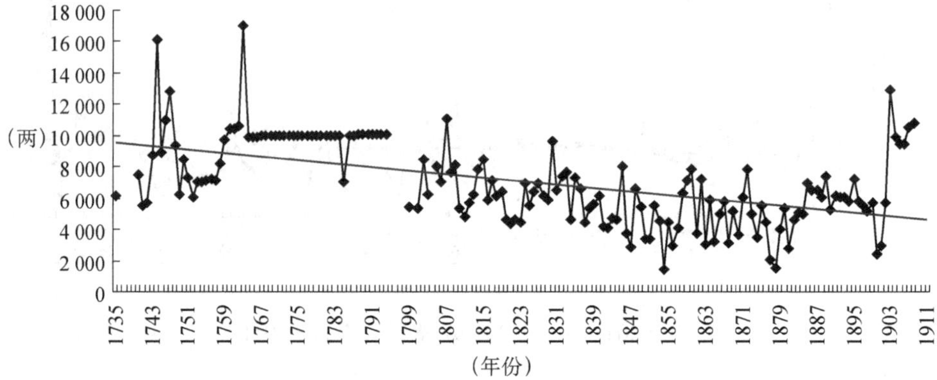

图 4.19　临清工关税收趋势示意图（1735—1911 年）

嘉道时期，税收出现了很大的下滑，这也是因为运河淤塞，能够通行的漕船减少。[③]

太平天国运动时期，户关和工关的税收都受到战争的影响，通常两关合并奏报。咸丰三年（1853 年），据奏报两关减少的原因是“逆氛窜扰，河路商贩不通”。[④]咸丰四年三月，由于太平军北伐，临清被攻破，关库存银

①《宫中档朱批奏折·财政类·关税》，乾隆十年六月十八日，山东巡抚喀尔吉善折，档案号 04-01-35-0318-031。

②《军机处录副奏折·乾隆朝·财政类·关税项》，乾隆二十九年二月二十八日，山东巡抚崔应阶折，档案号 03-0592-003。

③ 倪玉平：《清朝嘉道关税研究》第二版，北京：科学出版社，2017 年，第 121 页。

④《军机处录副奏折·咸丰朝·财政类·关税项》，咸丰五年正月二十七日，山东巡抚崇恩折，档案号 03-4378-001。

正耗 32 200.61 两和杂款银 6470.144 两全部丢失，临清知州张积功及其家属也一并被杀，最后清廷规定此次关库损失只能全部豁免。[①]咸丰五年，两关仍因“逆氛不靖，河路商贩不通。五年四月正值连镇高唐逆贼窜踞之时，南北货船绝迹”。[②]咸丰至六年，临清户工两关皆持续短少，原因仍是“逆氛不靖，河路商贩不通”。[③]咸丰七年，两关仍然少收，原因还是“南省逆氛未靖，且多灾祲之年，商货因之减少”。[④]咸丰八年，两关少收的原因未变：“南路未靖，豫省歉收。”[⑤]同治元年（1862 年），两关仍是少收，“实缘南路未靖，南货细缎、茶叶等项久经断绝，豫省收成歉薄”。[⑥]同治三年，又因“粮艘不行，冬挑停止，豫省歉收，又遭贼扰，食、货船均属稀少”，两关仍然少收。[⑦]同治四年，两关仍因“舟楫不通，豫省连年歉收”，税收短缺。[⑧]同治五年，“豫省连年歉收，北上粮载甚少”[⑨]，依然少收。

当然，两关分别奏报减收原因的情况也有一些。例如，咸丰九年（1859 年），临清户关称减收的原因系“南路未靖，豫省歉收，商船稀少”。[⑩]

---

①《内阁户科题本·财政类·关税》，咸丰八年二月初一日，山东巡抚崇恩折，档案号 02-01-04-21639-002。

②《军机处录副奏折·咸丰朝·财政类·关税项》，咸丰六年三月十九日，山东巡抚崇恩折，档案号 03-4379-019。

③《宫中档朱批奏折·财政类·关税》，咸丰七年五月十四日，户部尚书柏葰折，档案号 04-01-35-0383-009。

④《军机处录副奏折·咸丰朝·财政类·关税项》，咸丰八年五月十六日，山东巡抚崇恩折，档案号 03-4381-012。

⑤《军机处录副奏折·咸丰朝·财政类·关税项》，咸丰九年四月十三日，山东巡抚崇恩折，档案号 03-4392-020。

⑥《宫中档朱批奏折·财政类·关税》，同治二年四月初七日，山东巡抚谭廷襄折，档案号 04-01-35-0384-071。

⑦《军机处录副奏折·同治朝·财政类·关税项》，同治三年十一月二十九日，山东巡抚阎敬铭折，档案号 03-4872-006。

⑧《军机处录副奏折·同治朝·财政类·关税项》，同治四年九月初三日，山东巡抚阎敬铭折，档案号 03-4872-072。

⑨《军机处录副奏折·同治朝·财政类·关税项》，同治五年八月三十日，山东巡抚阎敬铭折，档案号 03-4874-003。

⑩《军机处录副奏折·咸丰朝·财政类·关税项》，咸丰九年十一月二十二日，山东巡抚文煜折，档案号 03-4382-042。

咸丰十一年，户关称减收系因“自春徂秋，汶、卫两河教捻各匪纷至沓来，道路戒严”。[①]同治七年，户关则称因为“黄河淤塞”而发生减收。[②]同治八年，户关因为“黄水穿运，又有直隶龙王庙等处设局收厘，商民率由他处绕越”，仍然减收。[③]同治十年（1871 年），户关的减收仍然没有大的改观，原因则是“兵燹之后元气未复”。[④]单独介绍临清工关的也有一些。例如，咸丰九年，临清工关少收，系因“南路未靖，豫省歉收”。[⑤]咸丰十年，工关仍称“是年秋间四女寺打坝截水，河道不通，又兼省西南一带寇氛不靖，商船闻风裹足”。[⑥]咸丰十一年，工关再奏称系因“邱馆、莘冠等处逆匪蜂起，河道不通”，所以少收。[⑦]同治三年（1864 年），工关又因黄水穿运，“河身极形淤浅，前年贼匪滋扰，砖板两闸严闭蓄水”，沙沉越垫越高，持续少收。[⑧]同治五年，工关少收仍因“河道淤塞，南路逆氛飘忽靡常”。[⑨]同治六年，“直隶枭捻各匪往来窜扰，河道水势浅弱”，临清工关仍然少收。[⑩]同治七年，工关因“黄水穿运以来，河道淤塞，河身渐成平陆”，舟楫难通而少收。[⑪]

---

①《军机处录副奏折·咸丰朝·财政类·关税项》，咸丰十一年十二月二十一日，山东巡抚谭廷襄折，档案号 03-4384-051。

②《军机处录副奏折·同治朝·财政类·关税项》，同治七年十二月十八日，山东巡抚丁宝桢折，档案号 03-4877-147。

③《军机处录副奏折·同治朝·财政类·关税项》，同治八年十二月二十日，山东巡抚丁宝桢折，档案号 03-4879-039。

④《军机处录副奏折·同治朝·财政类·关税项》，同治十一年三月初五日，山东巡抚丁宝桢折，档案号 03-4880-136。

⑤《军机处录副奏折·咸丰朝·财政类·关税项》，咸丰十年闰三月二十八日，山东巡抚文煜折，档案号 03-4383-011。

⑥《宫中档朱批奏折·财政类·关税》，咸丰十一年七月初五日，山东巡抚谭廷襄折，档案号 04-01-35-0383-072。

⑦《宫中档朱批奏折·财政类·关税》，同治元年四月初五日，山东巡抚谭廷襄折，档案号 04-01-35-0384-027。

⑧《军机处录副奏折·同治朝·财政类·关税项》，同治四年闰五月初九日，山东巡抚阎敬铭折，档案号 03-4889-077。

⑨《军机处录副奏折·同治朝·财政类·关税项》，同治六年五月二十九日，山东巡抚丁宝桢折，档案号 03-4875-053。

⑩《军机处录副奏折·同治朝·财政类·关税项》，同治七年五月二十八日，山东巡抚丁宝桢折，档案号 03-4877-052。

⑪《军机处录副奏折·同治朝·财政类·关税项》，同治八年八月二十九日，山东巡抚丁宝桢折，档案号 03-4879-005。

不过，较为特殊的是，在减收之外，临清关在这一时期也因为某些特殊的原因，出现过关税多收的情况。同治十一年，临清户关多收，据奏称原因是“上年直隶灾重，粮价平贱，商贩群赴北直”。[①]同治十一至十二年，户关仍然多收，原因仍是“直隶天津被水歉收，粮载纷纷”。[②]

1903年，税收达到了峰值，这次是因为新的税收制度的实行。[③]

（十四）太平关

太平关位于粤北山区的韶州府，扼北江水运必经之地，是广东省第二大税关（最大的税关是粤海关）。最初，太平关由南雄府管理，但康熙八年（1669年）转移到了韶州府。中央政府每年派出官员监督征税；1722年，这一政策被取消，改由广东巡抚派人负责；1770年，这一职责交由南韶道（管理南雄府和韶州府的官员），并成为定例。

与粤海关征收国际贸易税不同，太平关只征收内陆货物的关税。其税收（表4.19）“全藉棉花、糖包、枝元、茶油等货”。[④]因为清政府规定所有的国际贸易商品必须经粤海关，而北江是广东省的主要水道，这使1840年以前的太平关非常繁荣。太平关成为转运丝绸、茶叶和其他货物前往粤海关的路途中最重要的税关之一。

表4.19　清代太平关税额表　（单位：两）

年份	顺治年间	1669	1670	1681	1683	1686	1723	乾隆年间	1799
正额	26 626	40 000	37 524	38 987	41 987	46 829	52 675	52 675	52 675
盈余								72 045	75 500
合计	26 626	40 000	37 524	38 987	41 987	46 829	52 675	124 720	128 175

①《军机处录副奏折·同治朝·财政类·关税项》，同治十一年十一月二十八日，山东巡抚丁宝桢折，档案号03-4880-227。

②《军机处录副奏折·同治朝·财政类·关税项》，同治十二年闰六月初二日，山东巡抚丁宝桢折，档案号03-4880-095。

③ 中国第一历史档案馆：《光绪朝朱批奏折》第74辑，光绪三十年五月十三日，山东巡抚周馥折，北京：中华书局，1995年，第534页。

④《明清档案》，乾隆十九年十二月六日，大学士傅恒等折，档案号A188-106，台北“中央研究院”历史语言研究所藏清代内阁大库。

因为使用阴历，太平关于 1743 年、1775 年、1808 年、1841 年和 1892 年各有两个税收数据。①

图 4.20 展示出整个清代太平关的税收基本上都很平稳，特别是从雍正至道光时期。在道光晚期和咸丰早期，税收严重的下滑。这是受到上海洋关重要性上升的消极影响，许多货物直接运往上海，而不是像以往那样经粤海关出口。因为太平关的贸易与粤海关联系紧密，其税收也相应地出现下滑。

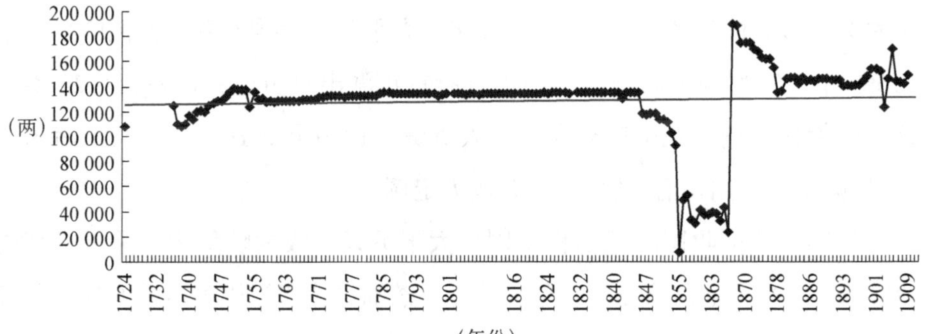

图 4.20　太平关税收趋势示意图（1724—1911 年）

由于太平天国起义，咸丰四年（1854 年），太平关出现少收，原因为

① 《军机处录副奏折·乾隆朝·财政类·关税项》，乾隆八年四月初九日，广东巡抚王安国折，档案号 03-0583-014。《宫中档朱批奏折·财政类·关税》，乾隆九年正月二十二日，护理广东巡抚讬庸折，档案号 04-01-35-0316-016。《宫中档朱批奏折·财政类·关税》，乾隆四十年三月初九日，广东巡抚德保折，档案号 04-01-35-0345-049。《宫中档朱批奏折·财政类·关税》，乾隆四十一年五月十六日，广东巡抚李侍尧折，档案号 04-01-35-0347-033。《内阁户科题本·财政类·关税》，嘉庆十三年五月初六日，两广总督吴熊光折，档案号 02-01-04-18815-013。《内阁户科题本·财政类·关税》，嘉庆十四年六月十一日，广东巡抚韩崶折，档案号 02-01-04-18928-004。《内阁户科题本·财政类·关税》，道光二十一年八月十六日，大学士潘世恩折，档案号 02-01-04-21115-024。《内阁户科题本·财政类·关税》，道光二十二年九月初三日，大学士潘世恩折，档案号 02-01-04-21172-034。中国第一历史档案馆：《光绪朝朱批奏折》第 72 辑，光绪十八年五月二十七日，两广总督李瀚章折，北京：中华书局，1995 年，第 721 页。《军机处录副奏折·光绪·财政类·关税项》，光绪十九年五月二十四日，广东巡抚刚毅折，档案号 03-6387-021。

“贼匪滋扰，路途梗阻，太平关税务未能依限题报”。[①]随后，太平关仍受起义影响，奏折称“因逆匪滋扰”，“商路梗塞，请暂行尽征尽解”。[②]因为战争，咸丰五年，太平关的税收降至7467两，即约为定额的6%。[③]咸丰十年、十一年之少收，原因仍然是“被贼踞扰，客货阻绝”。[④]然而，在太平军被平定后，随着商业的恢复，以及实行新的征税制度，晚清税收出现极大地增长。归因于广东巡抚裁减管关人员、禁止非法征税等政策调整，特别是1867年的关税出现一个快速的增长。[⑤]

（十五）武昌厂

武昌位于长江中游，是湖北省经济和政治的中心。武昌厂设于清康熙四年（1665年），最初由湖北巡抚兼管，但经过多次变更，后改由武昌府管辖，并成为定例。武昌厂的正额盈余变动见表4.20。

表4.20 清代武昌厂税额表 （单位：两）

年份	康熙年间	雍正年间	1723	乾隆年间	1799
正额	10 000	13 000	13 000	33 000	33 000
盈余		20 000	6 419		12 000
合计	10 000	33 000	19 419	33 000	45 000

因为阴历的原因，武昌厂分别在1751年、1784年、1816年、1849年

①《军机处录副奏折·咸丰朝·财政类·关税项》，咸丰五年三月十一日，广东巡抚柏贵折，档案号03-4378-005。

②《军机处录副奏折·咸丰朝·财政类·关税项》，咸丰五年八月初十日，广东巡抚柏贵折，档案号03-4378-049。

③《内阁户科题本·财政类·关税》，咸丰六年四月二十八日，广东巡抚柏贵折，档案号02-01-04-21590-009。《内阁户科题本·财政类·关税》，咸丰七年正月二十二日，户部尚书柏葰折，档案号02-01-04-21609-001。

④《军机处录副奏折·同治朝·财政类·关税项》，同治元年十一月十一日，两广总督劳崇光折，档案号03-4871-043。

⑤《军机处录副奏折·同治朝·财政类·关税项》，同治七年正月初四日，广东巡抚蒋益沣折，档案号03-4877-006。

和 1868 年有两个税收数据。[①]

图 4.21 显示出从整体上看，武昌厂在清代的征税趋是下降。但有趣的是，如果我们将其拆分为三组数据，即 1727—1795 年（雍乾时期）、1796—1850 年（嘉道时期）和 1850—1911 年（咸同光宣时期），却会发现雍乾时期出现增长，嘉道时期平稳，然后在咸丰初年出现断裂式下降，以后又出现不同程度的恢复。

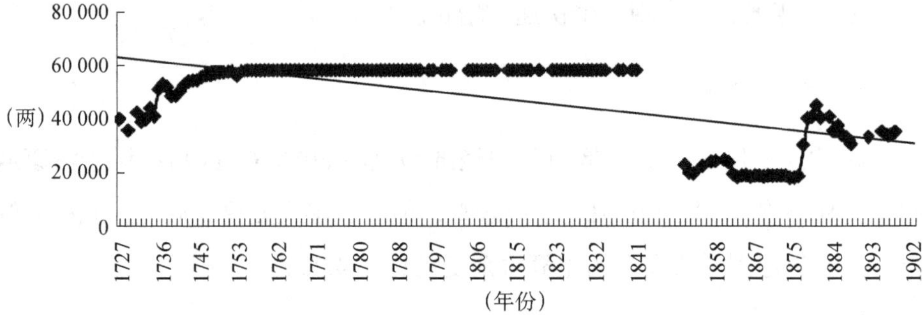

图 4.21　武昌厂税收趋势示意图（1727—1911 年）

尽管武昌是湖北的省会，太平天国运动时却三次被太平军攻占，因而税收大受影响。咸丰三年（1853 年），“武昌厂关税，被匪滋扰，请尽征尽解”。[②]到咸丰八年（1858 年），武昌关仍然奏称“经征船税，前于武汉克复后移归旧地，奏请尽征尽解。乃自本年春夏以来，皖豫逆氛未靖，九江以

① 《宫中档朱批奏折·财政类·关税》，乾隆十六年闰五月二十五日，湖广总督阿里衮折，档案号 04-01-35-0327-031。《军机处录副奏折·乾隆·财政类·关税项》，乾隆十八年五月二十九日，湖北巡抚恒文折，档案号 03-0587-011。台北“故宫博物院”故宫文献编辑委员会：《宫中档乾隆朝奏折》第 59 册，乾隆四十九年闰三月二十八日，暂署湖广总督湖南巡抚伊星阿折，台北：“故宫博物院”，1983 年，第 840 页。《宫中档朱批奏折·财政类·关税》，乾隆五十年五月初二日，湖广总督特成额折，档案号 04-01-35-0351-045。《内阁户科题本·财政类·关税》，嘉庆二十二年十二月初十日，湖广总督庆保折，档案号 02-01-04-19720-005。《内阁户科题本·财政类·关税》，嘉庆二十四年二月十八日，大学士托津折，档案号 02-01-04-19902-030。《内阁户科题本·财政类·关税》，道光三十年九月十二日，湖广总督裕泰折，档案号 02-01-04-21446-037。《内阁户科题本·财政类·关税》，咸丰元年闰八月初十日，湖广总督程楙采折，档案号 02-01-04-21471-028。《内阁户科题本·财政类·关税》，同治十二年六月二十日，湖广总督李瀚章折，档案号 02-01-04-21968-021。

② 《军机处录副奏折·咸丰朝·财政类·关税项》，咸丰三年八月十三日，署湖广总督张亮基折，档案号 03-4376-051。

下炮火络绎，江面戒严，江浙兵事方殷，商旅更形阻滞”，故仍然是请求“尽征尽解”。[①]同时，由于资料的缺失，笔者并未找到咸丰元年至九年的征税数额记录。

太平军被镇压后，关税重新征收，但税收额减少至运动前的一半。晚清最高的征税额出现在 1889 年，但不到前期的一半，张之洞评论：“近年轮船盛行，厂税势难规复旧额。”[②]

（十六）荆州关、湖北新关

荆州府位于湖北省，是长江上游非常重要的节点，分设彝关、中关、北关、东关、西关、调关、越关、大关、港关、周关、田关 11 处口岸，主要征收商贩船料、竹木、板枋、篾条、盆桶各项税银。荆州关为工部关，“全赖川省米船木筏络绎来楚”。顺治三年（1646 年）十月初七日，荆关即奉旨开关征税，“大江东西依然阻塞，即多方招徕，其如无船何！”虽经多方努力，但“目今船只寥落，税仅毫末”，自开征至顺治四年三月初十日，仅抽税银 300 两。[③]此后，征税活动得到了延续。

本书附录 A-常关征税表的表格中仅呈现了荆州关雍正以后的数据。而在雍正之前，仍有些数据可供使用。

通过表 4.21 可以看出，清初荆州关的税收波动很大。此外，还有档案显示：顺治八年七月二十七日至顺治九年十二月十五日，共征银 10 573.3 两；顺治九年十二月十六日至顺治十一年四月初十日，共征银 8642.5 两。[④]

---

① 《宫中档朱批奏折・财政类・关税》，咸丰八年[缺月日]，湖广总督官文折，档案号 04-01-35-0383-058。

② 《内阁户科题本・财政类・关税》，光绪十五年十二月十九日，湖广总督张之洞折，档案号 02-01-04-22445-009。

③ 《明清档案》，顺治四年[缺月日]，工部清吏司员外卢六艺折，档案号 A5-146，台北“中央研究院”历史语言研究所藏清代内阁大库。

④ 《明清档案》，顺治十四年七月二十六日，都察院右副都御史董天机折，档案号 A31-31，台北“中央研究院”历史语言研究所藏清代内阁大库。

表 4.21　顺治朝荆州关税收数额表　　（单位：两）

朝年	年份	关期（阴历）	征税月数	税收
顺治四年	1647	1646 年 10 月 7 日—1647 年 4 月 25 日	6	503.875
顺治五年	1648	1647 年 4 月 26 日—1648 年 4 月 30 日	13	12 452.083
顺治六年	1649	1648 年 5 月 1 日—1649 年 6 月 29 日	13	12 382.607 4
顺治七年	1650	1649 年 7 月 1 日—1650 年 6 月 17 日	12	8 450.87
顺治八年	1651	1650 年 6 月 18 日—1651 年 7 月 26 日	14 零 10 天	10 056.324

资料来源：《顺治年间设关榷税档案选》，《历史档案》1982 年第 4 期，第 28—29 页

清代荆州关的正额盈余变动见表 4.22。

表 4.22　清代荆州关税额表　　（单位：两）

年份	1658	1686	1712	雍正年间	1735	乾隆年间	1768	1799	1860
正额	7 489	9 642	16 439	17 019	16 439	17 019	17 686	17 686	17 686
盈余					6 299			13 000	7 800
合计	7 489	9 642	16 439	17 019	22 738	17 019	17 686	30 686	25 486

因为使用阴历，荆州关于 1767 年和 1800 年有两个税收数据。①

如图 4.22 所示，乾隆前期税收有一个快速的增长，1748 年达到峰值。1748 年的档案记载："荆关钱粮之盈绌，惟视川来木植之多寡"，"上年因川江水小，木簰浅搁难行，以致木税无多。今岁春夏两季，江水涨泛，所有停搁之簰，俱得顺流而至，是以多得盈余银二万一千余两"。②

①《宫中档朱批奏折·财政类·关税》，乾隆三十二年正月二十二日，荆关税务德福折，档案号 04-01-35-0338-013。《军机处录副奏折·乾隆朝·财政类·关税项》，乾隆三十二年十二月初八日，内务府员外郎常泰折，档案号 03-0594-037。《宫中档朱批奏折·财政类·关税》，嘉庆五年五月初四日，湖广总督姜晟折，档案号 04-01-35-0360-004。《军机处录副奏折·嘉庆朝·财政类·关税项》，嘉庆六年三月二十五日，协办大学士湖广总督书麟折，档案号 03-1767-025。

②《宫中档朱批奏折·财政类·关税》，乾隆十三年九月十二日，荆关税务四格折，档案号 04-01-35-0323-003。

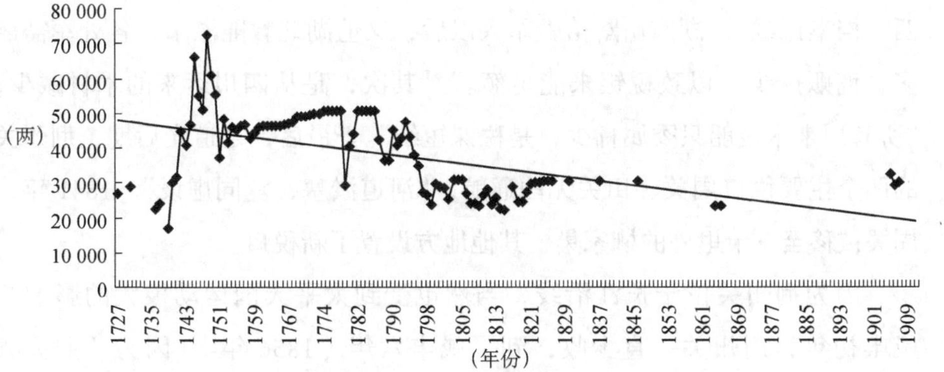

图 4.22　荆州关税收趋势示意图（1727—1911 年）

乾隆十六年（1751 年）的税收下降幅度比较大，朝廷特意下旨调查，据回奏："湖北荆关税课全凭木植船料之多寡，而木植船料之多寡，又视川江水势之大小。盖客商买山伐运，集溪口必等山水大涨，始得编筏达江，至载重料多之大船，亦须水满江平，则畅行无阻，樯帆云集。"而此次因"川襄二水微弱，竹木停搁，山溪不能运出，即重载大船亦甚寥寥"。①

乾隆后期税收仍出现过一些下降，两湖总督毕沅向皇帝解释了 1792 年税收缺额的原因，"近年因下游之江南、安徽、江西、浙江等处年岁屡丰，粮价平减，于川省相仿。兼之水脚盘费，贩运每多亏本，是以往来船只稀少，以致不能比较最多之年"。乾隆帝对毕沅的解释并不满意，在其回复中说道："各省年岁丰登，粮价平减，商贩自然络绎，关税正当增赢。湖广近年亦庆屡丰，断无因稔收转致税额短绌之理。前此淮扬等关短少盈余，即以豫东等省因旱薄收，豆麦南下者少为词。今荆关盈余短少，又藉词于粮价平减，船只短少，则岁歉固绌，岁丰岂亦缺？"②

图 4.22 还清晰地显示出嘉庆之后税收的下滑。下滑的原因，首先，可以解释为白莲教起义（1796—1804 年），起义主要发生在湖北、四川和山

①《明清史料》，乾隆十七年八月二十三日，湖广总督永常折，档案号 166，台北"中央研究院"历史语言研究所藏清代内阁大库。

② 中国第一历史档案馆：《乾隆朝上谕档》，乾隆五十七年九月十三日，北京：档案出版社，1998 年。

西。档案记载："湖南川黔苗疆军兴以后，又值湖北教匪滋事，各处军需船多，商贩船少，以致税银未能足额。"[1]其次，是从四川运来的木材减少，"所有川来木筏船只委属稀少，是税课短绌"。[2]最后，是道光后期，荆州关的两个主要税口周关、田关无法通航，"河道淤塞，竟同虚设"。1841 年，周关被移至三十里外的柳家集，其他地方设置了新税口。[3]

因为荆州关位于长江沿线，当然也受到太平天国运动极大的影响。咸丰初年，荆州关一直少收，到了咸丰六年（1856 年），因为"荆关频年征税未能足额，访求其故，良由东南数省贼氛屡扰，江路不通，川商亦多歇业"，故而清廷决定裁撤荆关之越关，改设沔阳州之新堤地方，更名大关，专派大员，称为湖北新关。湖北新关由于地理位置优越，税收增长极快，而荆州关则大受影响。[4]据奏报，咸丰七年至九年，"荆关频年短收，实因屡被贼扰，江路梗塞，九江未复"。[5]可见仍是太平天国起义所致。

湖北新关设置于太平天国运动时期。前文已述，1856 年清政府关闭了荆关的税口越关，同时在沔阳设立了湖北新关。湖北新关征收的大部分关税来自竹木。因为其地理位置更优，湖北新关的税收数额很快超过了荆关。

图 4.23 清晰地显示了晚清最后几年税收地猛涨——几乎达到了初期的五倍。因为湖北新关的税收如此之高，清政府同意荆州关的盈余从 13 000

① 《宫中档嘉庆朝奏折》，嘉庆二年六月十二日，湖广总督毕沅折，档案号 002609，台北"故宫博物院"藏。
② 《宫中档嘉庆朝奏折》，嘉庆三年二月二十五日，湖北巡抚汪新折，档案号 002609，台北"故宫博物院"藏。
③ 《宫中档道光朝奏折》，道光二十一年十月二十一日，湖广总督裕泰折，档案号 004356，台北"故宫博物院"藏。
④ 《宫中档朱批奏折·财政类·关税》，咸丰八年四月初十日，湖广总督官文折，档案号 04-01-35-0383-048。
⑤ 《宫中档朱批奏折·财政类·关税》，同治元年三月十六日，湖广总督官文折，档案号 04-01-35-0384-019。

两减少至 7800 两。①

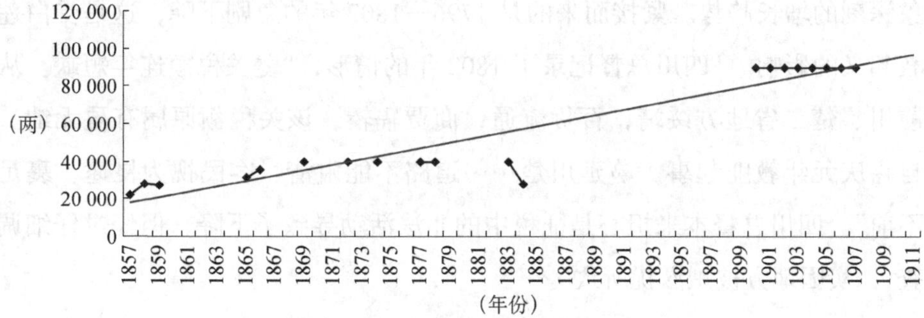

图 4.23　湖北新关税收趋势示意图（1857—1911 年）

（十七）夔关、渝关

夔关始设于明代，位于四川省夔州府。经过明末清初激烈的战争之后，康熙时期重设夔关。夔关最初由夔州府管理，但在 1728 年，这一职责转移给了中央政府。1734 年，其管理权重新交还夔州府。1750 年，又移交给川东道。三年后，夔州府又一次获得了夔关的管理权，并成为定例。

夔关曾多次修改其关期。最初，不管该年是由 12 个月还是 13 个月组成，夔关都以一个阴历年为关期。1799 年，中央政府确定夔关的定额（表 4.23），四年后，户部改关期为 12 个月。②但最终关期还是改定为一个阴历年。因此之故，笔者在档案中没有发现夔关一年有两个关期的记录。

表 4.23　清代夔关税额表　（单位：两）

年份	康熙年间	1723	乾隆年间	1799
正额	1 542	73 740	73 740	73 740
盈余		23 445	17 063	110 000
合计	1 542	97 185	90 803	183 740

①《内阁户科题本·财政类·关税》，同治五年十二月二十日，署湖广总督谭廷襄折，档案号 02-01-04-21804-050。

②《内阁户科题本·财政类·关税》，嘉庆十一年六月二十五日，四川总督勒保折，档案号 02-01-04-18641-005。

雍正、乾隆时期四川省人口和经济的增长，使图 4.24 中呈现出令人印象深刻的增长趋势。紧接而来的是 1796—1802 年的急剧下降，这是受白莲教起义的影响。①四川总督记录了 1802 年的情形，"夔关税额连年短缺。从前川、楚二省地方绥靖，百货流通，商贾辐辏，该关税额原属有盈无绌。自嘉庆元年教匪起事，蔓延川楚……道路不能肃清，客民视为畏途，裹足不前"。四川总督本来担心是征税中的非法活动导致了下降，但经过仔细调查，"实因地方被贼滋扰所致"。②

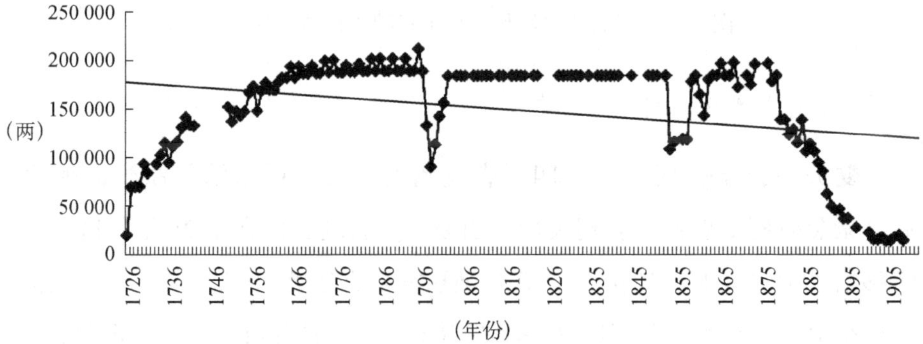

图 4.24　夔关税收趋势示意图（1726—1911 年）

嘉道时期，夔关的税收比较稳定。因为位于长江上游，夔关也受到太平天国运动的影响。夔关自咸丰二年（1852 年）十一月至十二月，两月之久仅征八千两，实因"贼匪窜扰"。③档案记载："二年粤匪由湖南窜扰湖北，湖北汉阳、武昌相继失守，荆州、宜昌等处戒严，楚省商艘不能贩货西来，川省商船不敢冒险东下。"④同一时期，四川当局常常共同奏报夔关和渝关的歉收。咸丰四年，夔渝二关少收，乃因"粤匪窜扰邻省，武汉相

① 《宫中档朱批奏折・财政类・关税》，嘉庆四年七月初四日，四川布政使林儁折，档案号 04-01-35-0359-037。

② 《内阁户科题本・财政类・关税》，嘉庆十年十一月初三日，户部尚书禄康折，档案号 02-01-04-18563-006。

③ 《军机处录副奏折・咸丰・财政类・关税项》，咸丰三年二月初七日，署四川总督裕瑞折，档案号 03-4376-007。

④ 《宫中档朱批奏折・财政类・关税》，咸丰三年十二月十八日，大学士祁寯藻折，档案号 04-01-35-0382-015。

继失守”。[①]咸丰五年，夔渝二关之少收，仍然归因于太平天国起义，“自咸丰二年粤匪窜扰，两湖商贾不通，税项因之短绌。实因贼氛不靖，要道不通，商贾停贸”。[②]咸丰九年，这两关的情况仍然没有太大的起色，减少的原因还是“粤匪窜扰两湖以后，商船稀少”。[③]咸丰十一年，又是“发逆窜围楚省，又陷利川，与夔郡南岸毗连”[④]，持续少收。在太平天国运动被平定后，因为洋关的影响不断增长，夔关的税收依然呈现下降的趋势。[⑤]

渝关，位于四川省重庆府，始设于明朝，在当时非常著名。到清代，四川总督在 1707 年重设了渝关。渝关主要征收木税，税收总额每年约为 4705.9 两。[⑥]渝关总是与夔关一起向朝廷奏报关税额。

如图 4.25 可见，许多年份的税收数据缺失，特别是晚清时期。在乾隆初期，税收也发生过很大波动，这与航运条件和木材砍伐量有关。还曾有人因此提议将渝关归入夔关管理，渝关“上河一带近水之木日渐砍伐，其离河辽远之处，皆在万山之中，砍伐虽易，出水甚难”，税收时有短损，官员视为畏途，“莫若归并夔州府管税人员一例按则征收”。[⑦]税收最低额出现在 1751 年，[⑧]最高值出现在 1740 年。[⑨]乾隆后期，关税逐渐稳定化。嘉庆

---

① 《军机处录副奏折·咸丰朝·财政类·关税项》，咸丰四年七月二十八日，四川总督裕瑞折，档案号 03-4377-038。

② 《宫中档朱批奏折·财政类·关税》，咸丰六年十一月十一日，署四川总督乐斌折，档案号 04-01-35-0382-067。

③ 《军机处录副奏折·咸丰朝·财政类·关税项》，咸丰十年四月二十八日，署四川总督曾望颜折，档案号 03-4383-017。

④ 《军机处录副奏折·同治朝·财政类·关税项》，同治五年二月二十四日，四川总督崇实折，档案号 03-4873-039。

⑤ 《内阁户科题本·财政类·关税》，光绪十七年七月二十日，四川总督刘秉璋折，档案号 02-01-04-22507-016。中国第一历史档案馆：《光绪朝朱批奏折》第 75 辑，光绪三十四年七月初六日，四川总督赵尔巽折，北京：中华书局，1995 年，第 171 页。《宫中档朱批奏折·财政类·关税》，宣统二年九月二十六日[朱批日期]，四川总督赵尔巽折，档案号 04-01-35-0437-050。

⑥ 《宫中档朱批奏折·财政类·关税》，乾隆七年九月初六日，四川巡抚硕色折，档案号 04-01-35-0313-045。

⑦ 《明清档案》，乾隆二年二月十九日，銮仪卫銮仪使黄廷桂折，档案号 A70-34，台北“中央研究院”历史语言研究所藏清代内阁大库。

⑧ 《内阁户科题本·财政类·关税》，乾隆十六年十一月十四日，四川总督策楞折，档案号 02-01-04-14520-015。

⑨ 《抄档·题本·关税·渝关》，乾隆六年七月十七日，四川总督硕色折。

初年，渝关再次出现波动，显然是受白莲教起义的影响。[①]

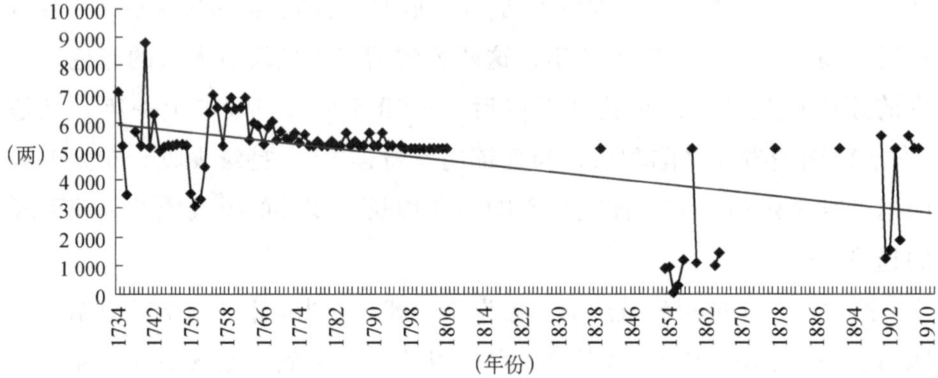

图 4.25　渝关税收趋势示意图（1734—1911 年）

与其他税关一样，太平天国运动影响了渝关的征税，导致在晚清出现急剧的下降。有些年份税收几乎达到了定额，但这仅是因为官员从自己的口袋里拿钱补足了缺额。[②]例如，咸丰十年（1860 年）渝关就上交赔银 4301.319 两。[③]这是清代后期渝关存在的普遍现象。当税关管理人员用自己的资金补足缺额时，关税变化和真实经济情况之间的关系就变得极为难以分析。

（十八）本章小结

运河长江沿线各关的关税数据也有一些缺失。与第三章（边疆边贸税

---

①《内阁户科题本 · 财政类 · 关税》，嘉庆二年闰六月二十一日，四川总督宜绵折，档案号 02-01-04-18037-013。《明清档案》，嘉庆三年七月二十六日，四川总督勒保折，档案号 A285-27，台北“中央研究院”历史语言研究所藏清代内阁大库。

②《内阁户科题本 · 财政类 · 关税》，光绪四年八月十六日，四川总督丁宝桢折，档案号 02-01-04-22101-006。《内阁户科题本 · 财政类 · 关税》，光绪十八年七月二十八日，四川总督刘秉璋折，档案号 02-01-04-22532-009。《宫中档朱批奏折 · 财政类 · 关税》，光绪二十七年[缺月日]，四川总督奎俊折，档案号 04-01-35-0579-074。《军机处录副奏折 · 光绪朝 · 财政类 · 关税项》，光绪三十三年五月二十日，护理四川总督赵尔巽折，档案号 03-6445-057。中国第一历史档案馆：《光绪朝朱批奏折》第 75 辑，光绪三十四年七月初六日，四川总督赵尔巽折，北京：中华书局，1995 年，第 171 页。

③《内阁户科题本 · 财政类 · 关税》，咸丰十年五月二十一日，署四川总督曾望颜折，档案号 02-01-04-21677-038。

关）类似，在图 4.26 中，用两条趋势线进行说明。下面的线条展示了档案中找到的数据；而在上面的线条包括缺失的数据，这些数据是根据附近年份的可用数据推断出来的。

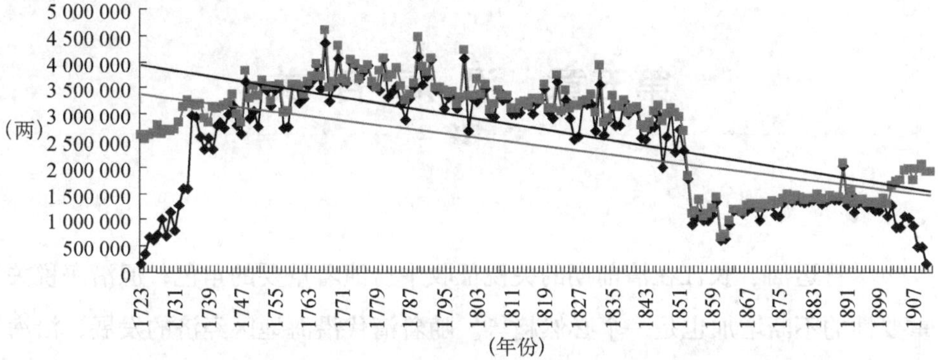

图 4.26　运河长江沿线各关税收趋势示意图（1723—1911 年）

菱形线代表档案中的数据；方形线代表档案中的数据加上缺失年份的数据

雍正、乾隆时期的 1723—1795 年，得益于这一时期人口的增加和经济的发展，运河长江沿线税关的税收总量呈现清晰地增长。嘉道时期，出现了微弱地下降，这是自然灾害、粮食歉收、河道淤塞，以及经济活动从内陆转向沿海的结果。

作为太平天国运动的直接结果，清代的常关税收出现急剧地下降，从三百万两减少至一百万两。当推算出所有缺失数据后，笔者估计整个晚清关税都保持在一百万两的低水平状态。考虑到晚清时常关与洋关的激烈竞争，能取得这样的成绩已经是相当不容易了。

第五章 沿海各关

尽管运河、长江在清前期的关税征收中扮演着重要的角色，但沿海税关重要性的不断增加也是一个必然趋势。随着清代沿海地区经济的发展，沿海税关的关税征收逐渐超过了运河长江沿线税关。

（一）天津关

明代河西务是天津唯一的税关。1662 年，清政府设立天津关，并将原河西务的税额并入天津关。道光时期（1821—1850 年），天津关管辖着 13 个税口。乾隆时期，天津关曾因各税口的税则不一，“货物有车载捆驮者，亦有肩挑转运者，每货百斤所收之税，较大关减收一二成不等，每布百匹亦减收一二成不等”①，商人纷纷绕越，故特意要求各口统一按部定则例征收。

最初，天津关由户部管理。1716 年，户部派遣黑色为天津关监督。不幸的是，同年他身患疾病，清朝政府不得不改由直隶总督赵弘爕管理天津关。然而，由于直隶总督所管事务太多，后来户部不得不将天津关的管理权转交给天津府。1734 年，改由长芦盐政兼理，并成为定例。除征收正额和盈余（表 5.1），天津关还需要为内务府征收 12 000 两的额外盈余。②

①《明清档案》，乾隆二十八年二月初七日，大学士傅恒等折，档案号 A204-14，台北“中央研究院”历史语言研究所藏清代内阁大库。

②《宫中档朱批奏折·财政类·关税》，道光十八年八月二十七日，长芦盐政钟灵折，档案号 04-01-35-0379-021。

表 5.1 清代天津关税额表 （单位：两）

年份	1656	1662	1669	1686	1717	1736—1795	1799
正额	30 900	35 080	30 000	40 464	48 156	48 156	48 156
盈余						26 053	20 000
合计	30 900	35 080	30 000	40 464	48 156	74 209	68 156

因为使用阴历，天津关于 1762 年、1795 年、1827 年、1860 年和 1892 年有两个税收数据。①

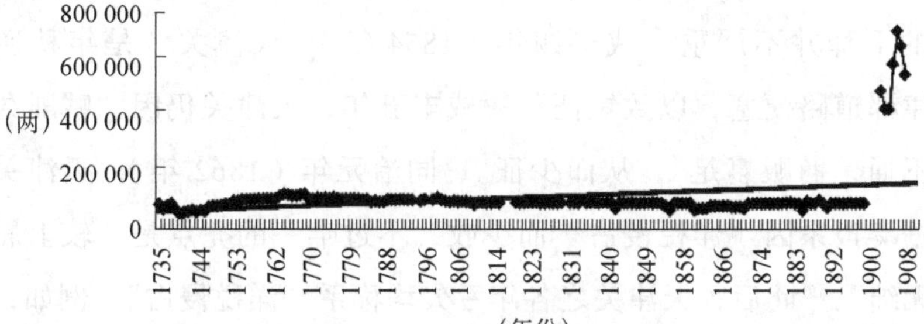

图 5.1 天津关税收趋势示意图（1735—1911 年）

乾隆时期关税增长了一倍。但是 1735—1752 年的税额是不足额的，这是因为免除了 10 000 两的漕船关税。②如果这些数额加入总数，那么乾

①《宫中档朱批奏折·财政类·关税》，乾隆二十七年五月十二日，长芦盐政金辉折，档案号 04-01-35-0335-009、010。《宫中档朱批奏折·财政类·关税》，乾隆二十七年十二月二十二日，长芦盐政达色折，档案号 04-01-35-0336-022、023。《宫中档朱批奏折·财政类·关税》，乾隆六十年二月十二日，长芦盐政征瑞折，档案号 04-01-35-0357-053、054。《内阁户科题本·财政类·关税》，嘉庆元年四月初三日，长芦盐政方维甸折，档案号 02-01-04-17995-014。《宫中档朱批奏折·财政类·关税》，道光七年二月初五日，长芦盐政阿扬阿折，档案号 04-01-35-0374-049、050。《宫中档朱批奏折·财政类·关税》，道光七年十二月二十一日，长芦盐政阿扬阿折，档案号 04-01-35-0375-007、008。《军机处录副奏折·咸丰朝·财政类·关税项》，咸丰十年二月二十五日，长芦盐政宽惠折，档案号 03-4383-004。《军机处录副奏折·咸丰朝·财政类·关税项》，咸丰十一年二月初三日，长芦盐政崇厚折，档案号 03-4384-002。中国第一历史档案馆：《光绪朝朱批奏折》第 72 辑，光绪十八年四月二十七日，直隶总督李鸿章折，北京：中华书局，1995 年，第 699 页。中国第一历史档案馆：《光绪朝朱批奏折》第 72 辑，光绪十九年五月二十八日，直隶总督李鸿章折，北京：中华书局，1995 年，第 894 页。

②《内阁户科题本·财政类·关税》，乾隆元年二月初五日，大学士张廷玉折档案号，档案号 02-01-04-12846-015。《宫中档朱批奏折·财政类·关税》，乾隆十七年四月二十四日，长芦盐政吉庆折，档案号 04-01-35-0328-003。《明清史料》，乾隆十七年五月十七日，长芦盐政吉庆折，档案号 161，台北“中央研究院”历史语言研究所藏。

隆时期的关税会显示出更加稳定的增长趋势。乾隆时期的税收峰值出现在 1764 年，尽管在档案中无法找到解释，但很可能是因为沿海贸易的增长。①

嘉道时期，税收数额大体上保持稳定。②因为第一次鸦片战争的影响，1842 年税收有一个明显的下降。档案记载："本年各船商贩既较往年稀少，而闽广商船又因海道阻滞，迟延不到。"③

天津部分地受到太平天国运动的影响，然而，因为远离冲突地区，税收的下降并不严重。咸丰四年（1854 年），天津关"是年秋逆匪滋扰，津郡道路梗塞，以致短征"。④咸丰五年，天津关仍因"贼匪久踞，河路不通，商贩裹足"，从而少征。⑤同治元年（1862 年），天津关之数据，据奏报系因"洋税侵占"而少收，不过唯一的亮点是"较上届尚属有盈无绌"。⑥此后，天津关之各年亏欠均称系"洋税侵占"。例如，同治十年至十一年，"洋土各货向由钞关纳税者，今归新关征收"。⑦又如，同治十一年至十二年，天津关仍称"进出口洋土各货多归新关征收，此盈彼绌，势所必然"。⑧在晚清的最后几年，因为实行了新的税收制度，关

① 《军机处录副奏折 · 乾隆朝 · 财政类 · 关税项》，乾隆二十九年十二月二十日，长芦盐政高诚折，档案号 03-0592-040。

② 倪玉平：《清朝嘉道关税研究》第二版，北京：科学出版社，2017 年，第 129 页。

③ 《宫中档道光朝奏折》，道光二十二年七月二十二日，长芦盐政德顺折，档案号 006362，台北"故宫博物院"藏。

④ 《宫中档朱批奏折 · 财政类 · 关税》，咸丰四年十月二十三日，布政使衔兼长芦盐政文谦折，档案号 04-01-35-382-050。

⑤ 《军机处录副奏折 · 咸丰朝 · 财政类 · 关税项》，咸丰五年三月二十二日，布政使长芦盐政文谦折，档案号 03-4378-008。

⑥ 《军机处录副奏折 · 同治朝 · 财政类 · 关税项》，同治元年十二月初七日，通商大臣崇厚折，档案号 03-4845-031。

⑦ 《军机处录副奏折 · 同治朝 · 财政类 · 关税项》，同治十一年九月二十六日，直隶总督李鸿章折，档案号 03-4869-074。

⑧ 《宫中档朱批奏折 · 财政类 · 关税》，同治十二年八月二十二日，直隶总督李鸿章折，档案号 04-01-35-0391-032。

税快速增加。①

（二）天津海关

天津海关在清代的设立时间比较晚，最初由天津县自行征解，无定额。嘉庆十二年（1807 年）由直隶总督兼管并确定正额。天津海关向朝廷奏报其税额为 40 000 两，包括正额 26 000 两和盈余 14 000 两。与大部分税关不同，天津海关的关期不是按 12 个月征收，而是与临清关类似，其征税时间以河道解冻为始，至河道再一次封冻结束。

第一次鸦片战争期间战争导致税收总数不足额，朝廷同意延长 3 个月的征税时间。此后无论该年是否为闰年，其关期都延伸至次年 3 月。这样一种调整，是清代的各个税关中，是独一无二的。②

整个嘉道时期，天津海关的税收并不稳定（图 5.2），主要是因为自然灾害，这使政府不得不允许过关的粮食免税。③天津海关也在第一次鸦片战争期间受到严重的影响。道光二十年（1840 年），因“夏间洋面不靖，封禁通海，港口并无只船来津，即奉天贩米船只亦俱断绝往来，直至八月下旬，始有商贩进口”，计自二月初一日开河至十二月二十六日封河，仅收银 20 766 两，共少收 19 233 两。④随后，仍然是受战争影响及与江浙地区的贸

① 《军机处录副奏折・光绪朝・财政类・关税项》，光绪六年七月十四日，直隶总督李鸿章折，档案号 03-6343-031。《宫中档朱批奏折・财政类・关税》，光绪二十六年三月二十九日，直隶总督裕禄折，档案号 04-01-35-1052-034。《军机处录副奏折・光绪朝，财政类・关税项》，光绪三十二年五月初八日，直隶总督袁世凯折，档案号 03-6435-017。中国第一历史档案馆:《光绪朝朱批奏折》第 74 辑，光绪三十二年，直隶总督袁世凯折，北京：中华书局，1995 年，第 867 页。《军机处录副奏折・光绪朝・财政类・关税项》，光绪三十二年十月十九日，直隶总督袁世凯折，档案号 03-6440-064。中国第一历史档案馆:《光绪朝朱批奏折》第 75 辑，光绪三十三年十月二十八日，直隶总督杨士骧折，北京：中华书局，1995 年，第 30-31 页。《光绪朝朱批奏折》第 75 辑，光绪三十四年十二月十七日，直隶总督杨士骧折，北京：中华书局，1995 年，第 210 页。

② 《军机处录副奏折・道光朝・财政类・关税项》，道光二十二年五月初二日，直隶总督讷尔经额折，档案号 03-3166-008。

③ 倪玉平:《清朝嘉道关税研究》第二版，北京：科学出版社，2017 年，第 130—132 页。

④ 《军机处录副奏折・道光朝・财政类・关税项》，道光二十一年二月十八日，直隶总督讷尔经额折，档案号 03-3165-085。

易往来不畅，导致二十一年、二十二年的征收额亦仅为 25 031 两和 9191 两。[①]由于第一次鸦片战争的关系，天津海关“因海洋不靖，商船稀少”，经奏准，改变了天津海关以往每年关期均在本年内完成，即由开河至封河为时间段的办法，改为准其展限三个月，截期奏报，如有溢余，尽数报解。倘仍征不足额，即著照数赔补。[②]但即便如此，因为害怕英军北上，天津海税自二十二年四月初一起至二十三年三月三十日，仍然少收。[③]

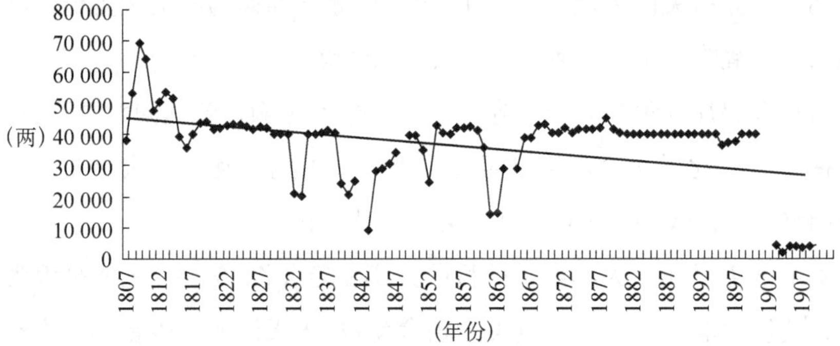

图 5.2　天津海关税收趋势示意图（1807—1911 年）

南方爆发太平天国运动后，来自上海的船只很难前往北方，税收快速下降。咸丰三年（1853 年），天津海关即受太平天国起义的影响，“粤匪窜入楚南境地，商贩闻风裹足，上下船只已形减少，迨后兵帆络绎，商船更属寥寥”。[④]咸丰十年，天津海关征税减少之原因，说的较为含糊，“委因商贩不通所致”，其实是因为第二次鸦片战争期间，英法军舰迫近。[⑤]咸丰十

① 《军机处录副奏折·道光朝·财政类·关税项》，道光二十二年五月初二日，直隶总督讷尔经额折，档案号 03-3166-008。《军机处录副奏折·道光朝·财政类·关税项》，道光二十三年四月二十六日，直隶总督讷尔经额折，档案号 03-3166-030。

② 《军机处录副奏折·道光朝·财政类·关税项》，道光二十二年五月初二日，直隶总督讷尔经额折，档案号 03-3166-008。

③ 《军机处录副奏折·道光朝·财政类·关税》，道光二十三年四月二十六日，直隶总督讷尔经额折，档案号 03-3166-030。

④ 《军机处录副奏折·咸丰朝·财政类·关税项》，咸丰三年四月二十八日，直隶总督讷尔经额折，档案号 03-4376-021。

⑤ 《军机处录副奏折·咸丰朝·财政类·关税项》，咸丰十年六月十五日，直隶总督恒福折，档案号 03-4383-018。

一年，天津海关则明确指出系因第二次鸦片战争影响，“海疆被扰，短收有因”。[①]同治元年（1862 年），天津海关之短收，乃因“近年南省绸缎各项货物，皆由外国船只贩运，前赴新关纳税，旧设海关税课自宜日见其绌”。[②]可见是洋税侵占。此后各年，天津海关均是报称“洋税侵占”这一原因。同治五年，解释少收的原因添加了新的内容，据称是“各货均由火轮夹板等船装运”[③]，其实仍是受到洋税的影响。同治六年，仍是“客商概由新关纳税，洋税侵占”导致少收。[④]综上可见，这一时期天津海关受到洋税侵占的影响极大。

在清末，由于甲午战争和义和团运动的影响，天津海关再次遭受打击。在此之后，实行了新税收制度。1907 年的奏折对晚清的天津海关作总结：“道光以前，轮船尚未通行，所收税银有盈无绌。迨轮船畅行以后，收数日见短少，幸有江浙海运漕粮，沙轮各船准免带装二成税银，并给事中洪昌燕、御史胡寿椿奏免米稻杂粮各税，约计每年共免征银三万一千余两。”无奈因为战争的影响，“甲午中东之役，海道梗阻，税收益绌”，“庚子之变，海船毁失过半，其未毁者亦多歇业，而轮船较前益多，奉省又开铁路，水陆畅行，运货尤便，以致海船无可揽载，收数寥寥。”[⑤]

（三）江海关

江海关（表 5.2）设于康熙二十四年（1685 年），最初位于松江府华亭县，后移至上海。开始时，户部直接负责江海关的管理；1722 年，管理权

---

① 《军机处录副奏折 · 咸丰朝 · 财政类 · 关税项》，咸丰十一年，清单，档案号 03-4384-053。
② 《军机处录副奏折 · 同治朝 · 财政类 · 关税项》，同治二年三月十三日，直隶总督刘长佑折，档案号 03-4871-053。
③ 《军机处录副奏折 · 同治朝 · 财政类 · 关税项》，同治五年五月初十日，直隶总督刘长佑折，档案号 03-4873-045。
④ 《军机处录副奏折 · 同治朝 · 财政类 · 关税项》，同治六年六月初二日，直隶总督刘长佑折，档案号 03-4875-048。
⑤ 中国第一历史档案馆：《光绪朝朱批奏折》第 75 辑，北京：中华书局，1995 年，光绪三十三年九月二十三日，直隶总督杨士骧折，第 25 页。

转移到江苏巡抚。江海关的税收主要来自北方的豆饼，以及南方的棉花和棉布。

表 5.2 清代江海关税额表 （单位：两）

年份	1690	1729	1799
正额	23 016.33	23 980.33	23 980.33
盈余			42 000
合计	23 016.33	23 980.33	65 980.33

因为江海关以 12 个月为一个征税关期，随着闰月的积累，故而在 1770 年、1803 年、1835 年、1868 年和 1900 年均出现了两个税收数据。①

图 5.3 展示了 1746—1749 年一次非常有趣的下滑，这不是因为税收减少，而是因为以前江海关对粮食免税的数量会计入总收入中（通常这种免税的数量还特别大，如 1745 年的免征银就多达 33 834.166 两），但这几年没有被包括进去。②如果考虑到这一因素，可以发现其实这几年所征的关税并没有减少。1756 和 1757 年也出现了下降，这是江苏省的大洪灾导致了歉收，削弱了民众的购买力。③

① 《宫中档朱批奏折·财政类·关税》，乾隆三十五年闰五月十九日，署江苏巡抚萨载折，档案号 04-01-35-0340-049。《宫中档朱批奏折·财政类·关税》，乾隆三十六年三月二十日，署江苏巡抚萨载折，档案号 04-01-35-0342-012。《宫中档朱批奏折·财政类·关税》，嘉庆八年三月十二日，江苏巡抚岳起折，档案号 04-01-35-0361-008。《宫中档朱批奏折·财政类·关税》，嘉庆九年二月二十五日，江苏巡抚汪志伊折，档案号 04-01-35-0362-007。《军机处录副奏折·道光朝·财政类·关税项》，道光十五年二月二十八日，江苏巡抚林则徐折，档案号 03-3164-017。《宫中档朱批奏折·财政类·关税》，道光十六年二月初二日，护理江苏巡抚布政使陈銮折，档案号 04-01-35-0378-043。《军机处录副奏折·同治朝·财政类·关税项》，同治七年闰四月十六日，江苏巡抚丁日昌折，档案号 03-4877-039。《军机处录副奏折·同治朝·财政类·关税项》，同治八年二月二十七日，江西布政使张兆栋折，档案号 03-4878-026。《军机处录副奏折·光绪朝·财政类·关税项》，光绪三十一年七月二十六日，江苏巡抚陆元鼎折，档案号 03-6430-033。

② 《宫中档朱批奏折·财政类·关税》，乾隆十二年十二月二十三日，署江苏巡抚安宁折，档案号 04-01-35-0322-017。《宫中档朱批奏折·财政类·关税》，乾隆十三年十二月初八日，署江苏巡抚雅尔哈善折，档案号 04-01-35-0323-028。《宫中档朱批奏折·财政类·关税》，乾隆十四年十二月十五日，署江苏巡抚雅尔哈善折，档案号 04-01-35-0325-002。

③ 《宫中档朱批奏折·财政类·关税》，乾隆二十二年五月初六日，江苏巡抚爱必达折，档案号 04-01-35-0329-015。

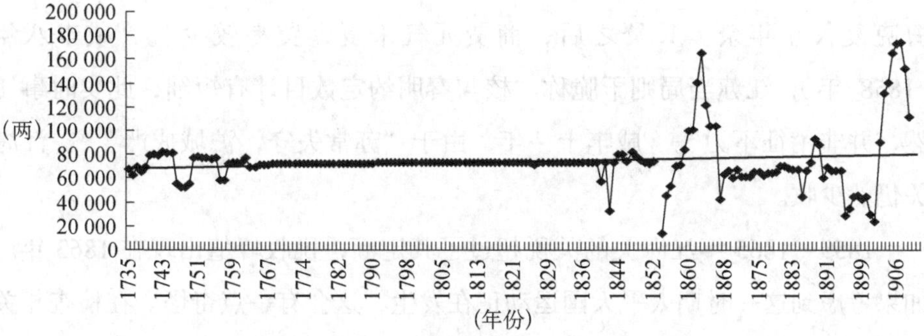

图 5.3 江海关税收趋势示意图（1735—1911 年）

1840 年以前，在嘉道时期，税收依然保持稳定。①第一个变化发生在第一次鸦片战争时期（1840—1842 年）。道光二十年六月，江苏巡抚向道光奏报："将通海各口全行封港，其已经出口捕鱼船只，亦即陆续赶回归坞。"②这一禁令持续了三个月，而这恰巧是每年商贸最繁盛的时间。两年后，英国战舰再次来到江苏，江海关只能又一次关闭："本年四月，夷船窜入江洋，奉饬封港。迨后宝山、上海相继失陷，又被该夷拦截吴淞口门。"③许多商船被英国战舰拦阻，无法进行贸易。④

上海是太平天国起义军和清军争夺的焦点区域，江海关税收所受的影响颇大。咸丰四年（1854 年）小刀会起义，上海被占据了两个月，江海关在这一时期就无法征税。⑤据奏称，咸丰五年，江海关"缺额甚巨，实因兵燹之后，元气未复"。⑥咸丰六年，江海关之少收，"实因关期报满，相距上

① 倪玉平：《清朝嘉道关税研究》第二版，北京：科学出版社，2017 年，第 133 页。

②《宫中档朱批奏折·财政类·关税》，道光二十一年三月十三日，两江总督伊里布、署理江苏巡抚苏州布政使程楙采折，档案号 04-01-35-0379-042。

③《宫中档道光朝奏折》，道光二十二年八月二十二日，两江总督牛鑑等折，档案号 006536，台北"故宫博物院"藏。

④《军机处录副奏折·道光朝·财政类·关税项》，道光二十三年二月二十七日，江苏巡抚孙善宝折，档案号 03-9489-069。

⑤《内阁户科题本·财政类·关税》，咸丰八年十二月十二日，大学士翁心存折，档案号 02-01-04-21639-034。

⑥《军机处录副奏折·咸丰朝·财政类·关税项》，咸丰六年二月十九日，江苏巡抚吉尔杭阿折，档案号 03-4379-015。

海克复仅止年余。兵燹之后，商贾元气未复，贸易较少”。[①]咸丰八年（1858 年），江苏当局则干脆称“核与奏明约定数目计有短绌，此实时事使然，并非稽征不力”。[②]咸丰十一年，由于“苏常失守，沪城戒严”[③]，江海关仍然少收。

1859—1865 年江海关的关税超过了其定额，税收峰值出现在 1863 年。如果考虑到这一时期太平天国运动正在发生，这会有一点奇怪。在检查相关的文献后，笔者发现税收的增长是因为一个新的税种，名为“新增洋税银”。作为江海关获得征收外国货物税权力的代价，江海关在这段时间内可以从江海关得到 20 000 两白银，以弥补江海关的关税损失。[④]然而，后来这 20 000 两不再纳入江海关的税收总额奏报。同治七年（1868 年）的少收，据奏报则是由于华商受到了洋商的竞争，“自上海与洋人通商以来，福建、广东之鸟洋各船，由多而少，由少而无”。[⑤]换言之，乃是洋税侵占。同治十一年，这个理由仍在继续使用：“洋船贩运之后，华商货物各趋便捷，皆由火轮夹板洋船装运。”[⑥]同治十二年，江苏巡抚张树声还是指出洋税侵占，“沙船日少，常税之短实由于此。前议每年酌加额外盈余十二万两，不作永远定额，旋因镇、扬克复，各商贩仍由内河行走，未能足额”。[⑦]由上可见，太平天国战争的影响，以及洋商的竞争，是江海关在此期间多征不足数的主要原因。

---

①《宫中档朱批奏折·财政类·关税》，咸丰七年五月二十八日，江苏巡抚赵德辙折，档案号 04-01-35-0383-011。

②《宫中档朱批奏折·财政类·关税》，咸丰八年八月初九日，两江总督何桂清等折，档案号 04-01-35-0383-056。

③《军机处录副奏折·同治朝·财政类·关税项》，同治元年十月十九日，署江苏巡抚李鸿章折，档案号 03-4845-022。

④《军机处录副奏折·同治朝·财政类·关税项》，同治六年，清单，档案号 03-4876-051。

⑤《军机处录副奏折·同治朝·财政类·关税项》，同治七年四月十六日，江苏巡抚丁日昌折，档案号 03-4877-039。

⑥《军机处录副奏折·同治朝·财政类·关税项》，同治十二年二月二十八日，署江苏巡抚恩锡折，档案号 03-4880-065。

⑦《宫中档朱批奏折·财政类·关税》，同治十三年正月二十七日，江苏巡抚张树声折，档案号 04-01-35-0391-079。

因为义和团运动，税收的最低额出现在1901年。①不久后，实行新的税收制度使清末最后几年税收出现极大的增长。②

（四）浙海关

浙海关位于浙江宁波。清初，为切断大陆与被郑成功占据的台湾的经济联系，清廷实施禁海令，禁止船只出海。1863年，施琅收复台湾后，禁海令被废除。随着开放海禁，清政府设立了浙海关（表5.3）。然而，对于浙海关建立的确切时间也有不同的观点。一些记载认为浙海关设置于1684年，另一些则认为设置于1686年。③在其设立后，浙海关的官员由中央政府任命。1720年，税关的管理权移交给浙江巡抚。经过反复，宁绍台道最终被指派管理浙海关，并成为定例。浙江关一度征收洋税，后则统一移至粤海关，但直到乾隆晚期，浙海关仍年复一年地奏报，"并无红毛船只到关，税银无征"。④

表5.3 清代浙海关税额表 （单位：两）

年份	1662—1722	1721	1724	1799	1804
正额	31 952	32 952	31 952	35 908	35 908
盈余				39 000	44 000
合计	31 952	32 952	31 952	74 908	79 908

①《军机处录副奏折·光绪朝·财政类·关税项》，光绪三十年十二月二十四日，护理江苏巡抚布政使效曾折，档案号03-6426-005。

②《军机处录副奏折·光绪朝·财政类·关税项》，光绪三十一年十二月三十日［朱批日期］，江苏巡抚陆元鼎折，档案号03-6515-126。中国第一历史档案馆：《光绪朝朱批奏折》第74辑，光绪三十二年三月二十九日，护理江苏巡抚布政使濮子潼折，北京：中华书局，1995年，第764页。台北"故宫博物院"故宫文献编辑委员会：《宫中档光绪朝奏折》第24册，光绪三十三年二月初二日，江苏巡抚陈夔龙折，台北："故宫博物院"1973年，第312页。《军机处录副奏折·光绪朝·财政类·关税项》，光绪三十四年正月二十八日，江苏巡抚陈启泰折，档案号03-6450-031。《宫中档朱批奏折·财政类·关税》，宣统元年三月初五日，江苏巡抚陈启泰折，档案号04-01-35-0434-054。《宫中档朱批奏折·财政类·关税》，宣统元年十二月十八日，护理湖广总督杨文鼎折，档案号04-01-35-0436-025。

③ 李鸿章：《大清会典事例》，上海：商务印书馆，1908年，卷235记载为1864年，嵇曾筠：《浙江通志》，1976年，卷86记载为1866年。

④《明清史料》，乾隆五十九年九月二十八日，浙江巡抚吉庆折，档案号069849，台北"中央研究院"历史语言研究所藏。

因为阴历的原因，浙海关于 1748 年、1781 年、1814 年、1868 年和 1900 年分别有两个税收数据。[①]

乾隆时期的税收大体上保持稳定，只在 1736 年出现了一次下降（图 5.4）。但奇怪的是，档案中找不到关于这次下降的原因。[②]浙海关的税收在嘉道时期通常能够维持稳定，但因为海盗蔡牵（1794—1809 年活动于福建和浙江），税收在嘉庆初年出现了一些波动。嘉庆元年（1796 年）的这次减少，就在于“实缘上年闽省漳泉一带烟糖歉收，兼之洋面未靖，闽广商船往来稀少，以致盈余短绌”。[③]档案记载：“安南匪船窜入闽浙洋面，商人等疑惧不前，本重商货亦有改由内河转运，以致船只往来稀少。”[④]“夷匪窜入浙洋，闽广商船进口较少。”[⑤]

另一次严重的波动出现在鸦片战争期间。浙江是鸦片战争的重要战场，其中定海两度被占，宁波、镇海也相继受到侵犯，而设于宁波的浙海关征税范围为浙江全省的海岸，且以洋船税为主，故所受影响极大。道光二十年（1840 年）六月，英舰闯入浙江洋面，占据定海县城，当地官员

---

① 《宫中档朱批奏折·财政类·关税》，乾隆十三年四月二十九日，浙江巡抚顾琮折，档案号 04-01-35-0322-029。《宫中档朱批奏折·财政类·关税》，乾隆十四年二月初十日，浙江巡抚方观承折，档案号 04-01-35-0323-042。《宫中档朱批奏折·财政类·关税》，乾隆四十六年三月十九日，闽浙总督陈辉祖折，档案号 04-01-35-0350-009。《宫中档朱批奏折·财政类·关税》，乾隆五十年正月初九日，浙江巡抚福崧折，档案号 04-01-35-0351-026。《宫中档朱批奏折·财政类·关税》，嘉庆十九年闰二月十二日，浙江巡抚李奕畴折，档案号 04-01-35-0368-006。《军机处录副奏折·嘉庆朝·财政类·关税项》，嘉庆二十年十二月十八日，浙江巡抚颜检折，档案号 03-1770-119。《军机处录副奏折·同治朝·财政类·关税项》，同治七年三月初六日，浙江巡抚马新贻折，档案号 03-4877-031。《军机处录副奏折·同治朝·财政类·关税项》，同治八年二月二十八日，浙江巡抚李瀚章折，档案号 03-4878-029。中国第一历史档案馆：《光绪朝朱批奏折》第 74 辑，光绪二十七年二月初十日，署浙江巡抚布政使余联沅折，第 172—173 页；《光绪朝朱批奏折》第 74 辑，光绪二十七年十月十四日，浙江巡抚任道镕折，北京：中华书局，1995 年，第 266 页。

② 《内阁户科题本·财政类·关税》，乾隆元年六月初六日，浙江总督嵇曾筠折，档案号 02-01-04-12847-009。

③ 《宫中档嘉庆朝奏折》，嘉庆元年七月二十一日，浙江巡抚吉庆折，档案号 000952，台北“故宫博物院”藏。

④ 《宫中档嘉庆朝奏折》，嘉庆二年九月十五日，浙江巡抚玉德折，档案号 003155，台北“故宫博物院”藏。

⑤ 《宫中档朱批奏折·嘉庆朝·财政类·关税项》，嘉庆五年六月十六日，浙江巡抚阮元折，档案号 04-01-35-0360-008。

“恐其分窜各口，并恐汉奸接济，前奉通饬沿海口岸船只封禁出入，宁波大关即于六月初七日封港，其余各口一体封禁”，并持续到十月十九日，导致本年份关期之第二季度全无征收。“夷船仍在各洋面游弋，且有掳捉商船、勒索税银情事，商贾率皆裹足不前”，而宁波府属之镇海大关及宁绍府属各小口，“非被该夷窃据，即有夷舰往来窥探”，亦系“一律封闭”。[①]开关之后，又因“定海洋面为商船出入必经之处，夷船尚在定海，并未尽赶粤东，所有进港贸易商船未能照常众多”。[②]

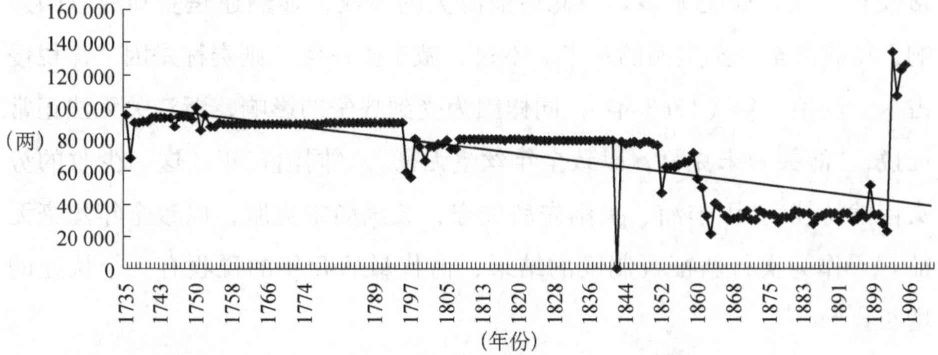

图 5.4　浙海关税收趋势示意图（1735—1911 年）

正如战争对天津海关的影响，战争也影响了浙海关的关期。1841 年，浙海关的关期开始于 1840 年三月初九日，结束于 1841 年三月初八日。然而，由于英军在浙江一带展开军事行动，清廷被迫对浙海关采取“封港”[③]，实施军事管制，故而征税期限持续到 1841 年六月十九日。因此次年的征税期限开始于 1841 年六月二十日，结束于 1842 年十月初七日，可以说战争改变了浙海关的关期。

①《宫中档道光朝奏折》，道光二十二年十月二十九日，浙江巡抚刘韵珂折，档案号 007020，台北“故宫博物院”藏。
②《宫中档朱批奏折·财政类·关税》，道光二十年十二月二十二日，浙江巡抚刘韵珂折，中国第一历史档案馆藏。
③《宫中档道光朝奏折》，道光二十一年八月十二日，浙江巡抚刘韵珂折，档案号 003847，台北“故宫博物院”藏。

浙江是清军和太平军争夺的重点区域。不过，在咸丰最初的两年时间里，浙海关之少收还没有联系到战争。例如，浙海关咸丰元年（1851 年）之少收，据称是“近年并无暹罗等处贸易及回棹商船，亦无外港贩洋船只收泊”。[①]这恰恰是嘉道时期浙海关奏报少收原因的惯用说法。咸丰三年，则称“实因商贾不通，各口无税可征所致”[②]，隐约提到太平天国起义的影响。咸丰四年，浙海关少收则称“实因邻警未平，洋面不靖，商贾裹足”。[③]咸丰五年，浙海关仍然少收，“实出有因，上年冬帮停运，本年夏帮仅有一只，征税无多”。[④]此后浙海关的少收，显然还是受到战争的影响，税收甚至降至定额的一半。不过，咸丰十一年，则奏称是因“洋税侵占”。[⑤]同治二年（1863 年），同样因为受到战争的影响，浙江关无法正常征税，“海关尚未克复，以致全年丝毫无征”。[⑥]同治三年，这一少收的势头依然持续：“因乍浦、头围先后失守，关满尚未克服，以致全年丝毫无征。”[⑦]作为实行新征税制度的结果，清代最后几年的税收有一个快速的增长。[⑧]

---

①《军机处录副奏折·咸丰朝·财政类·关税项》，咸丰元年九月十三日，浙江巡抚常大淳折，档案号 03-4375-035。

②《军机处录副奏折·咸丰朝·财政类·关税项》，咸丰四年正月二十二日，浙江巡抚黄宗汉折，档案号 03-4377-006。

③《军机处录副奏折·咸丰朝·财政类·关税项》，咸丰四年十一月二十八日，四川总督黄宗汉折，档案号 03-4377-053。

④《军机处录副奏折·咸丰朝·财政类·关税项》，咸丰五年十一月十五日，浙江巡抚何桂清折，档案号 03-4378-054。

⑤《宫中档朱批奏折·财政类·关税》，同治三年五月二十日，闽浙总督左宗棠折，档案号 04-01-35-0385-027。

⑥《军机处录副奏折·同治朝·财政类·关税项》，同治四年六月初五日，浙江巡抚马新贻折，档案号 03-9493-047。

⑦《军机处录副奏折·同治朝·财政类·关税项》，同治四年十月二十六日，浙江巡抚马新贻折，档案号 03-4872-094。

⑧《军机处录副奏折·光绪朝·财政类·关税项》，光绪三十一年十月二十八日，署浙江巡抚瑞兴折，档案号 03-6431-050。中国第一历史档案馆：《光绪朝朱批奏折》第 74 辑，光绪三十二年十一月二十八日，浙江巡抚张曾敭折，北京：中华书局，1995 年，第 850 页。

（五）闽海关

闽海关位于福建省厦门府，邻近台湾府（后升级为省）。如前所述，1863 年康熙帝收复台湾后，清廷开放海禁后，很快在 1864 年设立了闽海关，这是清朝第一个沿海税关。最初，中央政府派满、汉各一员管理闽海关税务，任期是两年。1690 年之后，专用满员，任期一年。1724 年，闽海关开始由福建巡抚负责。乾隆时期，闽海关的管理权转移到闽浙总督；但 1738 年，又改由福州将军兼管，并成为定例。闽海关的正额为 73 549.547 两，1799 年朝廷定其盈余为 113 000 两，合计 186 549.547 两。

因为阴历的缘故，闽海关于 1748 年、1781 年、1814 年、1846 年和 1879 年有两个税收数据。①

如图 5.5 所示，闽海关的税收从雍正开始有一个明显的上升趋势，在乾隆后期达到这次上升的峰值，此后则开始进入长期的下滑。下降的原因，则在于减产和海盗。据嘉庆元年二月的奏报可知，乾隆六十年的少收，原因在于两点，一是“漳泉一带被潮被旱，收成歉薄，物产无多”，二是由于“南北两洋盗匪尚未净尽，往来商贩多有观望，不能如前流通”。②

①《宫中档朱批奏折·财政类·关税》，乾隆十三年四月二十四日，福州将军新柱折，档案号 04-01-35-0322-028。《内阁户科题本·财政类·关税》，乾隆十四年二月二十四日，福州副都统邓廷相折，档案号 02-01-04-14314-005。《宫中档朱批奏折·财政类·关税》，乾隆四十六年二月十三日，福州将军永德折，档案号 04-01-35-0350-006。《宫中档朱批奏折·财政类·关税》，乾隆四十八年正月十五日，福州将军永德折，档案号 04-01-35-0350-044。《宫中档朱批奏折·财政类·关税》，嘉庆十九年二月十二日，福州将军兼闽海关监督扎拉芬折，档案号 04-01-35-0368-004。《军机处录副奏折·嘉庆朝·财政类·关税项》，嘉庆二十年正月十三日，福州将军兼闽海关监督扎拉芬折，档案号 03-1770-116。《宫中档朱批奏折·财政类·关税》，道光二十六年二月十五日，福州将军兼闽海关监督敬敫折，档案号 04-01-35-0380-038。《军机处录副奏折·道光朝·财政类·关税项》，道光二十七年正月十二日，福州将军兼闽海关监督敬敫折，档案号 03-3168-053。中国第一历史档案馆：《光绪朝朱批奏折》第 71 辑，光绪五年二月十三日，福州将军庆春折，第 717 页。《光绪朝朱批奏折》第 71 辑，光绪六年正月十四日，福州将军庆春折，北京：中华书局，1995 年，第 748 页。

②《宫中档嘉庆朝奏折》，嘉庆元年二月十五日，福州将军魁伦折，档案号 000165，台北“故宫博物院”藏。

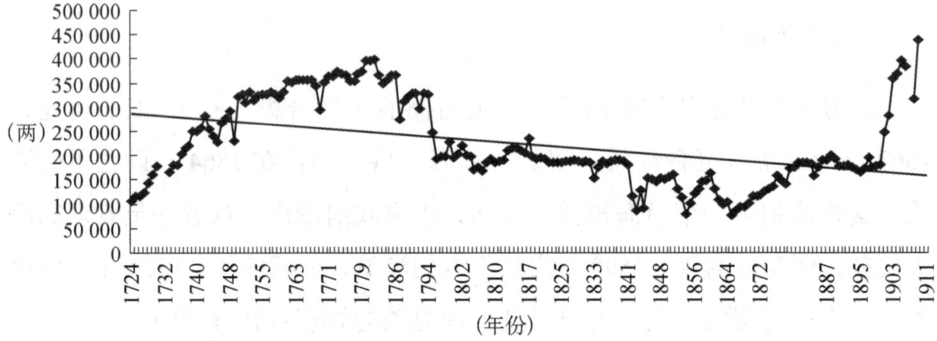

图 5.5 闽海关税收趋势示意图（1724—1911 年）

笔者曾经分析过嘉道时期（1796—1850 年）下降的原因：第一次下降是因为 1805 年之后海盗蔡牵大规模的劫掠，在 1809 年蔡迁被平定后，则恢复正常，“匪船节经舟师剿捕，较前敛戢，各口商船贩运流通”。①

第二次下降出现在第一次鸦片战争时期，当时厦门两次受到英军的攻击，闽海关征税所受影响颇大。道光二十年（1840 年）英国犯厦门未果，但二十一年仍少收 5000 两。去岁六月以后，“英逆夷船在洋游奕，南北货船多有观望不前，以致船只较少，税课短绌”。②1841 年，英军用火轮船登陆，“蜂拥上岸，官兵抵御不支，衙署民居多被夷匪攻毁，海关衙门哨役分派各口征税，在口不过三四十人，并无兵役把守，猝被攻毁。且因汉奸乘势抢掠，只就现收税银二百二十两带拿奔出”。③道光二十二年七月，英军占领厦门，闽海关于七月初十日开始封关，并持续到二十三年七月。有奏折称：“厦门一口切近瀛壖，地通南北，海舶萃聚，向为闽省第一繁盛之区”，“迨二十年夷氛不靖，该处屡被窥伺滋扰，人情震恐，大半失业流离，至二十一年竟被攻陷，在彼居民非各奔逃，即遭蹂躏，被祸之惨，实

①《宫中档嘉庆朝奏折》，嘉庆十三年四月十三日，闽浙总督阿林保折，档案号 010483，台北“故宫博物院”藏。

②《宫中档朱批奏折·财政类·关税》，道光二十一年闰三月十二日，福州将军兼闽海关监督保昌折，档案号 04-01-35-0379-044。

③《宫中档道光朝奏折》，道光二十一年八月初九日，福州将军保昌折，档案号 003826，台北“故宫博物院”藏。

非浅鲜。其后夷踪虽退而鼓浪屿尚被占据，流徙之民未敢全归故土，其陆续回藉者，家室一空，资财罄尽，居货之行栈既倒歇，而不能复开，贩货之船只亦毁坏，而无力复制，地方之萧索，不特大异于前，即较未经被兵之时，亦有霄壤之别。道光二十三年七月启关，而民间元气未复，商贩皆多裸足，日征之课未能按额取盈。”①加之闽海关税源，“全恃商船装载木植杂货，在于宁波等处互相贸易，而宁波亦复失守，闽商船货难通，各税俱形短绌”，②故道光晚期的征税大受影响，未能征收足数。

闽海关也受到太平天国运动和洋关的巨大影响。据奏报，咸丰二年（1852 年）十月至三年十月共少收 11 万余两，“从前地方安静，偶有短缺，为数无多”，但本次少收，“实因本省土匪滋扰，税课无征”。③随后，当局又称：“粤匪滋扰，上海、浙江均已防堵，北路南贩已属寥寥，本省上下游土匪同时蠢动。”④咸丰四年，闽海关少收十万两白银，原因仍是受太平天国起义的影响，“上年四月间，本省上下游土匪同时蠢动，以致厦门失守，并铜山、安海、枫亭等口，俱被贼匪抢毁，商贩远避，行栈迁徙一空，税课无从征收。上年十月间厦门收复之后始有征收”。⑤咸丰五年，闽海关持续少收，因为“粤匪滋扰江南以来，商贾纷纷歇业，北船即少南来，南船未敢北去”。⑥咸丰六年之少收，据解释仍然还是战争：“历年粤匪窜所以来，道途梗阻，商贾咸有戒心。加之本省自遭匪滋事后，船只被毁，行栈

---

①《宫中档朱批奏折·财政类·关税》，道光二十五年二月十六日，福州将军兼闽海关监督敬敫折，档案号 04-01-35-0380-030。

②《军机处录副奏折·道光朝·财政类·关税项》，道光二十二年三月十七日，福州将军兼闽海关监督保昌折，档案号 03-3166-006。

③《军机处录副奏折·咸丰朝·财政类·关税项》，咸丰三年十一月十五日，福州将军有凤折，档案号 03-4376-060。

④《宫中档朱批奏折·财政类·关税》，咸丰四年六月二十七日，福州将军有凤折，档案号 04-01-35-0382-039。

⑤《宫中档朱批奏折·财政类·关税》，咸丰四年十一月十五日，福州将军有凤折，档案号 04-01-35-0382-054。

⑥《军机处录副奏折·咸丰朝·财政类·关税项》，咸丰五年十月十三日，福州将军有凤折，档案号 03-4378-056。

歇业。幸而南、厦二口时有夷船出入，间有商人将余货附搭夷船往来者尚属不少。夷税增多，常税自形短绌。”[①]咸丰七年，闽海关当局再次将少收的原因归结于洋税：“夷税连年增多，常税自必短少。”[②]咸丰八年（1858年），闽海关虽较上届多征，但较之定额仍属少收，实因“夷税连年征多，常税自必短少”。[③]咸丰九年，又称“外寇虽已远飏，而地方初复，尚在搜捕各处土匪，办理剿捕，良民元气未苏”。[④]咸丰十一年，还是系受战争的影响：“近年江浙各处道途梗塞，商旅多半歇业。又洋税侵占。”[⑤]同治年间，闽海关少收的趋势仍未改变。同治元年（1862年），据称少收的原因是“台湾匪扰，更形短绌，本年洋税比较上届又多征银”。[⑥]同治二年，乃因“近年闽省屡有土匪滋事，内地运出海口货物已多阻滞，江浙逆氛未靖，南北商船又复有减无增”。[⑦]同治三年，少收的原因仍是“近来各处匪扰尚未一律肃清，台湾土匪滋事经年，近年洋税侵占”。[⑧]同治四年，又因“洋税侵占，上年九月，漳州郡城突遭逆匪窜陷，地方蹂躏，商民逃散”。[⑨]同治五年，闽海再次提出洋税侵占，因为“近年洋税将及二百万之多，其侵占情形已可概见。上年漳州失陷，各处税馆被匪焚毁。本届核计，仍被洋税

①《宫中档朱批奏折·财政类·关税》，咸丰六年十二月十七日，户部尚书柏葰折，档案号 04-01-35-0383-003。
②《宫中档朱批奏折·财政类·关税》，咸丰七年九月十五日，福州将军东纯折，档案号 04-01-35-0383-026。
③《军机处录副奏折·咸丰朝·财政类·关税项》，咸丰八年九月十二日，福州将军东纯折，档案号 03-4381-033。
④《军机处录副奏折·咸丰朝·财政类·关税项》，咸丰九年九月十二日，福州将军东纯折，档案号 03-4398-056。
⑤《宫中档朱批奏折·财政类·关税》，咸丰十一年八月十三日，福州将军文清折，档案号 04-01-35-0384-002。
⑥《宫中档朱批奏折·财政类·关税》，同治元年八月十二日，福州将军文清折，档案号 04-01-35-0384-044。
⑦《宫中档朱批奏折·财政类·关税》，同治二年七月十二日，福州将军觉罗耆龄折，档案号 04-01-35-0385-001。
⑧《宫中档朱批奏折·财政类·关税》，同治三年七月十四日，福州将军英桂折，档案号 04-01-35-0385-029。
⑨《宫中档朱批奏折·财政类·关税》，同治四年六月十四日，福州将军英桂折，档案号 04-01-35-0386-007。

侵占”。[①]同治六年，“兵燹之后，商业萧条，各口旧有船只不及十分之四，兼之洋税侵占”，所以少收。[②]同治七年，仍因“通商以来，外国洋船日多，内地商船日少，本届常税比较上年又多收银八千余两”。[③]同治八年，“洋船日多，商船日少，地方被兵，商贾裹足，又兼畏避厘金，多附搭洋船报税”。[④]同治十年，“沿途地方设卡抽厘，内地商货多搭洋船”。[⑤]同治十一年，“洋税侵占，续因沿途地方设卡抽厘”。[⑥]可见越到后期，闽海关越发将少收归结于洋税侵占和厘金的影响。特别是厘金的出现，极大地增加了商人的负担，他们变得不愿意从事贸易。新的税收制度实行后，清代最后几年税收快速增长。[⑦]

（六）粤海常关（1861—1911年）

粤海关位于广东省广州府。1757年以前，清政府只允许外国商船在江海关、闽海关、浙海关和粤海关进行贸易，然而，这些税关的税收很少。根据马

---

①《宫中档朱批奏折·财政类·关税》，同治五年六月十三日，福州将军英桂折，档案号 04-01-35-0386-063。

②《宫中档朱批奏折·财政类·关税》，同治六年六月十三日，福州将军英桂折，档案号 04-01-35-0387-033。

③《宫中档朱批奏折·财政类·关税》，同治七年五月十三日，福州将军英桂折，档案号 04-01-35-0388-003。

④《宫中档朱批奏折·财政类·关税》，同治八年五月十四日，福州将军文煜折，档案号 04-01-35-0388-058。

⑤《宫中档朱批奏折·财政类·关税》，同治十年四月十四日，福州将军文煜折，档案号 04-01-35-0389-070。

⑥《宫中档朱批奏折·财政类·关税》，同治十一年四月十四日，福州将军文煜折，档案号 04-01-35-0390-040。

⑦《军机处录副奏折·光绪朝·财政类·关税项》，光绪三十二年十月初一日，福州将军崇善折，档案号 03-6443-002。台北“故宫博物院故宫”文献编辑委员会:《宫中档光绪朝奏折》第 24 册，光绪三十三年六月初一日，福州将军崇善折，台北：“故宫博物院”，1973 年。第 578-579 页。《军机处录副奏折·光绪朝·财政类·关税项》，光绪三十三年六月十二日，福州将军崇善折，档案号 03-6446-023。《军机处录副奏折·光绪朝·财政类·关税项》，光绪三十一年十二月初十日，福州将军崇善折，档案号 03-6432-058。《军机处录副奏折·光绪朝·财政类·关税项》，光绪三十二年十二月二十日，福州将军崇善折，档案号 03-6443-019。中国第一历史档案馆:《光绪朝朱批奏折》第 75 辑，光绪三十四年九月二十六日，闽浙总督松寿折，北京：中华书局，1995 年，第 193 页。《军机处录副奏折·光绪朝·财政类·关税项》，宣统二年九月初六日，闽浙总督松寿折，档案号 03-7506-055。

士（H. B. Morse）的《东印度公司对华贸易编年史（1635—1834）》，从 1664 至 1753 年的 90 年间，共有 199 艘来自东印度公司的船只活动于中国，其中 153 艘在粤海关进行贸易（即所有船只的 77%）。闽海关仅有 26 艘，浙海关仅有 17 艘，而江海关只有 1 艘。①1757 年以后，乾隆下令所有外国船只仅能在粤海关进行贸易。这一情形持续到 1842 年，中英《南京条约》开放五个通商口岸（包括粤海关）。从长时段的视角来看，粤海关曾是唯一征收国际贸易税的口岸，这一情况将会在后文分析。为了简化讨论，本书将 1842 年以前的粤海关视为洋关。1861 年以后，粤海关分为粤海常关和粤海洋关。

在本节中仅说明 1861 年以后粤海关常关的税收情况。在 1861—1911 年，1879 年是唯一有两个税收数据的年份。与其他税关一样，是因为使用阴历的缘故。

如图 5.6 所示，从整体来看，晚清时期粤海关的税收是逐渐增长的，但 1902 年以后因为实行了新的税收制度，关税上升尤其迅速。税收在 1905 年达到峰值，是因为关期系从光绪三十年十一月初四日至三十一年十二月底，共计 13 个月 27 天，远比其他关期长。②

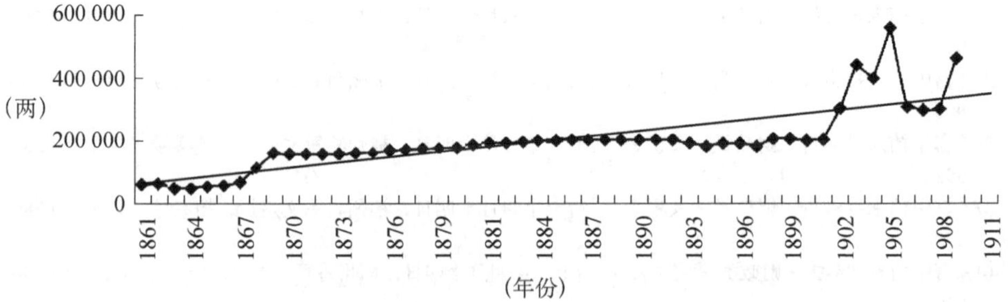

图 5.6　粤海常关税收趋势示意图（1861—1911 年）

① Morse H B，*The Chronicles of the East India Company Trading to China（1635-1834）*，Cambridge：Harvard University Press，1926，pp 309-321.

②《军机处录副奏折・光绪朝・财政类・关税项》，光绪三十二年八月十六日，署两广总督岑春煊折，档案号 03-6490-045。

（七）东海关

东海关始设于同治元年（1862 年）六月十八日，考虑到国际贸易的发展，烟台需要建立本地关口，而最靠近的税关在天津，距离太远（大约 600 千米）。与粤海关一样，东海关也分为两种类型的税关，即常关（征收国内货物税）和洋关（征收外国货物税）。最初没有设置定额。1875 年清政府定东海关的正额为 70 000 两。①

图 5.7 仅显示了东海常关自创关以后的税收趋势。两个税收数据的情况仅在 1876 年被发现，如其他税关一样，是因为闰月的积累所至。②可以看出，和粤海关一样，东海关的税收呈增长趋势。特别是 1902 年以后，税收骤然上升，随着实行新的征税制度，在 1905 年达到峰值。③

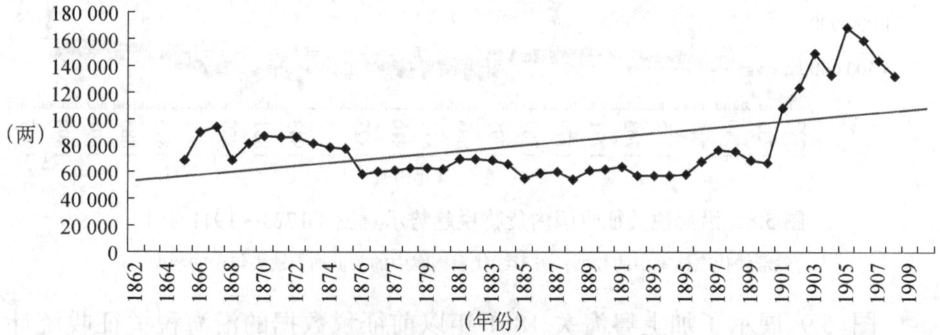

图 5.7　东海关税收趋势示意图（1861—1911 年）

（八）本章小结

粤海关是清代沿海地区最大的税关。为了方便比较常关和洋关，首先

---

①《军机处录副奏折·光绪朝·财政类·关税项》，光绪元年八月初二日，山东巡抚丁宝桢折，档案号 03-6329-017。

②《军机处录副奏折·光绪朝·财政类·关税项》，光绪二年闰五月二十九日，山东巡抚丁宝桢折，档案号 03-6331-016。《军机处录副奏折·光绪朝·财政类·关税项》，光绪三年六月初三日，山东巡抚李元华折，档案号 03-6333-085。

③ 中国第一历史档案馆：《光绪朝朱批奏折》第 74 辑，光绪三十一年十一月十九日，署山东巡抚杨士骧折，北京：中华书局，1995 年，第 715 页。

关注的不包括 1861 年以前粤海关税收数据，而仅包括 1861 年粤海关常关税收数据的情况。

前四个峰值可以解释为受阴历影响，这些年份有两个税收数据。如在 1781 年浙海关和闽海关有两个税收数据，因此这些年份的税收高于普通年份。图 5.8 所示的关税趋势大体上保持增长，仅在发生重大事件时才会出现下降，如第一次鸦片战争。随着新征税制度的实行，整个清代的最高点出现在 1905 年。图 5.8 还表明沿海地区经济的发展比内陆地区更快且更有成效。

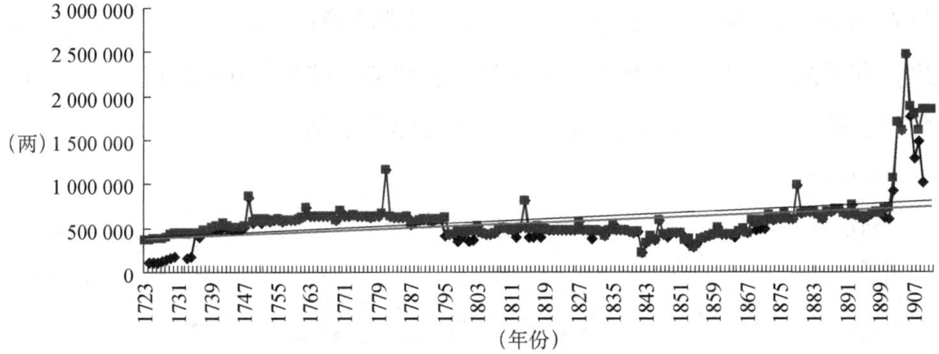

图 5.8　沿海税关征收国内货物税趋势示意图（1723—1911 年）

菱形线代表档案中的数据；方形线代表档案中的数据加上缺失年份的数据

图 5.9 展示了加上粤海关 1861 年以前征税数据的沿海税关征收统计趋势。

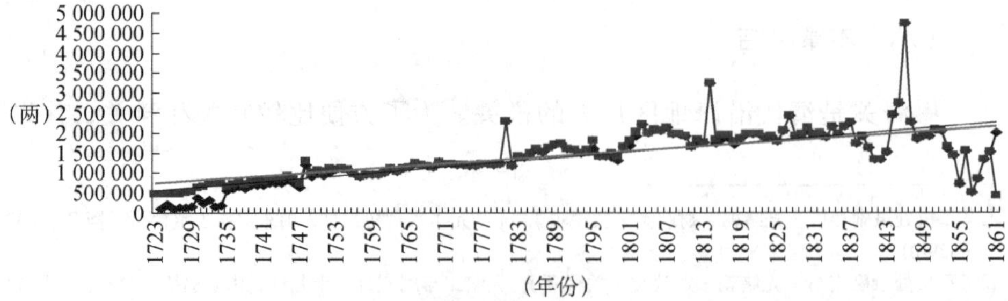

图 5.9　沿海税关税收趋势示意图（包括粤海关）（1723—1911 年）

菱形线代表档案中的数据；方形线代表档案中的数据加上缺失年份的数据

图 5.8 和图 5.9 的区别显示，1861 年以前，由于粤海关征收的国际贸易而带来的税收走势差异。在图 5.9 可以看出，1796 年以前沿海税关的税收经历了更大的增长（特别是当与运河长江沿线税关的关税收入对比时）。这也证实了清代经济活动的确是从内陆向沿海转移。

嘉道时期，税收依然保持稳定。1850 年以后，即太平天国运动时期，沿海税关的税收下降的很快，因为距离战场很近，江海关和浙海关所受影响更大；其他沿海税关也不同程度地受到战争的影响。

第六章　洋　　关

清代洋关在财政中的表现，可以通过 1861 年前后关税数据的对比得到最好的检验。1861 年以后的税收数据已经由汤象龙整理，尽管该书的数据有些错误，但笔者本章的研究，显然还是建立在汤先生著作的基础上的。

1861 年在中国关税发展史上的关键意义，可以从晚清时期所发生的事情中得到印证。根据中英《南京条约》，1843 年底在上海设置了江海洋关；仅一个月后设置了浙海洋关；接着，1844 年厦门和福州开放通商，直到 1853 年之前清廷依然控制着这些洋关。1853 上海爆发了小刀会起义，江海洋关的征税更加困难。面对不断发展的混乱局面，英、美、法三国决定接管江海洋关。清政府无奈地接受了这一事实，这样江海洋关成为中国历史上第一个由西方控制的洋关。

第二次鸦片战争（1856—1860 年）后，清政府和英、美、法、俄四国签订了《天津条约》（1858 年）；两年后，与英国、法、俄三国签订了《北京条约》，清政府不得不向西方开放更多的口岸。考虑到与太平军、西方列强之间的冲突，以及西方列强对江海洋关的成功管理，清政府决定同意由西方帮助负责洋关的征税事宜。1855 年，清政府建立了中国海关总税务司，1858 年英国人李泰国（H. N. Lay）成为首任长官。1861 年，中国海关总税务司设立监督一职，监督有义务向总理衙门（总理各国事务衙门）奏报事务，洋关从此开始由外国人控制。这一年总税务司著名的监督赫德（Robert Hart）上任，洋关逐渐发展成一个管理我国河运、海运等各种事宜的机构，尽管由西方单独管理，但洋关还是成为清政府最重要的财政收入来源。

1900年，义和团运动爆发，八国联军占领北京后，敌对状态结束，从而解除了对外国使馆区的封锁。次年签署的《辛丑条约》有一项条款，中国必须向西方列强联军支付战争赔款。结果，清政府不得不同意靠近洋关的常关（50里）也交给西方管理。这不仅是为了征收更多的关税，还是作为中国将会满足《辛丑条约》中安排向西方列强赔款的保证。正如第三章、第四章和第五章小节中所述的，这一新的征税制度促进了关税的增长。

（一）粤海关（1865—1861年）

粤海关（表 6.1）位于广州，始设于1685年，即康熙收复台湾的两年后。粤海关有自己的粤海关监督，与督抚同级。因为其在很长一段时间内垄断了国际贸易，1850年以前粤海关是中国最大的税关也是合乎情理的。

表 6.1 清代粤海关税额表 （单位：两）

年份	康熙年间	1688	1699	1799
正额	91 740.5	82 362	39 030	43 564
盈余				855 500
合计	91 740.5	82 362	39 030	899 064

从图 6.1 可以看到，雍正、乾隆时期，粤海关的税收增长了5倍，逐渐从200 000两增加至1 200 000两，这一巨额的增长是中外贸易发展的结果。由于年深日久，洋行制度颇有缺陷，特别是拖欠洋商货款与鸦片走私成为非常严重的事件。时有提议对其进行改革，但始终未能成功。例如，嘉庆五年（1800 年），粤海关监督佶山就密奏称："所有一切榷务，悉照旧章办理，勿事更张。"这也得到了嘉庆皇帝的高度赞扬："洋行之本，总须

正己董率，切勿剥削，汝斟酌既妥，即照汝所办可也。密奏甚属可嘉。”① 然而，嘉道时期，一些突发事件偶尔会打断粤海关税收上升的趋势。例如，海盗蔡牵所领导的大范围劫掠，导致 1811 年广东巡抚决定关闭所有的税口，并禁止船只离港。②随着贸易中断，税收也相应地下降。

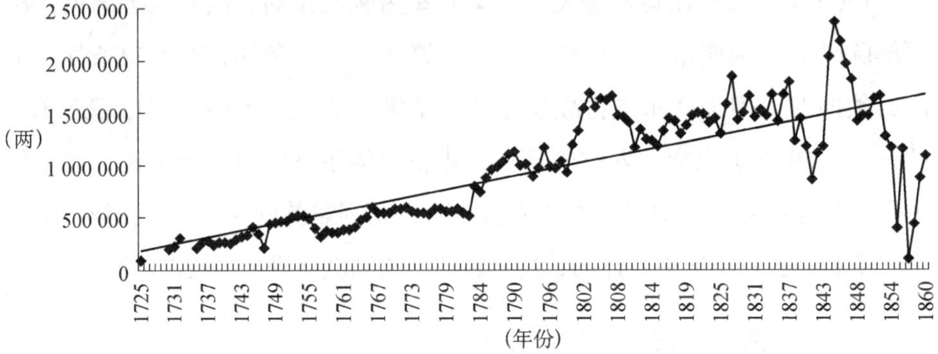

图 6.1　粤海关税收趋势示意图（1725—1860 年）

如图 6.1 中所示，第一次鸦片战争对粤海关的税收带来了灾难性的影响，1839 年，道光皇帝派遣钦差大臣林则徐（1785—1850 年）前往广东禁烟，他迅速开始了行动。粤海关的税收，自林则徐禁烟开始即受影响，据道光二十年（1840 年）的奏报可知，“粤海关税课向以进口夷船为大宗”，林则徐收缴趸烟，自十九年三月二十六日至二十年三月二十五日，共进口外国船只 93 只，相较上届 138 只减少 33%；所征收的税银也由 144 万余两减至 118 万余两，减少 19%，“船数税数均属减少”③。鸦片战争进行的第一年，从三月二十五日至十二月底，广州进口夷船只更减至 13

① 《宫中档嘉庆朝奏折》，嘉庆五年二月二十八日，粤海关监督佶山折，档案号 005196，台北“故宫博物院”藏。

② 《宫中档朱批奏折・财政类・关税》，嘉庆十六年三月二十日，粤海关监督常显折，档案号 04-01-35-0366-007。

③ 《宫中档朱批奏折・财政类・关税》，道光二十年四月二十一日，粤海关监督豫堃折，档案号 04-01-35-0379-028。

只，“不及往年十分之二”。[①]而二十年三月二十六日至二十一年三月二十五日的征收关期内，粤海关全年共仅征银 86 万两，远不及道光前期的 140 万—180 万两的规模，且连额征正数也未能达标。[②]“盖由英夷及港脚之船既经停其贸易，而各国之船又为英夷拦阻，不能进口，是以六月后正当征输畅旺之时，转致短绌”[③]，这也是整个嘉道时期粤海关的最低奏销额数。在道光二十二年（1842 年）分关期（即二十一年三月二十六日至二十二年二月二十五日）和二十三年分关期（至二十三年二月二十五日），因广州地区战事未平，故这两个年度的关税实征数分别为 111 万和 118 万，仍未达到正常的水平。[④]

根据中英《南京条约》，上海、宁波、厦门和福州和广州开放通商，江海洋关、浙海洋关、厦门洋关和福州洋关，与粤海关一样，被赋予了征收外国货物关税的权力。最初清政府担心这些新的口岸会削弱和损害粤海关的地位，坚持“粤海关原定税额”，即主张通筹沿海五关税收，“此后粤海关如有征不足数，应请暂于福州、厦门、宁波、上海四关所征西洋各国货税内拨补足数，即由各海关径自报拨，其额外赢余，各归各关，尽收尽解”。同时，还想循旧例，对五口征税试行三年，察看五口每年可征税银若干，再将粤海关定额匀归各口，作为定额，如有盈余，仍以额外盈余报拨。简而言之，清政府是担心粤海关不能像以前那样征收那么多的关税。然而，经过多年的实践，他们发现粤海关所征的关税在保持旧额的基础上甚至出现了增长。[⑤]“不但有盈无绌，抑且多至数倍”，这才决定粤海关之

---

①《军机处录副奏折·道光朝·财政类·关税项》，道光二十年[缺奏报时间]，无奏报人，档案号 03-3165-083。

②《宫中档朱批奏折·财政类·关税》，道光二十一年六月初八日，粤海关监督克明额折，档案号 04-01-35-0379-049。

③《军机处录副奏折·道光朝·财政类·关税项》，道光二十一年六月十二日，大学士潘世恩等折，档案号 03-3165-091。

④《宫中档朱批奏折·财政类·关税》，道光二十三年三月二十六日，粤海关监督文丰折，档案号 04-01-35-0379-055。

⑤ 文庆：《道光朝筹办夷务始末》卷 67，上海：上海古籍出版社，2007 年。

原定额数，毋庸匀归各口分摊，而是改为各口所征，“尽收尽解”[①]，取代了以往的定额征解办法。

1846年，因为使用阴历，有两个关期，税收分别是2 186 530两和1 927 089两，所以这一年的税收总量是如此之高。[②]尽管如此，上海、宁波、厦门和福州的洋关也同样拥有征收国际贸易税的权力，并且它们在1840年以后很快就开始挑战粤海关的中转口岸地位。

随着太平天国运动爆发，粤海关的关税减少得很快，因为大多数货物都来自江苏和浙江，那里是大部分战斗的发生地，道路阻断，商业凋零。咸丰四年（1854年），粤海关较上年少收，“因广潮惠各属口岸，土匪滋事，所设税馆间有被盗，盘踞滋扰，税饷悉难如旧”。[③]咸丰八年之少收，仍因“各口因贼匪窜扰，路途阻滞”。[④]同治七年，粤海关被切分为常关和洋关，分别奏折，同时将粤海关常税之正项盈余每年加增银至156 511两。结果发现，至同治六年五月二十五日常税关期报满，粤海关除新定正额征足外，核计新加盈余十万两，“虽竭力稽征未能足额”。六年五月二十六日至七年闰四月二十五年一年，除正额征足外，新加盈余短收四万余两，“仍未足数”。以前常洋不分，混合奏报，但自更定新章，厘定常洋两税后，“洋船载货不分中外物产，但附洋船均为洋税，近来内地商贾运载土货，无不附搭轮船。因其行走既速，更无盗贼、风涛之虞，是以洋税每年征收数目有盈无绌。其常税不过民间日用杂物，成本既轻，税则亦薄”，故只能请将粤海关新加常税盈余银十万两每年酌减四万两。[⑤]但太平天国起义被镇压

---

① 中国史学会主编：《第二次鸦片战争》（一），上海：上海人民出版社，1979年，第373—375页。

②《宫中档朱批奏折·财政类·关税》，道光二十七年二月初一日，粤海关监督基溥折，档案号04-01-35-0380-043。

③《宫中档朱批奏折·财政类·关税》，咸丰四年十一月十九日，粤海关监督曾维折，档案号04-01-35-0382-056。

④《军机处录副奏折·同治朝·财政类·关税项》，同治元年正月二十四日，两广总督劳崇光折，档案号03-9491-031。

⑤《宫中档朱批奏折·财政类·关税》，同治七年七月十三日，粤海关监督师曾折，档案号04-01-35-0388-011。

后，粤海关的税收又很快得到恢复。

（二）江海洋关（1844—1861年）

根据《南京条约》，上海必须开放通商。江海洋关是依据这个条约第一个被开放的关口，并在1843年底开始征收国际贸易税。江海洋关起初沿用粤海关的征税关期，故于1846年出现了2个征税数据。[①]

1855年，在小刀会起义期间，起义者控制了上海，所有的征税活动停止。英、美、法三国决定接管江海关，并自行征税。清政府不得不同意这一接管，不过西方当局在起义被镇压后，将他们所征的关税移交给了清政府。通过这种方式，江海洋关成为第一个被西方列强控制的税关。[②]江海洋关在1861年以前采用和粤海关一样的关期，因为使用阴历，1846年有两个税收数据。

图 6.2显示，江海洋关的税收最初是不断增长的。1850年太平天国运动爆发后，税收开始很快的下滑。此后在西方列强的管理下再一次增长。尽管如此，1861年的税收还是非常低，这不是因为经济因素，而是因为关期仅有20天（从七月二十六日至八月十七日）。[③]

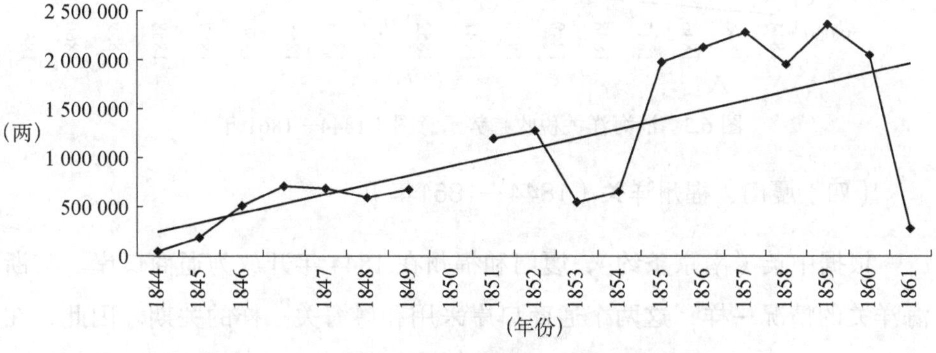

图 6.2 江海洋关税收趋势示意图（1844—1861年）

①《军机处录副奏折·道光朝·财政类·关税项》，道光二十六年三月二十五日，江苏巡抚李星沅折，档案号03-3168-007。道光二十七年三月初一日，江苏巡抚陆建瀛折，档案号03-3168-062。

②《内阁户科题本·财政类·关税》，咸丰七年四月二十八日，江苏巡抚赵德辙折，档案号02-01-04-21618-003。

③ 录副奏折，档案号3-4873-73。在附录3，笔者把这些税收和汤象龙的数据合并在一起。

从 1861 年起，所有洋关的管理权都交给了西方列强。因为位于晚清中国最重要的城市之一——上海，江海关在关税收入上很快超过了粤海关，并迅速成为最大的国际贸易口岸。

（三）浙海洋关（1844—1861年）

浙海洋关位于宁波府，宁波是在中英《南京条约》规定下开放的通商口岸。浙海洋关开放于 1844 年正月。由于和粤海关采用同样的关期，浙海洋关在 1846 年也有两个税收数据。①

如图 6.3 可以看出，在 1860 年以前的税收是非常小的。只有在西方管理后，关税额才开始增长。

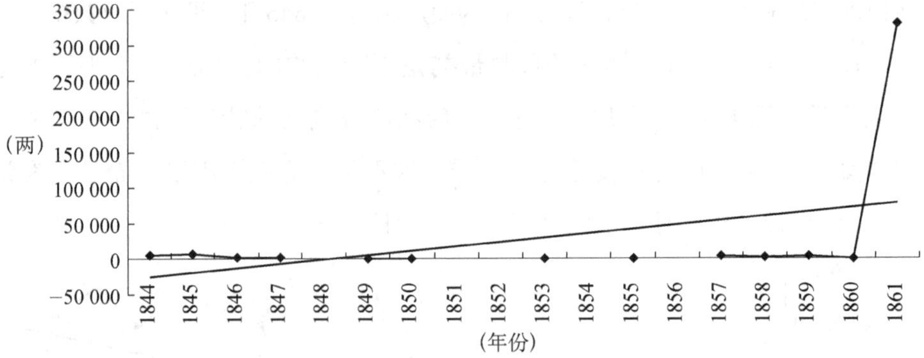

图 6.3　浙海洋关税收趋势示意图（1844—1861 年）

（四）厦门、福州洋关（1844—1861年）

根据中英《南京条约》，厦门和福州在 1844 年开放为通商口岸。与浙海洋关的情况一样，这两个通商口岸采用和粤海关一样的关期。因此，在 1846 年有两个税收数据。②

①《宫中档朱批奏折·财政类·关税》，道光二十八年二月初九日，粤海关监督基溥折，档案号 04-01-35-0380-058。道光二十九年十二月二十一日，粤海关监督明善折，档案号 04-01-35-0381-049。

②《宫中档朱批奏折·财政类·关税》，道光二十七年二月十六日[朱批时间]，无奏报人，档案号 04-01-35-0380-041。《军机处录副奏折·道光朝·财政类·关税项》，道光二十七年二月十六日，福州将军敬敫折，档案号 03-3168-052。

如图 6.4 可以看出，厦门和福州所征关税在 1853 年以后有着非常稳定的增长趋势。

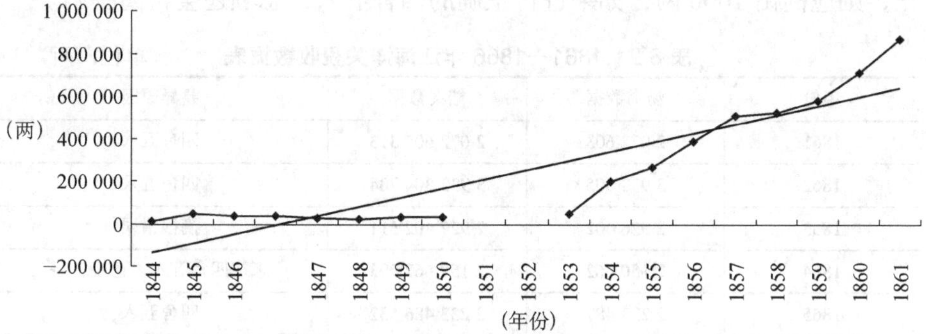

图 6.4　厦门、福州洋关税收趋势示意图（1844—1861 年）

（五）1861 年之后的洋关

正如第一章所述，1861 年以后洋关所征的关税已经由汤象龙搜集、整理出版。在其《中国近代海关税收和分配统计：1861—1910》中，汤象龙列出了 1861—1910 年洋关的关税数据。汤书的数据是从汤象龙和其他学者在 20 世纪 30 年代年代抄录的抄档中搜集而来，这些抄档现藏于中国社会科学院经济研究所图书馆。抄档抄录于中国第一历史档案馆（北京），包括朱批奏折和录副奏折。由于各种原因，一些档案原件已经遗失，而抄档本身则变成了“原始”资料。尽管如此，汤书的数据也还是存在一些不足。

汤书列出了 1861—1910 年的 30 个洋关的数据，因此数据的体量非常庞大，笔者无法逐个讨论。这里使用江海洋关的数据，说明发现的各类不准确数据现象。

汤书将江海洋关视为最早、最大的洋关。《军机处录副奏折 · 同治朝 · 财政类 · 关税项》（同治五年，《呈江海关洋税各届收支数目清单》，档案号 03-4873-073）中的资料包含了 1861 年八月十七日至 1866 年八月二十二日的税收数据。

从表 6.2 可以看出，1861—1862 年和 1865—1866 年汤书的数据是正确的。1864 年的数值如果四舍五入则会高出一两，而 1863 年的数据如要修正，则应高出 1000 两，如果进行正确的四舍五入，总额还会再高一两。

表 6.2 1861—1866 年江海洋关税收数据表 （单位：两）

年份	汤书数据	档案数据	差异原因
1861	2 072 603	2 072 603.313	四舍五入
1862	3 933 305	3 933 304.704	四舍五入
1863	2 926 402	2 927 402.511	摘抄错误
1864	2 150 662	2 150 662.993	未按四舍五入，直接忽略
1865	2 233 487	2 233 486.532	四舍五入
1866	2 164 052	2 164 051.573	四舍五入

《军机处录副奏折·光绪朝·财政类·关税项》(光绪二年正月二十六日，江苏巡抚吴元炳折，档案号 03-6330-026）中的资料包含 1873—1875 年的税收数据（表 6.3）。

表 6.3 江海洋关税收数据表（1873—1875 年） （单位：两）

年份	汤书数据	档案数据	差异原因
1873	3 294 165	3 294 164.507	四舍五入
1874	3 607 757	3 607 757.843	未按四舍五入，直接忽略
1875	3 610 700	3 608 000.269	抄录错误

《军机处录副奏折·光绪朝·财政类·关税项》(光绪五年二月二十七日，江苏巡抚吴元炳折，档案号 03-6339-040）中包含 1876 年的数据，这一年关税共 3 691 491.396 两，但汤书的数额为 3 690 861 两。这一差别非常不常见，不可能是因为四舍五入。这一年的数据可以分为 7 个部分，每一部分来源于关税的不同种类：华商进出口正税、洋商进出口正税、洋商复进口半税、内地子口税、华商船税、洋商船税、洋商洋药税。

表 6.4 的提供了 1876 年异常差异的线索：3 691 491.396 两（正确数额）和 3 690 861 两（错误数额）出现不同，是因为华商船税正确的 2815

两被错误的摘抄为 2185 两。

表 6.4 1876 年江海洋关税收数据表 （单位：两）

名称	汤书数据	档案数据	差异原因
华商进出口正税	12 550	12 550.199	四舍五入
洋商进出口正税	2 193 325	2 193 325.161	四舍五入
洋商复进口半税	163 362	163 361.858	四舍五入
内地子口税	349 848	349 848.032	四舍五入
华商船税	2 185	2 815.216	摘抄错误
洋商船税	105 968	105 967.502	四舍五入
洋商洋药税	750 623	750 623.428	四舍五入

类似的错误还影响了 1882 年的税收数据。《军机处录副奏折・光绪朝・财政类・关税项》（光绪九年九月初三日，江苏巡抚卫荣光折，档案号 03-6349-078）的数额为 4 350 181.136 两，但汤书记录的是 4 349 682 两。这是因为摘抄洋商进出口正税时出现了错误：应该为 203 941.274 两，而汤书显示其为 203 441 两，这一错误反映出总额的差异。

根据《军机处录副奏折・光绪朝・财政类・关税项》记载（光绪十一年七月初三日，江苏巡抚卫荣光折，档案号 03-6353-035），1884 年的税收数据应是 3 819 202.223 两，而汤书记载为 3 819 195 两，相差 7 两。在检查档案中的资料后，笔者发现洋商洋药税应该是 966 086.126 两，但在汤书记为 966 081 两，相差 5 两。同时，华商船税是 10 801 558 两，汤书忽略了小数位。洋商进出口正税是 123 710.67 两，但汤书忽视了将其一起进行四舍五入。当考虑到所有的这些错误，这 7 两的差异就可以解释清楚了。

汤书数据和档案数据的其他一些差异，可以在表 6.5 中找到。

表 6.5 1879—1886 年江海洋关税收数据表 （单位：两）

年份	汤书数据	档案数据	差异原因	档案
1879	4 020 741	4 020 741.333	四舍五入	《军机处录副奏折・光绪朝・财政类・关税项》光绪七年闰七月二十七日，护理江苏巡抚谭钧培折，档案号 03-6346-064

续表

年份	汤书数据	档案数据	差异原因	档案
1881	4 653 373	4 653 373.153	四舍五入	《军机处录副奏折・光绪朝・财政类・关税项》光绪九年九月初三日，江苏巡抚卫荣光折，档案号 03-6349-078
1883	3 820 888	3 820 888.83	没有四舍五入，直接忽略	《军机处录副奏折・光绪朝・财政类・关税项》光绪十年十月二十五日【朱批时间】，江苏巡抚卫荣光折，档案号 03-6351-30
1885	4 199 277	4 199 277.28	四舍五入	《军机处录副奏折・光绪朝・财政类・关税项》光绪十二年九月初五日，江苏巡抚崧骏折，档案号 03-6357-055
1886	4 546 976	4 547 976.217	抄录错误	《军机处录副奏折・光绪朝・财政类・关税项》光绪十三年七月十五日，江苏巡抚崧骏折，档案号 03-6361-013

表 6.5 中所列的与笔者已经讨论过的相似。总之，汤书江海洋关的税收数据存在一些错误，主要是因为四舍五入，或没有四舍五入而直接省略尾数，或抄录错误，或是这些的结合。

根据以上原则，笔者修正了其余各海关的关税数据，特别是镇海洋关（1875—1880 年，1882 年，1884—1886 年）、杭州洋关（1897—1898 年）、浙海洋关（1865—1868 年，1871—1872 年，1874—1876 年，1878—1880 年，1882 年，1884—1886 年，1897—1898 年）、闽海洋关（1872 年，1875 年，1877—1880 年，1882—1887 年）、台湾洋关（1871 年，1875 年，1877—1879 年，1881—1886 年，1888—1892 年）、岳州洋关（1906—1907 年）、沙市洋关（1897—1899 年，1902 年，1904—1907 年）、宜昌洋关（1889—1890 年，1892 年，1894—1895 年，1898—1900 年，1902—1905 年）、重庆洋关（1906 年）、梧州洋关（1898 年，1901 年，1903—1907 年）、镇南洋关（1894—1895 年，1897—1900 年，1902 年，1904—1906 年）、蒙自洋关（1891—1892 年，1895 年，1897—1901 年，1903—1907 年）、思茅洋关

（1892 年，1895 年，1897—1901 年，1903—1907 年）和腾越洋关（1902—1906 年）。

其中一些税关的数据相差稍大。例如，镇江洋关 1884 年的关税为 148 415.257 两，而汤书的摘抄为 148 445 两。类似的，岳州洋关 1907 年的税收应为 20 425 两，而不是 20 465 两；宜昌洋关 1890 年的税收数据系将 207 418.098 两误抄为 207 488 两；闽海洋关 1872 年的税收数据系将 2 293 308.047 两误抄为 2 293 208 两；台湾洋关 1891 年的税收数据应为 1 089 846.438 两，而不是 1 089 447 两。

档案资料（03-6418-016，光绪二十七年十二月十六日，广西巡抚丁振铎折）显示，梧州洋关 1901 年的华商进出口正税应为 192 658.522 两，但汤书记为 192 699 两。梧州洋关 1901 年 336 033 两的总额，应该改为 335 993.47 两。

此外，根据档案（03-6443-028，光绪三十三年正月二十六日，云贵总督丁振铎折；03-6450-020，光绪三十四年二月初五日，云贵总督锡良折），蒙自洋关 1906、1907 年的关税分别是 288 976.484 两和 225 466.683 两，但在汤书中被记为 289 046 两和 225 967 两。在细致地检查后，笔者发现这是因为汤书将这两年所收的土药统税银 70 两、500 两，分别加入到相应年份的关税中。

根据《光绪朝朱批奏折》记载，浙海洋关 1897、1898 年的税收分别是 1 022 547 两和 702 028 两，但汤书则记为 1 022 908 两和 702 029 两。

表 6.6 大体上展示了档案数据和汤书数据的不同。

表 6.6 1861—1910 年洋关税收数据 （单位：两）

年份	汤书数据	档案数据	误差	年份	汤书数据	档案数据	误差
1861	5 036 371	5 036 371	0	1865	7 937 975	7 937 974	1
1862	7 559 870	7 559 870	0	1866	8 906 692	8 906 691	1
1863	8 556 476	8 557 477	−1 001	1867	8 927 309	8 927 310	−1
1864	8 377 014	8 377 015	−1	1868	9 887 484	9 887 485	−1

续表

年份	汤书数据	档案数据	误差	年份	汤书数据	档案数据	误差
1869	9 631 531	9 631 531	0	1890	21 984 309	21 984 239	70
1870	9 760 247	9 760 247	0	1891	23 126 136	23 126 536	−400
1871	10 717 471	10 717 470	1	1892	22 808 391	22 808 397	−6
1872	11 605 818	11 605 919	−101	1893	22 066 185	22 066 185	0
1873	11 181 872	11 181 872	0	1894	22 797 364	22 797 028	336
1874	11 910 223	11 910 224	−1	1895	20 984 970	20 985 110	−140
1875	12 171 811	12 169 112	2 699	1896	22 040 654	22 040 654	0
1876	12 572 216	12 572 847	−631	1897	22 672 911	22 672 550	361
1877	12 293 699	12 293 700	−1	1898	21 828 055	21 828 054	1
1878	12 455 213	12 455 212	1	1899	26 015 231	26 015 232	−1
1879	13 196 197	13 196 197	0	1900	24 090 590	24 090 590	0
1880	14 346 406	14 346 406	0	1901	23 923 670	23 923 631	39
1881	15 052 722	15 052 722	0	1902	28 377 186	28 377 190	−4
1882	14 488 272	14 488 772	−500	1903	30 423 243	30 423 205	38
1883	13 603 926	13 603 925	1	1904	30 206 504	30 206 506	−2
1884	13 738 336	13 738 314	22	1905	32 675 574	32 675 574	0
1885	14 178 227	14 178 229	−2	1906	34 968 046	34 967 986	60
1886	15 263 475	15 263 475	0	1907	33 198 319	33 197 778	541
1887	20 081 682	18 447 644	1 634 038	1908	32 930 162	32 930 162	0
1888	23 094 267	23 094 267	0	1909	33 205 087	33 205 087	0
1889	21 929 723	21 929 721	2	1910	34 518 859	34 518 859	0

资料来源：汤象龙：《中国近代海关税收和分配：1861—1910》，北京：中华书局，2005 年，第 289-273 页；相关奏折

如表 6.6 所示，尽管汤书中有一些不足，但其依然可靠，且有很大的用处。笔者将在其数据的基础上，增补正确的数据，以计算出税收总量。

（六）本章小结

汤象龙的研究对晚清洋关所征收的七种不同关税进行了说明。

第一种是华商进出口正税，来源于 1842 年签订的中英《南京条约》，规定所有征税货物按其价值的 5%抽税。后来，又对此做了一些调整，使真正的税率降至 3%，这是世界上最低的税率。直到 1901 年，因为义和团运

动，实际的税率重新增至 5%。[①]

第二种关税是洋商洋药税，来源于 1858 年的《天津条约》，规定所有进口的鸦片每百斤征税 30 两。[②]

第三种关税是内地子口半税，其创设是为了平衡厘金的影响。晚清开征厘金后，因为各种厘金遍地征收，外商在中国进行贸易时受阻。为了减少厘金带来的税收压力，《天津条约》规定外国货物在征收 2.5%的内地子口半税后，不需要再交纳厘金。[③]

第四种关税是洋商复进口半税，实行于 1861 年。依惯例只有本国商民可以在内地贸易，如果外国商人的货物进口后，又运往中国其他地方，将会抽收复进口半税，和内地子口半税一样，税率为货物价值的 2.5%。[④]

第五种关税是实行于 1858 年的洋药厘金：在洋药税的基础上加征 30 两，因此进口鸦片每百斤征税 80 两。[⑤]

第六种是土药税和土药厘金，实行于 1887 年，对国内（非进口）鸦片每百斤征税 110 两，也就是和进口（外国）鸦片一样的税率。[⑥]

第七种关税是华商船税，按船只的吨位征税。来源于 1842 年的中英《南京条约》，150 吨及以上的船舶每吨征银 0.5 两，150 吨以下的船舶每吨征银 1 两。1858 年税率改为 150 吨以上船舶每吨 0.4 两，150 吨以下的船舶每吨 1 两。[⑦]

清代洋关的税收趋势如图 6.5a、图 6.5b 和图 6.5c。

从图 6.5a 可以看出，1861 年以前的税收有一个急剧增长的过程，从低于 1 000 000 两增长至 4 000 000 两，最高点理所当然的出现在 1846 年，是因为该年有两个税收数据。1781 年和 1814 年的税收数据也有点高，是因为这两年粤海关有两个税收数据。1861 年以后，每年的关税甚至比之前增加

① 汤象龙：《中国近代海关税收和分配统计：1861—1910》，北京：中华书局，2005 年，第 14 页。
② 汤象龙：《中国近代海关税收和分配统计：1861—1910》，北京：中华书局，2005 年，第 15 页。
③ 汤象龙：《中国近代海关税收和分配统计：1861—1910》，北京：中华书局，2005 年，第 15 页。
④ 汤象龙：《中国近代海关税收和分配统计：1861—1910》，北京：中华书局，2005 年，第 16 页。
⑤ 汤象龙：《中国近代海关税收和分配统计：1861—1910》，北京：中华书局，2005 年，第 17 页。
⑥ 汤象龙：《中国近代海关税收和分配统计：1861—1910》，北京：中华书局，2005 年，第 17 页。
⑦ 汤象龙：《中国近代海关税收和分配统计：1861—1910》，北京：中华书局，2005 年，第 18 页。

的更快，从 5 000 000 两增长到 35 000 000 两。当然，这样的增长对清代的财政结构也产生了巨大的影响。

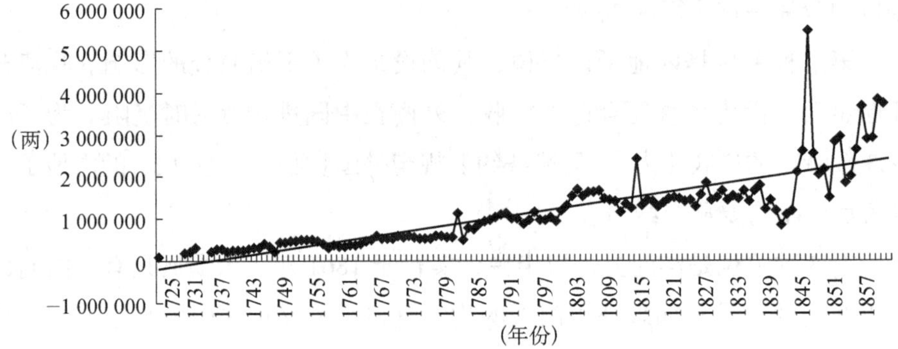

图 6.5a　洋关税收趋势示意图（1723—1860 年）

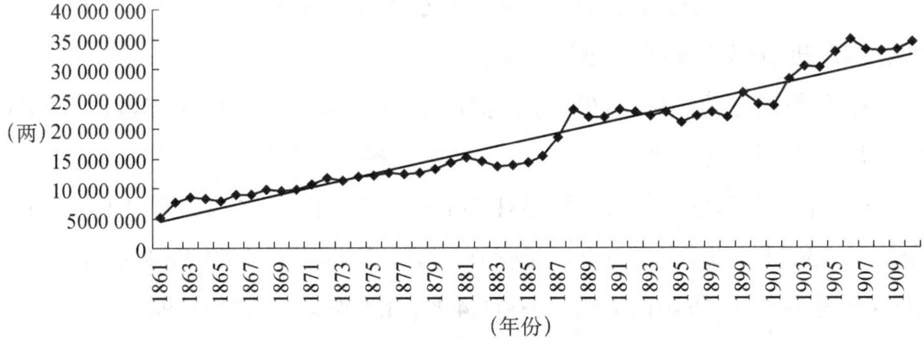

图 6.5b　洋关税收趋势示意图（1861—1911 年）

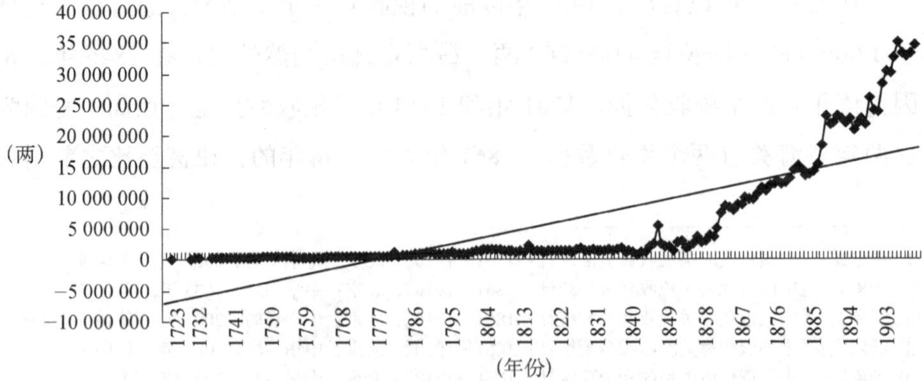

图 6.5c　洋关税收趋势示意图（1723—1911 年）

第七章　关税和经济

（一）常关与洋关

正如在导言中所解释的，笔者在研究中将税关分为两类，即常关（针对国内贸易的关口）和洋关（针对国际贸易的关口）。利用附录中的税收数据，总结清代各关所征的关税数据，编制了表7.1。

表7.1　清代常关、洋关税收数据表　　（单位：两）

年份	常关税收量	常关加上缺失数据后税收量	洋关税收量	关税总量	加上缺失数据后的税收总量
1723	175 094.95	3 211 753.60		175 094.95	3 211 753.60
1724	439 454.08	3 135 668.80		439 454.08	3 135 668.80
1725	779 876.75	3 236 678.50	97 294.56	877 171.31	3 333 973.06
1726	802 846.19	3 249 121.30		802 846.19	3 249 121.30
1727	847 448.46	3 423 694		847 448.46	3 423 694.00
1728	1 227 389.59	3 278 724.40		1 227 389.59	3 278 724.40
1729	1 074 321.55	3 375 394.70		1 074 321.55	3 375 394.70
1730	1 450 056.14	3 373 984.50	198 062.09	1 648 118.23	3 572 046.59
1731	787 349.79	3 390 198.70	228 659.70	1 016 009.49	3 618 858.40
1732	1 270 733.35	3 524 056.20	309 107.92	1 579 841.27	3 833 164.12
1733	1 768 135.29	3 803 698.30		1 768 135.29	3 803 698.30
1734	1 776 623.42	3 959 971.50		1 776 623.42	3 959 971.50
1735	3 566 135.04	3 905 231.30	216 000	3 782 135.04	4 121 231.30
1736	3 463 244.27	3 867 597.20	271 953.53	3 735 197.80	4 139 550.73
1737	3 245 407.03	3 942 507.70	285 154.91	3 530 561.94	4 227 662.61
1738	2 947 926.14	3 672 099.60	234 059.50	3 181 985.64	3 906 159.10
1739	3 158 987.15	3 642 089	270 620.84	3 429 607.99	3 912 709.84

续表

年份	常关税收量	常关加上缺失数据后税收量	洋关税收量	关税总量	加上缺失数据后的税收总量
1740	2 852 285.07	3 939 307.40	269 454.96	3 121 740.03	4 208 762.36
1741	3 324 423.97	3 919 456.10	252 606.05	3 577 030.02	4 172 062.15
1742	3 513 688.1	3 964 822.70	296 920.90	3 810 609.00	4 261 743.60
1743	3 406 535.64	3 973 903	317 168.68	3 723 704.32	4 291 071.68
1744	3 657 340.83	4 019 034.60	328 776	3 986 116.83	4 347 810.60
1745	3 895 071.54	4 196 302.20	415 143	4 310 214.54	4 611 445.20
1746	3 437 497.24	3 840 106	339 618	3 777 115.24	4 179 724.00
1747	3 353 697.33	3 688 489.80	216 023	3 569 720.33	3 904 512.80
1748	4 694 229.06	5 034 433.40	435 080	5 129 309.06	5 469 513.40
1749	3 926 544.89	4 208 385.10	447 420.20	4 373 965.09	4 655 805.30
1750	3 941 177.6	4 469 334.80	467 562.50	4 408 740.10	4 936 897.30
1751	3 642 405.4	4 262 770.50	461 795	4 104 200.40	4 724 565.50
1752	4 348 623.2	4 609 154.80	503 303.80	4 851 927.00	5 112 458.60
1753	4 223 373.62	4 469 623.50	514 800	4 738 173.62	4 984 423.50
1754	3 841 688.11	4 196 768.50	515 300	4 356 988.11	4 712 068.50
1755	4 160 391.03	4 506 797.60	486 285.80	4 646 676.83	4 993 083.40
1756	4 271 901.75	4 509 537.60	405 009	4 676 910.75	4 914 546.60
1757	3 435 325.61	3 981 974.90	320 551	3 755 876.61	4 302 525.90
1758	3 564 062.22	4 014 685.80	370 071.31	3 934 133.53	4 384 757.11
1759	4 362 853.48	4 498 307.50	354 694.72	4 717 548.20	4 853 002.22
1760	4 284 768.42	4 531 262.70	356 266.54	4 641 034.96	4 887 529.24
1761	4 048 835.33	4 530 726.60	382 634.39	4 431 469.72	4 913 360.99
1762	4 283 957.54	4 498 885.80	382 652.51	4 666 610.05	4 881 538.31
1763	4 408 473.57	4 632 942.70	411 636.51	4 820 110.08	5 044 579.21
1764	4 485 854.41	4 734 194	474 412.79	4 960 267.20	5 208 606.79
1765	4 824 376.77	4 976 632.10	505 138.77	5 329 515.54	5 481 770.87
1766	4 443 153.22	4 753 434.20	600 120.81	5 043 274.03	5 353 555.01
1767	5 361 169.7	5 744 811.60	546 930.69	5 908 100.39	6 291 742.29
1768	4 027 853.69	4 520 327.50	547 737.68	4 575 591.37	5 068 065.18
1769	4 322 050.52	4 576 179.90	549 194.82	4 871 245.34	5 125 374.72
1770	4 942 461	5 399 645.20	591 067.35	5 533 528.35	5 990 712.55
1771	4 489 057.77	4 703 321.50	579 935.97	5 068 993.74	5 283 257.47
1772	4 459 563.21	4 668 252.50	593 869.71	5 053 432.92	5 262 122.21
1773	4 868 521.14	5 096 592.50	554 903.08	5 423 424.22	5 651 495.58

续表

年份	常关税收量	常关加上缺失数据后税收量	洋关税收量	关税总量	加上缺失数据后的税收总量
1774	4 909 152.45	5 018 753.20	541 553.19	5 450 705.64	5 560 306.39
1775	4 573 637.42	4 712 744.70	541 863.70	5 115 501.12	5 254 608.40
1776	4 542 904.2	4 886 863.90	533 178.41	5 076 082.61	5 420 042.31
1777	4 854 314.55	4 988 264.50	588 407.97	5 442 722.52	5 576 672.47
1778	4 508 215.57	4 714 477.80	588 453.97	5 096 669.54	5 302 931.77
1779	4 525 366.01	4 597 389.60	556 185.10	5 081 551.11	5 153 574.70
1780	4 494 464.47	4 929 295.80	556 233.94	5 050 698.41	5 485 529.74
1781	5 683 362.45	5 791 801	1 130 684.50	6 814 046.95	6 922 485.50
1782	4 210 506.54	4 776 014.90	521 110.55	4 731 617.09	5 297 125.45
1783	4 402 589.86	4 803 335.80	797 861.57	5 200 451.43	5 601 197.37
1784	4 401 897.89	4 941 700.40	748 125.72	5 150 023.61	5 689 826.12
1785	4 070 063.15	4 601 567.60	872 150.91	4 942 214.06	5 473 718.51
1786	3 806 345.76	4 336 708.30	953 960.66	4 760 306.42	5 290 668.96
1787	4 062 671.38	4 349 315.40	981 686.31	5 044 357.69	5 331 001.71
1788	4 429 019.85	4 609 040.40	1 036 999.30	5 466 019.15	5 646 039.70
1789	4 884 375.53	5 444 405.30	1 101 362	5 985 737.53	6 545 767.30
1790	4 472 238.43	4 906 151.20	1 127 562.90	5 599 801.33	6 033 714.10
1791	4 650 310.79	4 812 745	995 882.52	5 646 193.31	5 808 627.52
1792	4 942 287.42	5 053 514.40	1 011 426.30	5 953 713.72	6 064 940.70
1793	4 429 746.43	4 548 191.50	885 612.80	5 315 359.23	5 433 804.30
1794	4 385 120.29	4 534 930.10	972 948.50	5 358 068.79	5 507 878.60
1795	3 920 629.51	4 541 496.80	1 171 911	5 092 540.51	5 713 407.80
1796	4 124 457.06	4 279 912.80	981 186.69	5 105 643.75	5 261 099.49
1797	4 157 662	4 315 003.70	973 172.98	5 130 834.98	5 288 176.68
1798	3 828 517.09	4 074 699.50	1 035 757.50	4 864 274.59	5 110 457.00
1799	4 042 615.99	4 247 623	937 073	4 979 688.99	5 184 696.00
1800	4 809 409	5 111 177.70	1 201 246.50	6 010 655.50	6 312 424.20
1801	3 614 768.2	4 258 902.80	1 336 171.80	4 950 940.00	5 595 074.60
1802	4 036 706.62	4 287 650.50	1 540 773.10	5 577 479.72	5 828 423.60

续表

年份	常关税收量	常关加上缺失数据后税收量	洋关税收量	关税总量	加上缺失数据后的税收总量
1803	4 169 537.83	4 647 897.10	1 695 389	5 864 926.83	6 343 286.10
1804	4 224 829.82	4 276 438	1 555 586.40	5 780 416.22	5 832 024.40
1805	4 309 995.73	4 431 512.90	1 641 971.80	5 951 967.53	6 073 484.70
1806	3 725 494.85	3 953 921	1 621 376	5 346 870.85	5 575 297.00
1807	3 824 202.52	4 073 611.10	1 663 830	5 488 032.52	5 737 441.10
1808	4 394 358.94	4 411 767.80	1 470 460.20	5 864 819.14	5 882 228.00
1809	4 127 211.66	4 300 111	1 457 201.80	5 584 413.46	5 757 312.80
1810	4 198 342.98	4 295 398.80	1 408 641.90	5 606 984.88	5 704 040.70
1811	3 823 611.15	4 066 343.60	1 165 263.10	4 988 874.25	5 231 606.70
1812	3 897 180.67	4 026 879.30	1 347 936.90	5 245 117.57	5 374 816.20
1813	3 834 349.81	4 160 078.90	1 246 708.20	5 081 058.01	5 406 787.10
1814	4 552 176.62	4 602 858.40	2 420 719.50	6 972 896.12	7 023 577.90
1815	3 967 916.54	4 105 222.80	1 331 239.90	5 299 156.44	5 436 462.70
1816	3 608 316.1	4 226 404.80	1 446 980	5 055 296.10	5 673 384.80
1817	3 850 448.89	4 265 727.90	1 421 303.80	5 271 752.69	5 687 031.70
1818	4 061 151.24	4 202 527	1 302 911	5 364 062.24	5 505 438.00
1819	4 381 215.79	4 478 290.70	1 380 097.10	5 761 312.89	5 858 387.80
1820	3 957 579.19	4 027 618.10	1 479 820.10	5 437 399.29	5 507 438.20
1821	3 707 676.58	4 045 148	1 497 022.50	5 204 699.08	5 542 170.50
1822	4 582 059.15	4 720 638.30	1 485 146.80	6 067 205.95	6 205 785.10
1823	3 809 708.29	3 981 066.60	1 404 913.20	5 214 621.49	5 385 979.80
1824	4 012 055.65	4 367 917.80	1 444 322.60	5 456 378.25	5 812 240.40
1825	3 800 705.28	4 033 414.70	1 298 829	5 099 534.28	5 332 243.70
1826	3 387 752.81	4 068 137.60	1 576 637.20	4 964 390.01	5 644 774.80
1827	3 395 333.78	4 178 583.30	1 850 046	5 245 379.78	6 028 629.30
1828	3 945 040.34	4 167 454.30	1 441 924.60	5 386 964.94	5 609 378.90
1829	4 001 499.58	4 194 929.60	1 499 580.70	5 501 080.28	5 694 510.30
1830	4 002 700.51	4 343 302.70	1 663 635	5 666 335.51	6 006 937.70
1831	3 401 557.65	3 953 880.70	1 461 806.20	4 863 363.85	5 415 686.90

续表

年份	常关税收量	常关加上缺失数据后税收量	洋关税收量	关税总量	加上缺失数据后的税收总量
1832	4 267 346.74	4 821 474.50	1 532 933.20	5 800 279.94	6 354 407.70
1833	3 383 614.94	3 697 609.90	1 477 846.30	4 861 461.24	5 175 456.20
1834	3 729 902.64	3 837 796.50	1 669 712.60	5 399 615.24	5 507 509.10
1835	4 100 031.48	4 392 103.80	1 424 944.20	5 524 975.68	5 817 048.00
1836	3 533 895.61	4 082 922	1 674 851.70	5 208 747.31	5 757 773.70
1837	3 642 312.57	4 060 062.90	1 789 424.30	5 431 736.87	5 849 487.20
1838	4 086 220.82	4 194 119.80	1 242 044.20	5 328 265.02	5 436 164.00
1839	3 826 262.29	3 929 040.20	1 448 559	5 274 821.29	5 377 599.20
1840	3 883 113.01	3 989 197.50	1 186 551.90	5 069 664.91	5 175 749.40
1841	3 918 769.19	4 045 066.50	864 232.17	4 783 001.36	4 909 298.67
1842	3 187 345.47	3 474 314.40	1 115 742.40	4 303 087.87	4 590 056.80
1843	3 076 396.91	3 483 898.70	1 182 489	4 258 885.91	4 666 387.70
1844	3 396 892.6	3 669 176.50	2 094 559.30	5 491 451.90	5 763 735.80
1845	3 394 458.75	3 847 870.50	2 603 953.90	5 998 412.65	6 451 824.40
1846	3 880 028.46	4 277 447.40	5 463 200.30	9 343 228.76	9 740 647.70
1847	3 003 514.1	3 747 617.50	2 536 226.40	5 539 740.50	6 283 843.90
1848	3 225 211.37	3 870 426.30	2 036 630.60	5 261 841.97	5 907 056.90
1849	3 888 043.03	3 987 041.30	2 172 997	6 061 040.03	6 160 038.30
1850	3 001 638.67	3 898 583.20	1 510 670	4 512 308.67	5 409 253.20
1851	3 433 436.22	3 819 654	2 836 574.10	6 270 010.32	6 656 228.10
1852	2 891 319.9	3 494 146.80	2 950 189.60	5 841 509.50	6 444 336.40
1853	2 382 813.23	2 653 691.80	1 869 407.90	4 252 221.13	4 523 099.70
1854	1 445 568.52	1 794 557.20	2 012 310.40	3 457 878.92	3 806 867.60
1855	1 564 026.92	1 876 696.40	2 647 440.90	4 211 467.82	4 524 137.30
1856	1 790 082.19	2 197 318.10	3 671 426.10	5 461 508.29	5 868 744.20
1857	1 650 651.8	1 883 510	2 886 398.60	4 537 050.40	4 769 908.60
1858	1 699 888.73	1 950 502.70	2 917 287.80	4 617 176.53	4 867 790.50
1859	1 701 854.29	2 057 870.20	3 831 183.80	5 533 038.09	5 889 054.00
1860	2 005 044.85	2 350 975.80	3 752 330.50	5 757 375.35	6 103 306.30

续表

年份	常关税收量	常关加上缺失数据后税收量	洋关税收量	关税总量	加上缺失数据后的税收总量
1861	1 375 014.22	1 576 966.10	6 510 065.60	7 885 079.82	8 087 031.70
1862	1 369 923.52	1 572 975.30	7 559 870	8 929 793.52	9 132 845.30
1863	1 588 031.51	1 868 521.40	8 557 477	10 145 508.51	10 425 998.40
1864	1 857 440.57	2 053 881	8 377 015	10 234 455.57	10 430 896.00
1865	1 867 276.89	2 079 909.20	7 937 974	9 805 250.89	10 017 883.20
1866	1 862 089.01	2 056 248.30	8 906 691	10 768 780.01	10 962 939.30
1867	1 917 395.61	2 171 095.40	8 927 310	10 844 705.61	11 098 405.40
1868	2 173 451.94	2 403 405.30	9 887 485	12 060 936.94	12 290 890.30
1869	2 060 004.78	2 339 699.10	9 631 531	11 691 535.78	11 971 230.10
1870	1 777 884.24	2 293 947.10	9 760 247	11 538 131.24	12 054 194.10
1871	2 007 061.16	2 331 883.60	10 717 470	12 724 531.16	13 049 353.60
1872	2 200 618.33	2 403 440.80	11 605 919	13 806 537.33	14 009 359.80
1873	2 184 038.28	2 396 488.50	11 181 872	13 365 910.28	13 578 360.50
1874	1 999 562.3	2 373 542.40	11 910 224	13 909 786.30	14 283 766.40
1875	1 975 770.63	2 393 919.90	12 169 112	14 144 882.63	14 563 031.90
1876	2 310 368.03	2 530 101.10	12 572 847	14 883 215.03	15 102 948.10
1877	2 343 364.2	2 541 450.20	12 293 700	14 637 064.20	14 835 150.20
1878	2 232 407.23	2 435 614.40	12 455 212	14 687 619.23	14 890 826.40
1879	2 881 223.02	3 101 585	13 196 197	16 077 420.02	16 297 782.00
1880	2 329 923.51	2 550 481.90	14 346 406	16 676 329.51	16 896 887.90
1881	2 332 542.26	2 552 189.50	15 052 722	17 385 264.26	17 604 911.50
1882	2 320 521.22	2 563 720	14 488 772	16 809 293.22	17 052 492.00
1883	2 319 469.78	2 499 019.30	13 603 925	15 923 394.78	16 102 944.30
1884	2 464 606.31	2 651 329.90	13 738 314	16 202 920.31	16 389 643.90
1885	2 193 896.42	2 477 791.20	14 178 229	16 372 125.42	16 656 020.20
1886	2 266 249.36	2 614 431.80	15 264 476	17 530 725.36	17 878 907.80
1887	2 515 239.69	2 672 883.20	18 447 644	20 962 883.69	21 120 527.20
1888	2 437 561.23	2 620 768.10	23 094 267	25 531 828.23	25 715 035.10
1889	2 395 968.12	2 585 903.20	21 929 721	24 325 689.12	24 515 624.20
1890	2 928 293.07	3 170 016.20	21 984 239	24 912 532.07	25 154 255.20

续表

年份	常关税收量	常关加上缺失数据后税收量	洋关税收量	关税总量	加上缺失数据后的税收总量
1891	2 389 825.25	2 522 696.20	23 126 536	25 516 361.25	25 649 232.20
1892	2 689 705.21	2 757 912.20	22 808 397	25 498 102.21	25 566 309.20
1893	1 981 856.25	2 416 045.80	22 066 185	24 048 041.25	24 482 230.80
1894	2 375 935.32	2 443 221	22 797 028	25 172 963.32	25 240 249.00
1895	2 198 819.47	2 273 878	20 985 110	23 183 929.47	23 258 988.00
1896	2 261 639.04	2 381 577.80	22 040 654	24 302 293.04	24 422 231.80
1897	2 329 451.68	2 433 566.40	22 672 550	25 002 001.68	25 106 116.40
1898	2 236 506.47	2 462 763.10	21 828 054	24 064 560.47	24 290 817.10
1899	2 180 772.93	2 418 037.60	26 015 232	28 196 004.93	28 433 269.60
1900	2 427 407.03	2 580 640.10	24 090 590	26 517 997.03	26 671 230.10
1901	1 719 952.91	2 274 796.70	23 923 631	25 643 583.91	26 198 427.70
1902	2 269 037.63	2 956 632	28 377 190	30 646 227.63	31 333 822.00
1903	2 796 840.32	3 691 562.20	30 423 205	33 220 045.32	34 114 767.20
1904	2 722 874.26	3 614 061.60	30 206 506	32 929 380.26	33 820 567.60
1905	3 805 080.54	4 701 375.70	32 675 574	36 480 654.54	37 376 949.70
1906	3 059 268.27	4 142 801.30	34 967 986	38 027 254.27	39 110 787.30
1907	2 601 330.21	3 990 568.20	33 197 778	35 799 108.21	37 188 346.20
1908	2 456 031.11	4 196 506.50	32 930 162	35 386 193.11	37 126 668.50
1909	1 944 523.44	4 615 162.40	33 205 087	35 149 610.44	37 820 249.40
1910	169 413.02	4 519 541.60	34 518 859	34 688 272.02	39 038 400.60
1911		4 519 541.60			4 519 541.60

笔者利用表 7.1 中的数据，以时间为坐标轴描绘了清代的关税曲线。图 7.1a—图 7.1d 展示了清代常关的税收情况。需要指出的是，1861 年以前粤海关的关税并不包含在图中。

这些示意图显示，雍正、乾隆时期的常关税收迅速增长，与人口的增加和经济的发展保持一致。而嘉道时期常关的税收保持稳定，只有到第一次鸦片战争时才出现下降。晚清时期，常关的税收在太平天国运动期间急剧下降，又在随后的几年很快得到恢复。1905 年因为关税政策调整，税收达到了峰值。由于义和团运动爆发、八国联军侵华等事件，1902 年的很多数据缺失。图中所示这一时段的下降很可能不是真实的：如果数据完整，在图中很可能显示的是常关税收的进一步增加。尽管如此，整体来看，1850 年以后税收有一个下滑，与此关系密切的是洋关影响的上升。

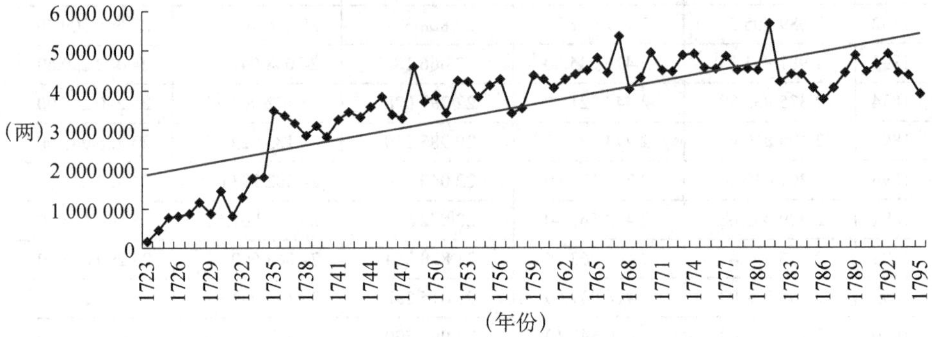

图 7.1a　常关税收趋势示意图（1723—1795 年）

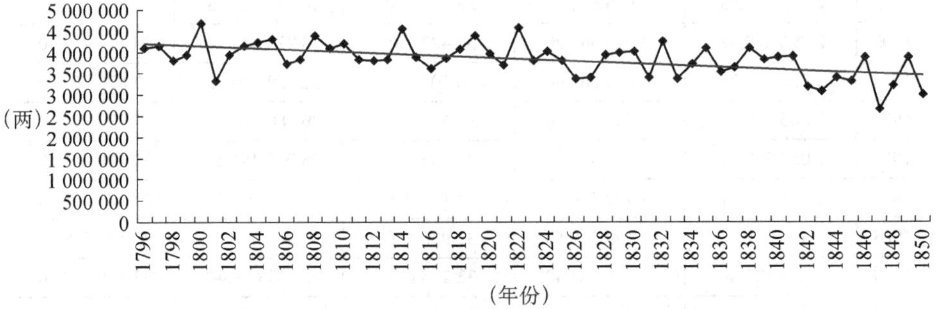

图 7.1b　常关税收趋势示意图（1795—1850 年）

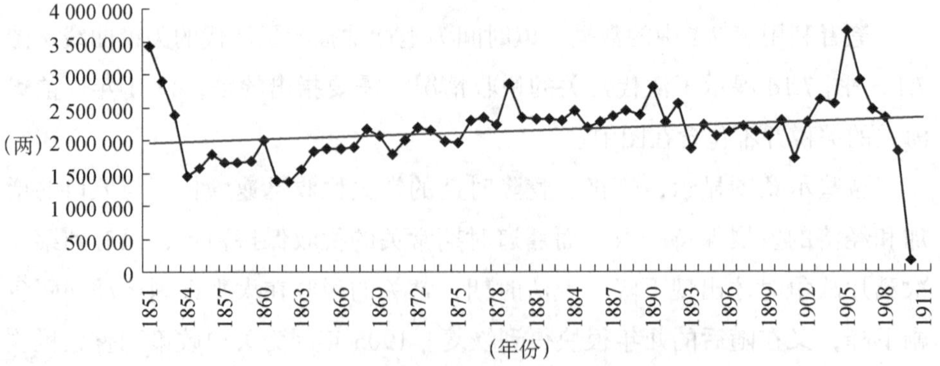

图 7.1c　常关税收趋势示意图（1851—1911 年）

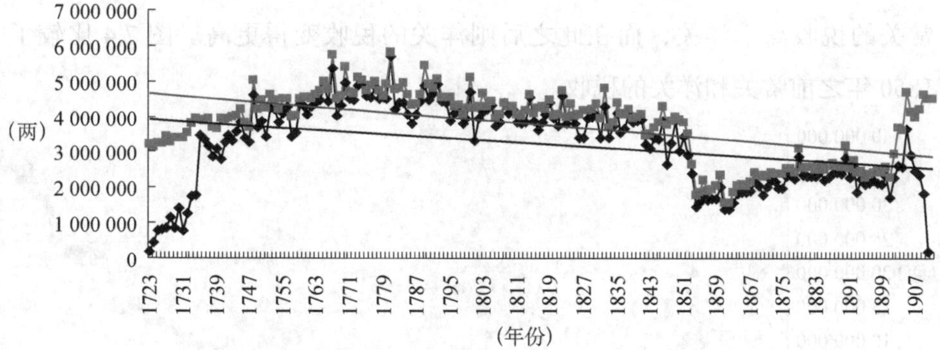

图 7.1d　常关税收趋势示意图（1723—1911 年）

菱形线代表档案中的数据；方形线代表档案中的数据加上缺失年份的数据

第六章已经详细地讨论了 1723—1911 年的洋关与 1840 年之前粤海关一口通商时期的税收趋势。在图 7.2 中描绘了 1840 年以后大量新的通商口岸开放后的税收趋势。

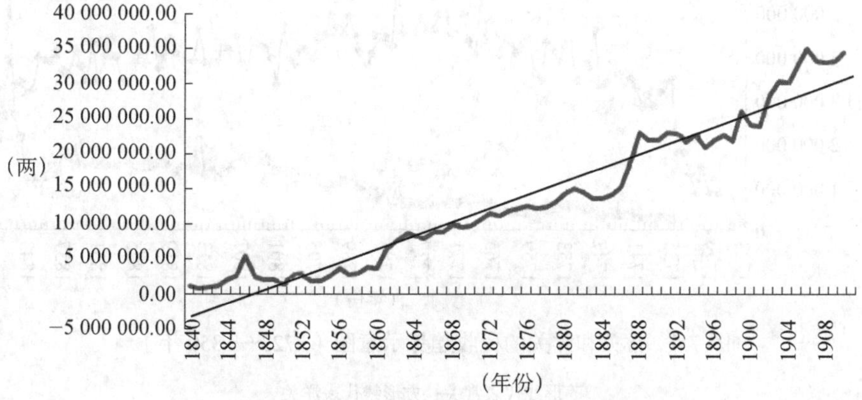

图 7.2　洋关税收趋势示意图（1840—1911 年）

如图 7.2 所示，1840—1908 年洋关所征的关税从约五百万两增长到约三千五百万两，增长了 6 倍。

图 7.3 所示的为笔者利用从档案中收集的数据，对常关和洋关的关税进行比较。

在图 7.3 中清晰的显示出 1840—1850 年是关税的转折点。在此之前，常关的税收高于洋关，而在此之后则洋关的税收变得更高。图 7.4 比较了 1850 年之前常关和洋关的税收。

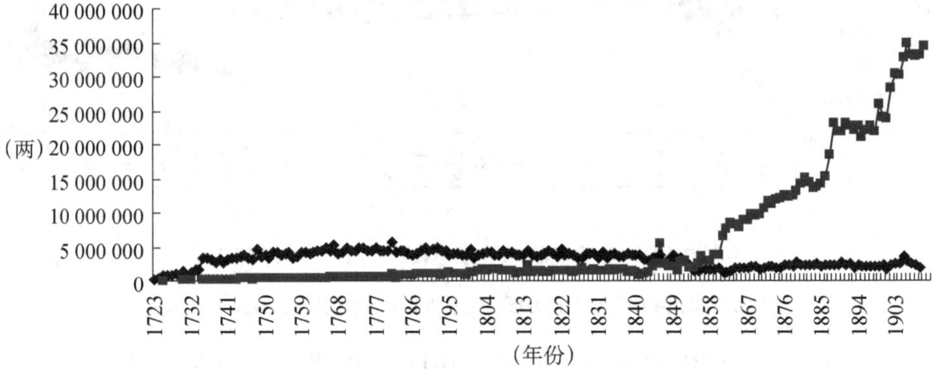

图 7.3 常关和洋关税收趋势示意图（1723—1911 年）

菱形线代表常关；方形线代表洋关

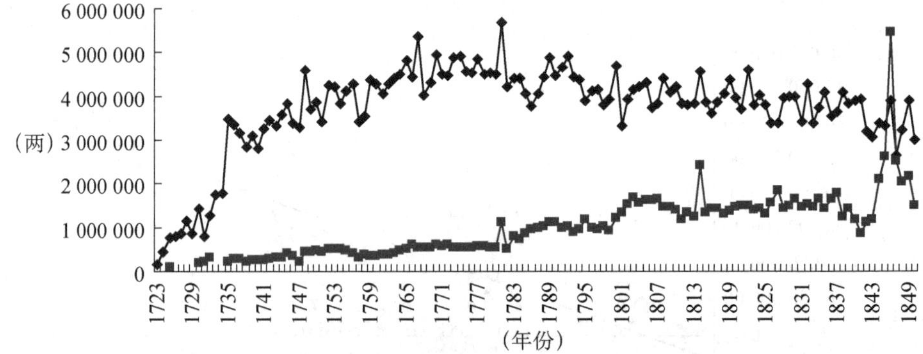

图 7.4 常关和洋关的税收趋势示意图（1723—1850 年）

菱形线代表常关；方形线代表洋关

显然，1840 年以前的大部分的税收来自常关。尽管洋关的税收正在逐步增长，但从整个时段来看，常关的税收规模依然比洋关大很多。1846 年是一个特例，这是因为使用阴历，这一年粤海关有两个税收数据。

图 7.5 清晰地描绘了 1850 年之后洋关的税收是如何超过常关的，以及二者之间的差距是怎样随着时间而不断变大的。但如果加上笔者所推算出的那些缺失的常关税收数据，结果会怎么样呢？二者之间的差异是否会大

幅减少呢？见图 7.6。

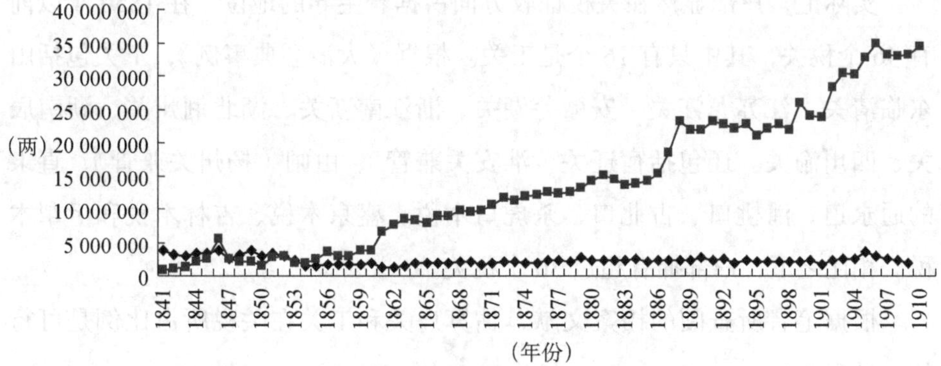

图 7.5 常关和洋关税收趋势示意图（1841—1911 年）

菱形线代表常关；方形线代表洋关

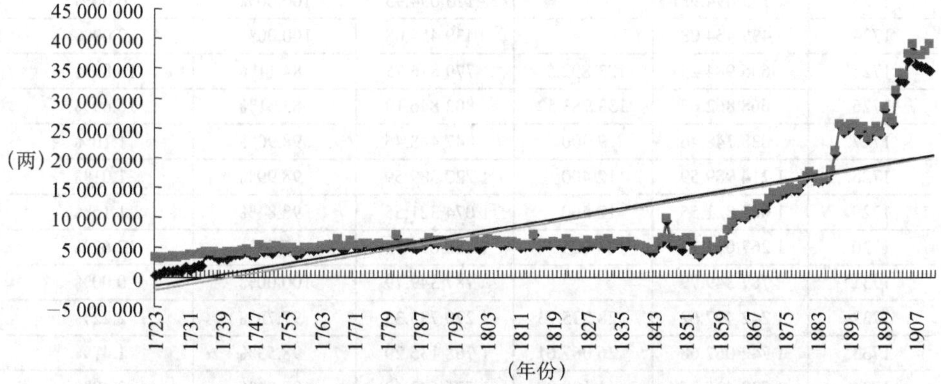

图 7.6 加上估算数据后的常关与洋关税收趋势示意图（1723—1911 年）

菱形线代表档案中的数据；方形线代表档案中的数据加上缺失年份的数据

如图 7.6 所示，其分开的趋势线与图 7.5 中的没有多大的变化：1850 年以后关税收入出现巨大的增长，即使在太平天国时期也非常明显。1861 年以后，税务管理机构开始由西方列强控制，洋关大量增加，税收也迅猛增长。

（二）户关与工关

常关包括户关和工关，分别隶属于户部和工部。在税收方面，户部和工部管理的税关之间是否有不同的表现呢？

实际上，户部显然在关税征收方面占据着主导的地位。在 1850 年以前有 46 个税关，其中只有 16 个是工关。根据《大清会典事例》，工关包括山东临清关、江苏龙江关、安徽芜湖关、浙江南新关、湖北荆州关、湖南辰关、四川渝关。还包括宿迁关（淮安关兼管）、由闸（扬州关兼管）、直隶的通永道、潘桃口、古北口、杀虎口木税、盛京木税、吉林木税和伊犁木税。相比之下，户部拥有超过 30 个税关。

根据笔者所查阅的档案文献，估算户关和工关在关税所占比例是可行的，见表 7.2。

表 7.2　1723—1910 年户关和工关所征关税表　（单位：两）

年份	户关	工关	合计	户关占比	工关占比
1723	175 094.95		175 094.95	100.00%	0.00%
1724	439 454.08		439 454.08	100.00%	0.00%
1725	655 984.25	123 892.5	779 876.75	84.11%	15.89%
1726	668 862.67	133 983.52	802 846.19	83.31%	16.69%
1727	838 148.46	9 300	847 448.46	98.90%	1.10%
1728	1 214 989.59	12 400	1 227 389.59	98.99%	1.01%
1729	1 061 821.55	12 500	1 074 321.55	98.84%	1.16%
1730	1 267 031.14	183 025	1 450 056.14	87.38%	12.62%
1731	787 349.79		787 349.79	100.00%	0.00%
1732	1 242 497.62	28 235.73	1 270 733.35	97.78%	2.22%
1733	1 742 067.68	26 067.61	1 768 135.29	98.53%	1.47%
1734	1 732 425.35	44 198.07	1 776 623.42	97.51%	2.49%
1735	3 239 209.19	326 925.85	3 566 135.04	90.83%	9.17%
1736	3 196 200.73	267 043.54	3 463 244.27	92.29%	7.71%
1737	3 039 042.34	206 364.69	3 245 407.03	93.64%	6.36%
1738	2 768 792.12	179 134.02	2 947 926.14	93.92%	6.08%
1739	2 849 768.02	309 219.13	3 158 987.15	90.21%	9.79%
1740	2 502 819.14	349 465.93	2 852 285.07	87.75%	12.25%
1741	2 974 847.74	349 576.23	3 324 423.97	89.48%	10.52%
1742	3 144 637.41	369 050.69	3 513 688.10	89.50%	10.50%
1743	3 052 242.03	354 293.61	3 406 535.64	89.60%	10.40%
1744	3 308 427.36	348 913.47	3 657 340.83	90.46%	9.54%
1745	3 509 948.88	385 122.66	3 895 071.54	90.11%	9.89%

续表

年份	户关	工关	合计	户关占比	工关占比
1746	3 070 967.71	366 529.53	3 437 497.24	89.34%	10.66%
1747	2 960 030.31	393 667.02	3 353 697.33	88.26%	11.74%
1748	4 169 233.08	524 995.98	4 694 229.06	88.82%	11.18%
1749	3 555 889.14	370 655.75	3 926 544.89	90.56%	9.44%
1750	3 664 300.49	276 877.11	3 941 177.60	92.97%	7.03%
1751	3 289 039.01	353 366.39	3 642 405.40	90.30%	9.70%
1752	3 982 902.28	365 720.92	4 348 623.20	91.59%	8.41%
1753	3 893 592.59	329 781.03	4 223 373.62	92.19%	7.81%
1754	3 496 902.36	344 785.75	3 841 688.11	91.03%	8.97%
1755	3 793 583.79	366 807.24	4 160 391.03	91.18%	8.82%
1756	3 923 611.84	348 289.91	4 271 901.75	91.85%	8.15%
1757	3 155 559.57	279 766.04	3 435 325.61	91.86%	8.14%
1758	3 280 548.16	283 514.06	3 564 062.22	92.05%	7.95%
1759	3 839 918.25	522 935.23	4 362 853.48	88.01%	11.99%
1760	3 883 653.58	401 114.84	4 284 768.42	90.64%	9.36%
1761	3 666 449.28	382 386.05	4 048 835.33	90.56%	9.44%
1762	3 881 832.62	402 124.92	4 283 957.54	90.61%	9.39%
1763	3 995 988.54	412 485.03	4 408 473.57	90.64%	9.36%
1764	4 101 109.22	384 745.19	4 485 854.41	91.42%	8.58%
1765	4 444 457.56	379 919.21	4 824 376.77	92.13%	7.87%
1766	4 063 701.54	379 451.68	4 443 153.22	91.46%	8.54%
1767	4 784 725.49	576 444.21	5 361 169.70	89.25%	10.75%
1768	3 635 221.79	392 631.9	4 027 853.69	90.25%	9.75%
1769	3 975 848	346 202.52	4 322 050.52	91.99%	8.01%
1770	4 596 518.17	345 942.83	4 942 461.00	93.00%	7.00%
1771	4 141 263.83	347 793.94	4 489 057.77	92.25%	7.75%
1772	4 095 533.47	364 029.74	4 459 563.21	91.84%	8.16%
1773	4 499 370.48	369 150.66	4 868 521.14	92.42%	7.58%
1774	4 519 514.97	389 637.48	4 909 152.45	92.06%	7.94%
1775	4 181 022.51	392 614.91	4 573 637.42	91.42%	8.58%
1776	4 163 530.62	379 373.58	4 542 904.20	91.65%	8.35%
1777	4 459 436.32	394 878.23	4 854 314.55	91.87%	8.13%
1778	4 100 433.24	407 782.33	4 508 215.57	90.95%	9.05%
1779	4 155 527.7	369 838.31	4 525 366.01	91.83%	8.17%
1780	4 120 155.87	374 308.6	4 494 464.47	91.67%	8.33%
1781	5 307 806.1	375 556.35	5 683 362.45	93.39%	6.61%
1782	3 827 104.61	383 401.93	4 210 506.54	90.89%	9.11%

续表

年份	户关	工关	合计	户关占比	工关占比
1783	4 015 469.07	387 120.79	4 402 589.86	91.21%	8.79%
1784	3 997 967.29	403 930.6	4 401 897.89	90.82%	9.18%
1785	3 672 429.33	397 633.82	4 070 063.15	90.23%	9.77%
1786	3 449 178.49	357 167.27	3 806 345.76	90.62%	9.38%
1787	3 772 248.06	290 423.32	4 062 671.38	92.85%	7.15%
1788	4 135 696.33	293 323.52	4 429 019.85	93.38%	6.62%
1789	4 542 901.62	341 473.91	4 884 375.53	93.01%	6.99%
1790	4 080 058.5	392 179.93	4 472 238.43	91.23%	8.77%
1791	4 266 240.47	384 070.32	4 650 310.79	91.74%	8.26%
1792	4 401 195.58	541 091.84	4 942 287.42	89.05%	10.95%
1793	4 057 334.82	372 411.61	4 429 746.43	91.59%	8.41%
1794	4 062 234.18	322 886.11	4 385 120.29	92.64%	7.36%
1795	3 601 719.63	318 909.88	3 920 629.51	91.87%	8.13%
1796	3 845 763.71	278 693.35	4 124 457.06	93.24%	6.76%
1797	3 857 532.33	300 129.67	4 157 662.00	92.78%	7.22%
1798	3 498 992.09	329 525	3 828 517.09	91.39%	8.61%
1799	3 722 796.86	319 819.13	4 042 615.99	92.09%	7.91%
1800	4 307 919.88	501 489.12	4 809 409.00	89.57%	10.43%
1801	3 307 496.84	307 271.36	3 614 768.20	91.50%	8.50%
1802	3 705 960.92	330 745.7	4 036 706.62	91.81%	8.19%
1803	3 860 074.75	309 463.08	4 169 537.83	92.58%	7.42%
1804	3 892 694.95	332 134.87	4 224 829.82	92.14%	7.86%
1805	3 994 685.88	315 309.85	4 309 995.73	92.68%	7.32%
1806	3 418 579.05	306 915.8	3 725 494.85	91.76%	8.24%
1807	3 486 412.05	337 790.47	3 824 202.52	91.17%	8.83%
1808	4 055 568.62	338 790.32	4 394 358.94	92.29%	7.71%
1809	3 773 409.27	353 802.39	4 127 211.66	91.43%	8.57%
1810	3 847 664.5	350 678.48	4 198 342.98	91.65%	8.35%
1811	3 479 814.02	343 797.13	3 823 611.15	91.01%	8.99%
1812	3 555 814.87	341 365.8	3 897 180.67	91.24%	8.76%
1813	3 491 951.15	342 398.66	3 834 349.81	91.07%	8.93%
1814	4 211 653.97	340 522.65	4 552 176.62	92.52%	7.48%
1815	3 638 833.29	329 083.25	3 967 916.54	91.71%	8.29%
1816	3 317 117.41	291 198.69	3 608 316.10	91.93%	8.07%
1817	3 509 206.36	341 242.53	3 850 448.89	91.14%	8.86%
1818	3 721 158.51	339 992.73	4 061 151.24	91.63%	8.37%
1819	4 028 278	352 937.79	4 381 215.79	91.94%	8.06%

续表

年份	户关	工关	合计	户关占比	工关占比
1820	3 631 671.43	325 907.76	3 957 579.19	91.76%	8.24%
1821	3 353 791.65	353 884.93	3 707 676.58	90.46%	9.54%
1822	4 229 050.77	353 008.38	4 582 059.15	92.30%	7.70%
1823	3 453 681.73	356 026.56	3 809 708.29	90.65%	9.35%
1824	3 580 813.48	431 242.17	4 012 055.65	89.25%	10.75%
1825	3 511 530.62	289 174.66	3 800 705.28	92.39%	7.61%
1826	3 108 311.16	279 441.65	3 387 752.81	91.75%	8.25%
1827	3 128 233.19	267 100.59	3 395 333.78	92.13%	7.87%
1828	3 648 674.71	296 365.63	3 945 040.34	92.49%	7.51%
1829	3 709 076.06	292 423.52	4 001 499.58	92.69%	7.31%
1830	3 688 174.13	314 526.38	4 002 700.51	92.14%	7.86%
1831	3 129 791.03	271 766.62	3 401 557.65	92.01%	7.99%
1832	3 907 537.79	359 808.95	4 267 346.74	91.57%	8.43%
1833	3 141 629.37	241 985.57	3 383 614.94	92.85%	7.15%
1834	3 515 509.86	214 392.78	3 729 902.64	94.25%	5.75%
1835	3 886 540.12	213 491.36	4 100 031.48	94.79%	5.21%
1836	3 265 708.5	268 187.11	3 533 895.61	92.41%	7.59%
1837	3 350 703.51	291 609.06	3 642 312.57	91.99%	8.01%
1838	3 835 986.96	250 233.86	4 086 220.82	93.88%	6.12%
1839	3 605 987.68	220 274.61	3 826 262.29	94.24%	5.76%
1840	3 650 090.09	233 022.92	3 883 113.01	94.00%	6.00%
1841	3 724 451.04	194 318.15	3 918 769.19	95.04%	4.96%
1842	2 988 968.26	198 377.21	3 187 345.47	93.78%	6.22%
1843	2 832 820.25	243 576.66	3 076 396.91	92.08%	7.92%
1844	3 145 619.92	251 272.68	3 396 892.60	92.60%	7.40%
1845	3 120 408.21	274 050.54	3 394 458.75	91.93%	8.07%
1846	3 592 383.9	287 644.56	3 880 028.46	92.59%	7.41%
1847	2 757 966.37	245 547.73	3 003 514.10	91.82%	8.18%
1848	2 938 587.07	286 624.3	3 225 211.37	91.11%	8.89%
1849	3 630 547.13	257 495.9	3 888 043.03	93.38%	6.62%
1850	2 882 433.63	119 205.04	3 001 638.67	96.03%	3.97%
1851	3 218 844.8	214 591.42	3 433 436.22	93.75%	6.25%
1852	2 777 179.95	114 139.95	2 891 319.90	96.05%	3.95%
1853	2 357 559.39	25 253.84	2 382 813.23	98.94%	1.06%
1854	1 426 583.57	18 984.95	1 445 568.52	98.69%	1.31%
1855	1 534 257.1	29 769.82	1 564 026.92	98.10%	1.90%
1856	1 749 573.26	40 508.93	1 790 082.19	97.74%	2.26%

续表

年份	户关	工关	合计	户关占比	工关占比
1857	1 615 766.86	34 884.94	1 650 651.80	97.89%	2.11%
1858	1 663 995.72	35 893.01	1 699 888.73	97.89%	2.11%
1859	1 642 265.77	59 588.52	1 701 854.29	96.50%	3.50%
1860	1 995 139.13	9 905.72	2 005 044.85	99.51%	0.49%
1861	1 366 847.69	8 166.53	1 375 014.22	99.41%	0.59%
1862	1 362 669.08	7 254.44	1 369 923.52	99.47%	0.53%
1863	1 559 493.4	28 538.11	1 588 031.51	98.20%	1.80%
1864	1 797 678.89	59 761.68	1 857 440.57	96.78%	3.22%
1865	1 837 946	29 330.89	1 867 276.89	98.43%	1.57%
1866	1 857 091.9	4 997.11	1 862 089.01	99.73%	0.27%
1867	1 885 803.95	31 591.66	1 917 395.61	98.35%	1.65%
1868	2 170 346.22	3 105.72	2 173 451.94	99.86%	0.14%
1869	2 054 856.77	5 148.01	2 060 004.78	99.75%	0.25%
1870	1 739 342.48	38 541.76	1 777 884.24	97.83%	2.17%
1871	2 000 963.05	6 098.11	2 007 061.16	99.70%	0.30%
1872	2 192 790.84	7 827.49	2 200 618.33	99.64%	0.36%
1873	2 152 102.77	31 935.51	2 184 038.28	98.54%	1.46%
1874	1 974 668.93	24 893.37	1 999 562.30	98.76%	1.24%
1875	1 953 032.42	22 738.21	1 975 770.63	98.85%	1.15%
1876	2 286 150.29	24 217.74	2 310 368.03	98.95%	1.05%
1877	2 265 508.34	77 855.86	2 343 364.20	96.68%	3.32%
1878	2 156 164.37	76 242.86	2 232 407.23	96.58%	3.42%
1879	2 778 165.99	103 057.03	2 881 223.02	96.42%	3.58%
1880	2 228 123.53	101 799.98	2 329 923.51	95.63%	4.37%
1881	2 227 379.36	105 162.9	2 332 542.26	95.49%	4.51%
1882	2 240 438.61	80 082.61	2 320 521.22	96.55%	3.45%
1883	2 212 510.27	106 959.51	2 319 469.78	95.39%	4.61%
1884	2 365 018.9	99 587.41	2 464 606.31	95.96%	4.04%
1885	2 144 158.04	49 738.38	2 193 896.42	97.73%	2.27%
1886	2 198 075.94	68 173.42	2 266 249.36	96.99%	3.01%
1887	2 299 863.14	215 376.55	2 515 239.69	91.44%	8.56%
1888	2 343 982.25	93 578.98	2 437 561.23	96.16%	3.84%
1889	2 307 241.41	88 726.71	2 395 968.12	96.30%	3.70%
1890	2 667 549.61	260 743.46	2 928 293.07	91.10%	8.90%
1891	2 196 245.08	193 580.17	2 389 825.25	91.90%	8.10%
1892	2 487 406.24	202 298.97	2 689 705.21	92.48%	7.52%
1893	1 869 265.16	112 591.09	1 981 856.25	94.32%	5.68%

续表

年份	户关	工关	合计	户关占比	工关占比
1894	2 167 251.64	208 683.68	2 375 935.32	91.22%	8.78%
1895	1 997 516.18	201 303.29	2 198 819.47	90.84%	9.16%
1896	2 067 984.38	193 654.66	2 261 639.04	91.44%	8.56%
1897	2 137 699.86	191 751.82	2 329 451.68	91.77%	8.23%
1898	2 059 740.76	176 765.71	2 236 506.47	92.10%	7.90%
1899	2 001 774.4	178 998.53	2 180 772.93	91.79%	8.21%
1900	2 208 923	218 484.03	2 427 407.03	91.00%	9.00%
1901	1 645 207.08	74 745.83	1 719 952.91	95.65%	4.35%
1902	2 188 113.5	80 924.13	2 269 037.63	96.43%	3.57%
1903	2 527 892.53	268 947.79	2 796 840.32	90.38%	9.62%
1904	2 464 764.32	258 109.94	2 722 874.26	90.52%	9.48%
1905	3 524 315.75	280 764.79	3 805 080.54	92.62%	7.38%
1906	2 783 148.42	276 119.85	3 059 268.27	90.97%	9.03%
1907	2 341 717.9	259 612.31	2 601 330.21	90.02%	9.98%
1908	2 303 069.55	152 961.56	2 456 031.11	93.77%	6.23%
1909	1 813 744.71	130 778.73	1 944 523.44	93.27%	6.73%
1910	169 413.02		169 413.02	100.00%	

尽管缺失了一些数据，但依然可以很清楚地看出，户关贡献了大部分的税收：最低的比例为 83%，大部分年份都贡献了总税收的 90%以上。如果加入 1861 年以前粤海关的税收，户关对税收总量的贡献还会更高，这证明了在清代财政体系中户部比工部扮演着更为重要的角色。

比较清代三类主要常关的税收也是有意义的，即边疆边贸税关、运河长江沿线税关和沿海税关，见表 7.3。

表 7.3 档案中记载的常关税收数额表 （单位：两）

年份	边疆边贸税关	运河长江沿线税关	沿海税关（1）[a]	沿海税关（2）[b]	边疆边贸税关估计[c]	运河长江沿线税关估计[c]	沿海税关估计（2）[c]
1723	12 041.30	163 053.65			242 558.20	2 598 428.70	468 061.36
1724		332 798.08	106 656.00	106 656.00	242 558.20	2 522 343.80	468 061.36
1725		663 457.75	116 419.00	213 713.56	242 558.20	2 613 590.60	477 824.36
1726	87 759.39	598 975.26	116 111.55	116 111.55	242 558.20	2 626 340.80	477 516.86
1727	9 300.00	714 544.91	123 603.55	123 603.55	240 557.80	2 795 421.90	485 008.86
1728	12 400.00	1 072 549.05	142 440.55	142 440.55	243 657.80	2 628 515.30	503 845.86
1729	12 500.00	899 792.55	162 029.00	162 029.00	243 757.80	2 705 497.10	523 434.36

续表

年份	边疆边贸税关	运河长江沿线税关	沿海税关（1）[a]	沿海税关（2）[b]	边疆边贸税关估计[c]	运河长江沿线税关估计[c]	沿海税关估计（2）[c]
1730	115 976.94	1 155 065.45	179 013.75	377 075.84	244 674.70	2 686 185.30	641 186.59
1731		787 349.79		228 659.70	244 674.70	2 702 399.40	671 784.20
1732		1 270 733.35		309 107.92	244 674.70	2 836 257.00	752 232.42
1733		1 601 536.48	166 598.81	166 598.81	244 674.70	3 128 314.00	739 817.52
1734	12 955.41	1 582 842.63	180 825.37	180 825.37	243 201.20	3 271 834.20	754 044.12
1735	148 296.65	2 984 061.71	433 776.68	649 776.68	263 043.40	3 196 943.70	661 244.17
1736	62 557.39	2 995 754.07	404 932.81	676 886.34	269 386.90	3 163 107.70	707 056.11
1737	185 716.68	2 598 719.08	460 971.28	746 126.19	270 567.20	3 196 067.10	761 028.38
1738	128 364.84	2 350 405.68	469 155.61	703 215.12	275 341.40	2 919 047.70	711 769.96
1739	120 545.93	2 556 916.67	481 524.55	752 145.39	276 835.30	2 852 328.20	783 546.35
1740	43 852.65	2 333 769.96	474 662.46	744 117.42	276 100.20	3 140 586.20	792 075.95
1741	42 175.37	2 791 159.59	491 089.02	743 695.07	275 690.20	3 110 684.70	785 687.30
1742	147 443.39	2 849 584.26	516 660.45	813 581.35	270 345.30	3 138 861.80	852 536.54
1743	165 794.23	2 742 327.57	498 413.84	815 582.52	278 227.20	3 164 303.40	848 541.05
1744	173 563.81	3 006 660.77	477 116.25	805 892.25	285 964.20	3 215 365.80	846 480.56
1745	264 391.80	3 158 433.73	472 246.01	887 389.01	324 183.70	3 367 138.80	920 122.77
1746	171 150.72	2 793 353.23	472 993.29	812 611.29	326 467.60	3 002 058.30	851 198.15
1747	219 136.49	2 628 863.82	505 697.03	721 720.03	325 172.30	2 837 568.90	741 771.65
1748	229 359.69	3 618 088.83	846 780.54	1 281 860.54	331 651.10	3 838 226.20	1 299 636.11
1749	286 372.68	3 087 247.24	552 924.97	1 000 345.17	344 820.60	3 293 046.50	1 017 938.20
1750	282 553.41	3 068 581.29	590 042.91	1 057 605.41	339 127.70	3 525 350.70	1 072 419.00
1751	183 311.27	2 895 748.11	563 346.02	1 025 141.02	344 939.90	3 343 537.10	1 036 088.50
1752	180 259.13	3 573 123.00	595 241.08	1 098 544.88	353 792.90	3 649 129.80	1 109 535.85
1753	184 337.10	3 458 210.28	580 826.24	1 095 626.24	354 580.20	3 534 217.10	1 095 626.24
1754	75 129.47	3 176 955.62	589 603.01	1 104 903.01	354 203.10	3 252 962.40	1 104 903.01
1755	84 558.22	3 472 527.19	603 305.62	1 089 591.42	354 961.70	3 548 530.20	1 089 591.42
1756	191 601.14	3 497 993.33	582 307.27	987 316.27	353 230.20	3 574 000.10	987 316.27
1757	88 880.34	2 758 798.70	587 646.58	908 197.58	360 545.20	3 033 783.10	908 197.58
1758	178 555.68	2 787 216.11	598 290.43	968 361.75	354 232.40	3 062 162.90	968 361.74
1759	247 835.48	3 524 216.51	590 801.49	945 496.22	355 099.70	3 552 406.20	945 496.21
1760	140 827.15	3 540 975.49	602 965.78	959 232.32	359 131.70	3 569 165.20	959 232.32
1761	216 582.81	3 204 878.22	627 374.30	1 010 008.69	379 056.40	3 524 295.90	1 010 008.69
1762	246 596.79	3 298 860.63	738 500.11	1 121 152.63	383 180.40	3 377 205.30	1 121 152.62
1763	238 118.47	3 535 104.85	635 250.25	1 046 886.76	371 662.70	3 626 029.80	1 046 886.76
1764	211 442.86	3 630 725.50	643 686.05	1 118 098.84	368 857.50	3 721 650.40	1 118 098.84
1765	251 465.54	3 928 663.40	644 247.83	1 149 386.59	375 531.10	3 956 853.10	1 149 386.60

续表

年份	边疆边贸税关	运河长江沿线税关	沿海税关（1）[a]	沿海税关（2）[b]	边疆边贸税关估计[c]	运河长江沿线税关估计[c]	沿海税关估计（2）[c]
1766	330 573.84	3 472 818.61	639 760.78	1 239 881.59	395 156.20	3 718 517.20	1 239 881.59
1767	358 778.77	4 361 861.83	640 529.10	1 187 459.79	496 722.00	4 607 560.50	1 187 459.79
1768	144 942.83	3 251 874.94	631 035.92	1 178 773.60	391 718.00	3 497 573.60	1 178 773.60
1769	194 947.68	3 543 792.95	583 309.89	1 132 504.71	382 025.50	3 610 844.60	1 132 504.71
1770	165 340.93	4 080 866.91	696 253.16	1 287 320.51	396 583.30	4 306 808.80	1 287 320.51
1771	226 558.70	3 627 369.97	635 129.10	1 215 065.07	400 857.00	3 667 335.40	1 215 065.07
1772	231 521.23	3 586 698.13	641 343.85	1 235 213.56	400 245.10	3 626 663.50	1 235 213.56
1773	230 968.87	3 989 807.00	647 745.27	1 202 648.36	401 975.30	4 046 871.90	1 202 648.35
1774	336 520.44	3 926 682.08	645 949.93	1 187 503.11	406 155.80	3 966 647.50	1 187 503.12
1775	266 359.06	3 665 698.72	641 579.64	1 183 443.35	405 466.40	3 665 698.70	1 183 443.34
1776	107 348.87	3 804 170.15	631 385.19	1 164 563.60	406 741.00	3 848 737.70	1 164 563.60
1777	284 903.65	3 941 949.56	627 461.35	1 215 869.31	418 853.60	3 941 949.60	1 215 869.32
1778	320 023.90	3 547 916.94	640 274.73	1 228 728.70	450 612.60	3 623 590.50	1 228 728.70
1779	358 931.74	3 520 316.91	646 117.35	1 202 302.45	430 955.30	3 520 316.90	1 202 302.45
1780	359 740.49	3 464 373.28	670 350.71	1 226 584.65	431 764.00	3 827 181.00	1 226 584.65
1781	493 869.41	4 032 281.35	1 157 211.70	2 287 896.20	569 196.40	4 065 392.90	2 287 896.20
1782	235 163.56	3 337 556.32	637 786.65	1 158 897.20	438 838.00	3 699 390.30	1 158 897.20
1783	365 537.67	3 418 249.98	618 802.21	1 416 663.78	437 561.20	3 746 972.40	1 416 663.78
1784	243 620.76	3 529 793.43	628 483.69	1 376 609.41	438 996.90	3 874 219.90	1 376 609.41
1785	250 576.63	3 192 460.38	627 026.14	1 499 177.05	438 078.40	3 536 463.10	1 499 177.05
1786	252 672.13	2 923 140.99	630 532.64	1 584 493.30	438 592.90	3 267 582.80	1 584 493.30
1787	241 906.99	3 284 709.20	536 055.19	1 517 741.51	440 713.10	3 372 547.10	1 517 741.50
1788	349 525.79	3 505 080.16	574 413.91	1 611 413.23	441 708.40	3 592 918.10	1 611 413.23
1789	206 795.82	4 085 924.58	591 655.13	1 693 017.09	390 858.90	4 461 891.20	1 693 017.09
1790	320 462.44	3 550 948.74	600 827.26	1 728 390.14	391 555.10	3 913 768.90	1 728 390.14
1791	325 755.06	3 723 336.99	601 218.74	1 597 101.27	400 351.40	3 811 174.90	1 597 101.26
1792	343 358.35	4 029 935.62	568 993.45	1 580 419.73	408 466.10	4 076 054.90	1 580 419.73
1793	373 644.28	3 455 307.10	600 795.04	1 486 407.84	445 970.00	3 501 426.40	1 486 407.84
1794	325 083.96	3 461 119.61	598 916.73	1 571 865.23	415 623.80	3 520 389.60	1 571 865.23
1795	391 968.68	3 116 659.52	412 001.31	1 583 912.57	451 222.40	3 462 425.70	1 799 759.70
1796	380 961.22	3 315 203.29	428 292.55	1 409 479.24	450 967.50	3 400 652.70	1 409 479.24
1797	378 591.86	3 343 166.96	435 903.18	1 409 076.16	447 719.30	3 431 381.20	1 409 076.16
1798	370 454.79	3 105 584.27	352 478.03	1 388 235.51	423 195.60	3 191 033.70	1 496 227.71
1799	271 204.02	3 287 572.02	483 839.95	1 420 912.95	434 816.00	3 329 097.60	1 420 782.45
1800	179 354.90	4 179 549.30	450 504.81	1 651 751.35	434 864.00	4 225 808.90	1 651 751.35
1801	303 189.99	2 854 071.89	457 506.32	1 793 678.15	436 392.40	3 357 338.90	1 801 343.26

续表

年份	边疆边贸税关	运河长江沿线税关	沿海税关（1）[a]	沿海税关（2）[b]	边疆边贸税关估计[c]	运河长江沿线税关估计[c]	沿海税关估计（2）[c]
1802	261 329.92	3 305 768.14	469 608.55	2 010 381.65	457 768.70	3 347 293.10	2 023 361.70
1803	374 629.26	3 270 114.20	524 794.37	2 220 183.40	459 696.10	3 663 406.70	2 220 183.40
1804	410 565.55	3 362 561.49	451 702.79	2 007 289.19	455 903.20	3 368 832.00	2 007 289.20
1805	410 661.29	3 475 174.24	424 160.21	2 066 131.98	450 623.70	3 556 729.00	2 066 131.98
1806	293 594.70	3 008 700.57	423 199.57	2 044 575.57	450 959.60	3 079 761.80	2 044 575.57
1807	419 071.48	2 950 656.39	454 474.66	2 118 304.71	436 441.90	3 182 694.50	2 118 304.71
1808	449 144.85	3 455 532.51	489 681.58	1 960 141.80	461 432.70	3 460 653.60	1 960 141.81
1809	317 992.72	3 303 040.25	506 178.69	1 963 380.47	440 440.60	3 353 491.80	1 963 380.47
1810	406 943.62	3 289 990.47	501 408.89	1 910 050.76	440 165.00	3 353 824.90	1 910 050.75
1811	331 098.40	3 007 809.92	484 702.83	1 649 965.96	467 670.60	3 113 970.10	1 649 965.96
1812	416 759.15	2 992 313.68	488 107.83	1 836 044.72	438 590.10	3 098 473.90	1 837 752.18
1813	302 059.85	3 018 872.19	513 417.77	1 760 125.93	438 633.00	3 208 028.10	1 760 125.93
1814	503 664.11	3 236 721.19	811 791.32	3 232 510.85	549 224.80	3 241 842.30	3 232 510.84
1815	306 083.41	3 164 349.16	497 483.97	1 828 723.83	437 568.20	3 169 470.30	1 829 424.21
1816	195 362.31	3 017 814.75	395 139.05	1 842 119.01	438 277.30	3 297 205.20	1 937 902.29
1817	191 578.32	3 230 188.19	428 682.38	1 849 986.18	437 799.00	3 303 463.30	1 945 769.45
1818	398 641.71	3 268 321.70	394 187.83	1 697 098.83	439 113.10	3 273 442.80	1 792 882.11
1819	404 810.35	3 489 332.66	487 072.78	1 867 169.87	438 043.30	3 553 174.60	1 867 169.87
1820	430 455.00	3 041 397.89	485 726.30	1 965 546.41	436 652.00	3 105 239.90	1 965 546.40
1821	301 116.96	2 923 148.26	483 411.36	1 980 433.85	437 010.80	3 124 725.80	1 980 433.85
1822	485 260.61	3 615 453.85	481 344.69	1 966 491.52	498 002.90	3 741 290.70	1 966 491.52
1823	270 209.43	3 059 058.48	480 440.38	1 885 353.54	436 446.70	3 064 179.60	1 885 353.54
1824	269 936.42	3 262 683.86	479 435.37	1 923 757.99	436 558.40	3 451 924.00	1 923 757.99
1825	393 240.00	2 930 693.72	476 771.57	1 775 600.53	436 709.30	3 119 933.80	1 775 600.53
1826	383 339.35	2 529 383.50	475 029.96	2 051 667.12	435 216.50	3 157 891.20	2 051 667.12
1827	250 999.44	2 569 607.66	574 726.68	2 424 772.67	436 588.60	3 167 268.00	2 424 772.67
1828	248 831.59	3 216 394.64	479 814.11	1 921 738.70	435 437.20	3 252 203.00	1 921 738.71
1829	336 865.62	3 188 226.04	476 407.91	1 975 988.65	435 761.90	3 282 759.80	1 975 988.65
1830	438 406.68	3 184 350.73	379 943.10	2 043 578.08	485 163.30	3 382 455.40	2 139 318.95
1831	250 997.88	2 674 269.69	476 290.08	1 938 096.25	439 329.00	3 038 261.60	1 938 096.24
1832	249 592.66	3 561 227.45	456 526.63	1 989 459.88	439 728.40	3 925 219.40	1 989 459.88
1833	345 428.49	2 616 212.98	421 973.47	1 899 819.74	439 436.60	2 836 199.80	1 899 819.74
1834	367 467.18	2 887 341.47	475 093.99	2 144 806.63	439 552.70	2 923 149.90	2 144 806.63
1835	414 188.12	3 136 085.57	549 757.79	1 974 701.96	486 273.60	3 356 072.40	1 974 701.96
1836	255 004.17	2 805 518.07	473 373.38	2 148 225.11	440 031.70	3 169 516.90	2 148 225.11
1837	368 096.44	2 795 013.52	479 202.61	2 268 626.94	440 186.90	3 140 673.40	2 268 626.93

续表

年份	边疆边贸税关	运河长江沿线税关	沿海税关（1）[a]	沿海税关（2）[b]	边疆边贸税关估计[c]	运河长江沿线税关估计[c]	沿海税关估计（2）[c]
1838	368 224.74	3 237 025.16	480 970.92	1 723 015.13	440 315.20	3 272 833.60	1 723 015.14
1839	368 486.23	2 992 736.98	465 039.08	1 913 598.08	440 576.70	3 023 424.40	1 913 598.07
1840	370 245.21	3 072 647.38	440 220.42	1 626 772.28	440 521.20	3 108 455.90	1 626 772.28
1841	372 686.67	3 090 772.70	455 309.81	1 319 541.98	463 175.40	3 126 581.30	1 319 541.98
1842	399 079.32	2 565 688.37	222 577.78	1 338 320.14	466 049.20	2 785 687.40	1 338 320.14
1843	215 760.35	2 518 861.06	341 775.50	1 524 264.49	403 263.10	2 738 860.10	1 524 264.49
1844	248 996.15	2 740 513.13	407 383.32	2 437 926.43	426 744.30	2 835 048.90	2 437 926.43
1845	252 080.31	2 769 062.65	373 315.80	2 734 147.96	426 754.60	3 047 800.10	2 734 147.96
1846	330 330.15	2 966 118.93	583 579.37	4 742 199.62	538 426.20	3 155 441.80	4 742 199.62
1847	228 964.16	2 340 991.29	433 558.65	2 258 781.70	428 627.60	2 885 431.30	2 258 781.71
1848	235 529.32	2 586 312.47	403 369.58	1 827 415.49	428 679.30	3 004 514.30	1 861 278.67
1849	367 316.46	3 080 957.34	439 769.24	1 911 087.71	430 506.20	3 116 765.80	1 911 087.72
1850	271 184.24	2 289 160.07	441 294.36	1 918 162.33	425 612.50	3 031 676.40	1 918 162.33
1851	274 892.90	2 717 964.50	440 578.83	2 077 152.92	417 485.50	2 961 589.70	2 077 152.93
1852	195 657.90	2 321 832.69	373 829.32	2 040 641.26	423 167.20	2 697 150.30	2 040 641.27
1853	277 269.87	1 793 060.01	312 483.35	1 586 612.84	419 862.40	1 847 335.00	1 660 623.83
1854	256 815.32	906 380.86	282 372.34	1 448 864.47	400 481.00	1 111 703.90	1 448 864.47
1855	234 961.83	1 010 238.69	318 826.40	723 585.12	377 554.40	1 180 315.60	723 585.13
1856	288 305.77	1 126 288.57	375 487.85	1 532 293.73	444 780.00	1 377 050.20	1 532 293.73
1857	267 543.55	980 600.89	402 507.35	503 628.98	414 514.80	1 066 487.90	503 628.98
1858	251 542.98	1 029 674.13	418 671.63	852 943.80	416 878.90	1 114 952.10	852 943.80
1859	170 350.21	1 093 634.21	437 869.87	1 319 887.55	408 463.20	1 211 537.20	1 319 887.55
1860	131 312.44	1 356 889.47	516 842.93	1 508 731.47	393 372.20	1 440 760.70	1 508 731.46
1861	328 991.31	616 120.51	429 902.41	429 902.41	471 583.90	675 479.79	429 902.41
1862	289 978.74	645 856.24	434 088.54	434 088.54	433 671.20	705 215.52	434 088.54
1863	237 039.57	912 929.13	438 062.81	438 062.81	437 813.00	992 645.58	438 062.81
1864	287 719.81	1 170 538.45	399 182.31	399 182.31	427 565.00	1 198 138.40	428 177.51
1865	242 201.63	1 169 799.65	455 275.62	455 275.62	431 722.10	1 192 911.50	455 275.62
1866	243 601.54	1 126 210.33	492 277.14	492 277.14	413 088.60	1 150 882.50	492 277.14
1867	287 988.20	1 178 061.70	451 345.71	451 345.71	431 647.90	1 288 101.80	451 345.71
1868	346 390.42	1 232 290.38	594 771.14	594 771.14	515 877.50	1 292 756.60	594 771.14
1869	300 420.41	1 282 223.72	477 360.65	477 360.65	469 907.50	1 306 895.90	562 895.67
1870	295 386.60	980 491.96	502 005.67	502 005.67	489 139.60	1 217 266.80	587 540.69
1871	274 306.59	1 240 850.08	491 904.49	491 904.49	449 150.40	1 305 293.60	577 439.52
1872	274 299.64	1 264 770.23	661 548.46	661 548.46	452 449.90	1 289 442.40	661 548.46
1873	307 363.47	1 280 361.38	596 313.43	596 313.43	455 223.50	1 344 951.50	596 313.43

续表

年份	边疆边贸税关	运河长江沿线税关	沿海税关（1）[a]	沿海税关（2）[b]	边疆边贸税关估计[c]	运河长江沿线税关估计[c]	沿海税关估计（2）[c]
1874	310 248.15	1 088 216.78	601 097.37	601 097.37	463 649.20	1 308 795.80	601 097.37
1875	294 511.17	1 075 424.55	605 834.91	605 834.91	452 113.30	1 335 971.70	605 834.91
1876	300 979.89	1 332 571.93	676 816.22	676 816.22	456 072.60	1 397 212.30	676 816.22
1877	280 114.41	1 454 474.06	608 775.74	608 775.74	454 958.30	1 477 716.20	608 775.74
1878	263 050.56	1 359 391.22	609 965.45	609 965.45	437 894.40	1 387 754.60	609 965.45
1879	493 943.80	1 394 208.66	993 070.56	993 070.56	645 950.80	1 462 563.60	993 070.56
1880	298 663.45	1 358 460.04	672 800.02	672 800.02	450 866.90	1 426 815.00	672 800.02
1881	323 878.94	1 318 362.18	690 301.15	690 301.15	475 171.30	1 386 717.10	690 301.15
1882	288 255.53	1 344 230.55	688 035.14	688 035.14	463 099.40	1 412 585.50	688 035.14
1883	242 206.17	1 394 253.04	683 010.56	683 010.56	393 392.30	1 422 616.40	683 010.56
1884	337 714.12	1 469 270.58	657 621.62	657 621.62	496 074.40	1 497 633.90	657 621.62
1885	275 717.53	1 306 740.83	611 438.06	611 438.06	494 565.90	1 371 787.20	611 438.06
1886	221 117.47	1 360 390.78	684 741.11	684 741.11	513 031.50	1 416 659.20	684 741.11
1887	285 477.07	1 417 069.29	812 693.33	812 693.33	509 055.00	1 473 337.70	690 490.58
1888	326 551.04	1 392 998.21	718 011.99	718 011.99	453 489.50	1 449 266.60	718 011.99
1889	297 382.17	1 373 116.96	725 468.99	725 468.99	431 048.80	1 429 385.40	725 468.99
1890	121 549.81	2 025 829.60	780 913.66	780 913.66	417 061.10	2 082 098.00	670 857.13
1891	320 657.28	1 289 553.81	779 614.16	779 614.16	470 998.50	1 390 594.80	661 102.92
1892	326 423.49	1 483 741.88	879 539.84	879 539.84	449 099.40	1 540 010.30	768 802.45
1893	84 212.00	1 131 332.20	766 312.05	766 312.05	420 264.70	1 336 036.10	659 745.07
1894	297 814.07	1 320 888.54	757 232.71	757 232.71	427 410.60	1 377 156.90	638 653.45
1895	156 387.46	1 325 343.18	717 088.84	717 088.84	285 697.10	1 381 611.60	606 569.30
1896	263 585.12	1 241 079.94	756 973.98	756 973.98	413 107.00	1 334 943.40	633 527.43
1897	269 601.18	1 275 568.68	784 281.82	784 281.82	439 157.60	1 331 837.10	662 571.69
1898	271 463.82	1 167 107.00	797 935.65	797 935.65	441 020.20	1 331 928.30	689 814.52
1899	241 625.59	1 166 562.65	772 584.69	772 584.69	442 027.20	1 312 566.00	663 444.39
1900	323 081.35	1 346 299.95	758 025.73	758 025.73	454 618.40	1 408 293.20	717 728.54
1901	38 483.89	1 074 926.40	606 542.62	606 542.62	234 482.50	1 299 632.10	740 682.04
1902	65 212.22	1 270 646.78	933 178.63	933 178.63	235 418.40	1 653 895.50	1 067 318.10
1903	54 940.82	859 398.34	1 882 501.16	1 882 501.16	250 939.40	1 736 735.90	1 703 886.80
1904	99 492.77	853 360.00	1 770 021.49	1 770 021.49	262 232.50	1 742 975.20	1 608 853.90
1905	135 614.95	1 051 775.59	2 617 690.00	2 617 690.00	298 354.60	1 928 517.10	2 474 504.00
1906	121 135.34	1 026 858.84	1 911 274.09	1 911 274.09	283 875.00	1 968 655.70	1 890 270.60
1907	292 184.47	885 487.32	1 423 658.42	1 423 658.42	423 721.50	1 762 152.60	1 804 694.10
1908	381 901.96	473 668.71	1 600 460.44	1 600 460.44	610 003.00	1 980 416.70	1 606 086.70
1909	325 864.49	488 395.35	1 130 263.61	1 130 263.61	717 901.70	2 049 900.20	1 847 360.50

续表

年份	边疆边贸税关	运河长江沿线税关	沿海税关（1）[a]	沿海税关（2）[b]	边疆边贸税关估计[c]	运河长江沿线税关估计[c]	沿海税关估计（2）[c]
1910		169 413.02			752 901.70	1 919 279.30	1 847 360.50
1911					752 901.70	1 919 279.30	1 847 360.50

注：a 沿海税关（1）=不包括 1861 年以前粤海关所征税收的关税数据
b 沿海税关（2）=包括 1861 年以前粤海关所征税收的关税数据
c 加上推算的缺失数据后的常关税收

如图 7.7 可见，运河长江沿线税关所征的税收远高于其他两部分，但随着沿海税关的影响逐渐增强，1850 年以后这一趋势发生了改变。如果将粤海关 1861 年以前的关税数据加入沿海税关的税收中，数据趋势波动变得更陡峭（图 7.8）。

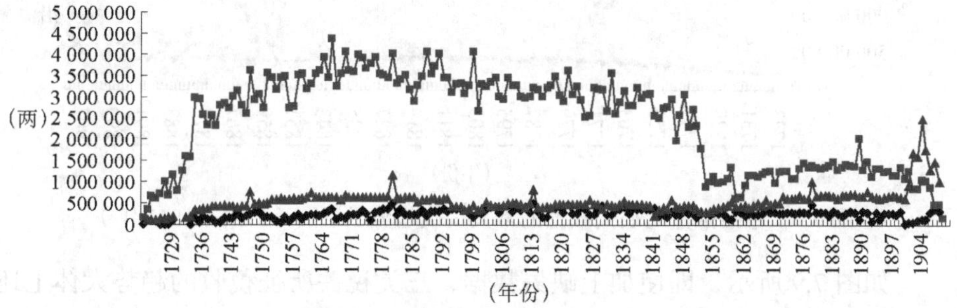

图 7.7　三类常关税收趋势示意图（1723—1911 年）

方形数据点=边疆边贸税关，三角形数据点=运河长江沿线税关，圆形数据点=沿海税关

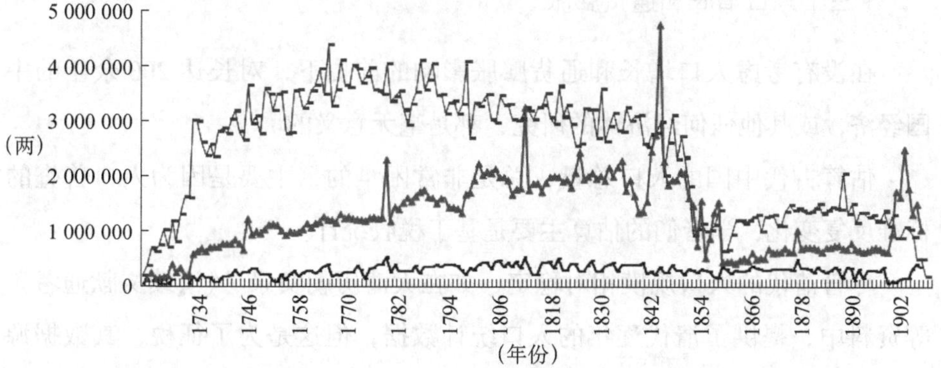

图 7.8　加上粤海关的数据后三类常关税收趋势示意图（1723—1911 年）

方形数据线=边疆边贸税关税收数据，三角形数据线=运河长江沿线税关税收数据，圆形数据线=沿海税关税收数据

加上粤海关的税收后，沿海的税收在 1850 年之前经历了很大的增长，甚至严重地挑战了运河长江沿线税关作为 19 世纪上半叶最重要的税收来源的地位。

加上笔者推算的缺失数据后，对常关税收数据的影响可以参见图 7.9。

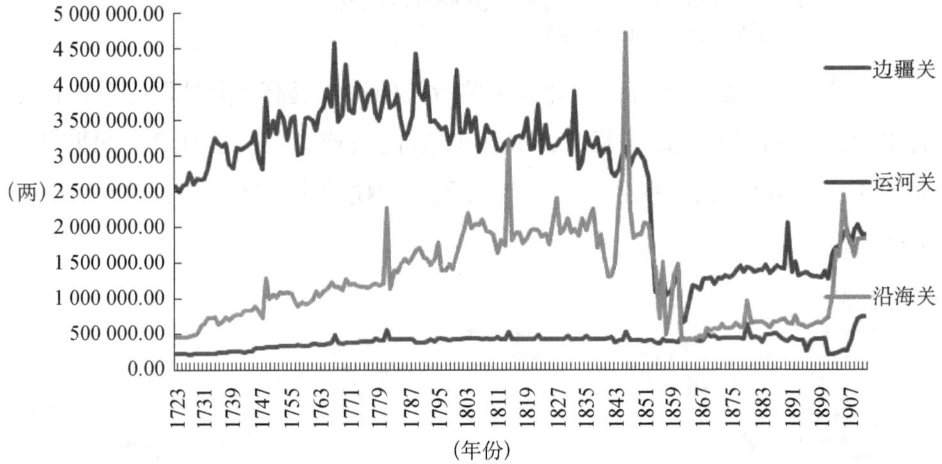

图 7.9　包括推算的缺失数据的常关税收趋势示意图（1723—1911 年）

如图 7.9 所示，即使加上缺失数据，三类税关所征税收的趋势大体上还是一样的。

（三）人口增长和通货膨胀

在没有考虑人口增长和通货膨胀影响的前提下，对长达 200 余年的中国经济，或其他任何经济体的研究，都是毫无意义的。

估算古代中国的人口总量，总是非常困难的，主要是因为人口普查的标准反复变化，学者们的估算主要是基于税收统计。

尽管清代的人口规模相对稳定，如在大清历朝实录、《清续文献通考》等资料中，提供了清代逐年的人口统计数据，但这是为了征税，其数据源本身就存在错误。例如，清初老人是免税的，妇女和儿童也不需要交税，因此这些没有被列入适合的登记册。这同样适用于移民，即使他们在人口登记之前已经迁移到新地区，原则上仍要登记在他们原籍，而不是实际的居住地。得益于许多学者的努力工作，清代中国人口规模的估算变得越来越准确。特别是曹树基（表 7.4）的数据，获得了很高的权威。

表 7.4 清代人口规模数据表 （单位：亿人）

年份	1644	1776	1820	1851	1880	1910
人口	1.525	3.114	3.831	4.361	3.644	4.36

资料来源：曹树基：《中国人口史》第四册，第 451—452 页；第 5 册，第 703—704 页，上海：复旦大学出版社，2001 年

图 7.10 是用示意图的形式呈现了这些数据。

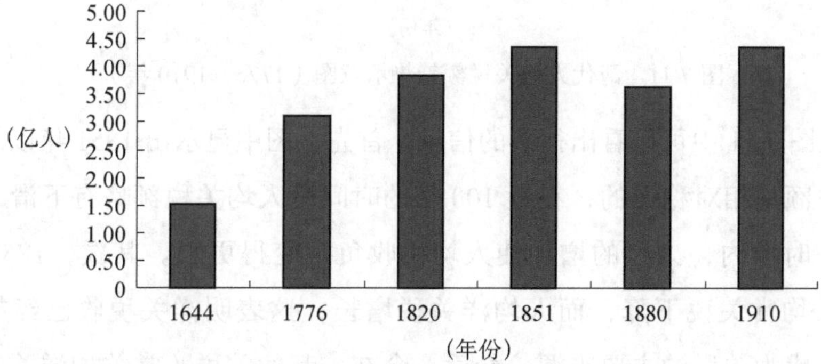

图 7.10 清代人口规模示意图

因为无法获得逐年的人口统计数据，笔者仅使用了 1776 年、1820 年、1851 年、1880 年和 1910 年的人口数据，计算人均关税额（表 7.5）。

表 7.5 清代人均关税额 （单位：两）

	常关		洋关		小计		合计（包括缺失数据）	
	总量	人均	总量	人均	总量	人均	总量	人均
1776	4 542 904	0.0145	533 178.41	0.0017	5 076 082	0.0163	5 420 042	0.0174
1820	3 957 579	0.0103	1 479 820.10	0.0039	5 437 399	0.0142	5 507 438	0.0144
1851	3 433 436	0.0079	2 836 574.10	0.0065	6 270 010	0.0144	6 656 228	0.0153
1880	2 329 924	0.0064	14 346 406	0.0394	16 676 330	0.0458	16 896 888	0.0464
1910	169 413	0.0004	34 518 859	0.0792	34 688 272	0.0796	39 038 401	0.0895

图 7.11 以示意图的形式呈现了表 7.5 中的信息。

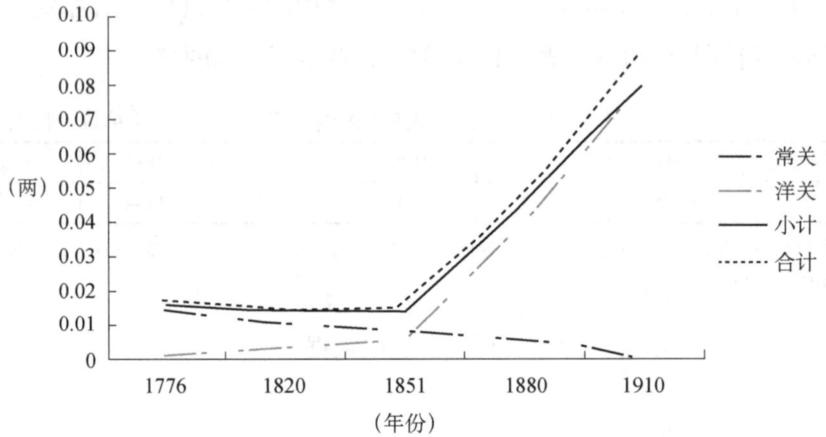

图 7.11　清代人均关税额趋势示意图（1776—1910 年）

从图 7.11 中可以看出很多的信息。首先，图中显示出 1851 年以前的人均关税额是相对稳定的，在近 100 年的时间里人均关税额略有下滑，表明在这一时段内，人口的增加使人均税收负担变得更轻。其次，1851 年之后，人均常关税下降，而人均洋关税增长，这表明洋关税收已经超过常关，并成为关税的主要来源。最后，合在一起的关税（常关加洋关）趋势和补上常关缺失数据后的趋势是一样的，即 1851 年之前保持稳定，随后在 1880—1911 年出现一个急剧的增长。显然，1851 年（太平天国运动初期）是清代财政的转折点。

除了人口增加外，通货膨胀也是研究清代经济史需要考虑的方面。获得清代通货膨胀的准确数值可能比估算人口更加困难。最简便的方法，是通过比较各种论著中估算出的物价变化，来获得清代通货膨胀的信息，见图 7.12。

关于清代通货膨胀的程度有不同的观点，而且也不可能得到广泛接受的指数。表 7.6 显示了清代经济的通货膨胀水平：笔者展示了 1723—1910 年逐年的关税（1911 年的税收缺失），其中取 1910 年的指数为 100。

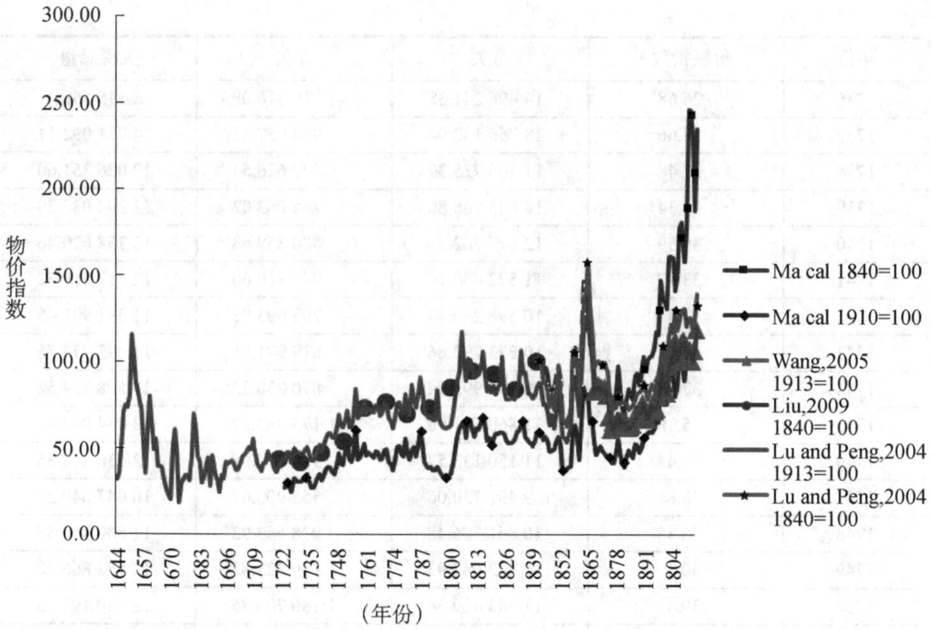

图 7.12　1644—1911 年估算物价趋势示意图

资料来源：Ma Y，de Jong H J，Chu T，Living standards in China between 1840 and 1912：A new estimate of Gross Domestic Product per capita，GGDC Research Memorandum No. 147，Appendix B，Table B. 2014，p. 12

表 7.6　常关和洋关实际征收关税额（1910 年指数=100）

年份	价格指数 [a]	常关	洋关	关税总量
1723	26.27	12 225 936.81		12 225 938.33
1724	30.12	10 410 586.99		10 410 587.65
1725	30.12	10 745 944.56	323 023.11	11 068 967.46
1726	24.28	13 381 883.44		13 381 882.21
1727	31.98	10 705 734.83		10 705 734.83
1728	30.12	10 885 539.18		10 885 537.85
1729	30.12	11 206 489.71		11 206 490.70
1730	30.12	11 201 807.77	657 576.66	11 859 385.79
1731	30.59	11 082 702.52	747 498.20	11 830 199.41
1732	32.48	10 849 926.72	951 686.95	11 801 613.30
1733	34.34	11 076 582.12		11 076 581.25
1734	30.59	12 945 313.83		12 945 315.46
1735	26.68	14 637 298.73	809 595.20	15 446 892.80

续表

年份	价格指数[a]	常关	洋关	关税总量
1736	26.68	14 496 241.38	1 019 316.08	15 515 558.47
1737	28.66	13 756 132.94	994 957.82	14 751 092.11
1738	32.48	11 305 725.37	720 626.54	12 026 351.60
1739	34.34	10 605 966.80	788 063.02	11 394 030.29
1740	30.59	12 877 762.01	880 859.63	13 758 620.46
1741	33.87	11 572 058.16	745 810.60	12 317 868.32
1742	37.41	10 598 296.44	793 693.93	11 391 991.45
1743	38.68	10 273 792.66	819 981.08	11 093 774.56
1744	37.78	10 637 995.24	870 238.22	11 508 234.52
1745	35.38	11 860 661.96	1 173 383.27	13 034 044.66
1746	34.44	11 150 133.57	986 114.98	12 136 248.55
1747	38.86	9 491 739.06	555 900.67	10 047 640.25
1748	46.35	10 861 776.48	938 683.93	11 800 459.55
1749	40.3	10 442 642.93	1 110 223.82	11 552 866.00
1750	39.4	11 343 489.34	1 186 706.85	12 530 195.43
1751	47.23	9 025 556.85	977 757.78	10 003 315.69
1752	54.02	8 532 311.74	931 699.00	9 464 011.48
1753	43.52	10 270 274.59	1 182 904.41	11 453 177.85
1754	41.81	10 037 714.66	1 232 480.27	11 270 193.73
1755	46.5	9 692 037.85	1 045 775.91	10 737 812.90
1756	61.13	7 376 963.19	662 537.22	8 039 501.06
1757	42.95	9 271 187.19	746 335.27	10 017 522.70
1758	43.89	9 147 153.79	843 179.11	9 990 332.65
1759	47.6	9 450 225.84	745 156.97	10 195 382.35
1760	51.73	8 759 448.48	688 703.92	9 448 151.94
1761	45.28	10 006 021.64	845 040.61	10 851 062.28
1762	46.95	9 582 291.37	815 021.32	10 397 312.03
1763	45.28	10 231 763.91	909 091.23	11 140 854.68
1764	43.78	10 813 599.82	1 083 629.03	11 897 229.33
1765	47.31	10 519 197.00	1 067 720.93	11 586 918.20
1766	47.13	10 085 792.91	1 273 330.81	11 359 123.70
1767	42.45	13 533 125.09	1 288 411.52	14 821 535.92
1768	43.59	10 370 102.09	1 256 567.29	11 626 668.96
1769	48.05	9 523 787.51	1 142 965.29	10 666 753.38
1770	48.59	11 112 667.63	1 216 438.26	12 329 106.81
1771	41.81	11 249 274.10	1 387 074.79	12 636 347.76

续表

年份	价格指数[a]	常关	洋关	关税总量
1772	40.45	11 540 797.28	1 468 157.50	13 008 954.26
1773	36.68	13 894 745.09	1 512 821.92	15 407 568.16
1774	42.01	11 946 567.96	1 289 105.43	13 235 672.46
1775	49.88	9 448 165.00	1 086 334.60	10 534 498.80
1776	50.61	9 655 925.51	1 053 504.07	10 709 428.97
1777	46.57	10 711 325.96	1 263 491.45	11 974 816.41
1778	44.31	10 639 760.32	1 328 038.75	11 967 799.59
1779	54.89	8 375 641.46	1 013 272.18	9 388 914.19
1780	46.57	10 584 702.17	1 194 403.99	11 779 106.72
1781	42.8	13 532 245.33	2 641 786.21	16 174 030.37
1782	48.41	9 865 761.00	1 076 452.28	10 942 212.35
1783	49.69	9 666 604.55	1 605 678.35	11 272 282.15
1784	44.51	11 102 449.79	1 680 803.68	12 783 253.20
1785	50.41	9 128 283.28	1 730 114.88	10 858 397.14
1786	59.81	7 250 808.06	1 594 985.22	8 845 793.35
1787	52.2	8 332 021.84	1 880 625.11	10 212 647.51
1788	41.65	11 066 123.41	2 489 794.24	13 555 918.37
1789	39.12	13 917 191.46	2 815 342.54	16 732 533.23
1790	37.73	13 003 316.19	2 988 504.90	15 991 820.83
1791	38.64	12 455 344.20	2 577 335.71	15 032 681.16
1792	36.84	13 717 465.80	2 745 456.84	16 462 923.45
1793	36.64	12 413 186.41	2 417 065.50	14 830 251.09
1794	38.24	11 859 126.83	2 544 321.39	14 403 449.27
1795	36.84	12 327 624.32	3 181 083.06	15 508 707.93
1796	33.99	12 591 682.26	2 886 692.23	15 478 373.05
1797	32.95	13 095 610.62	2 953 484.01	16 049 095.60
1798	32.54	12 522 125.08	3 183 028.58	15 705 153.66
1799	33.37	12 728 867.25	2 808 130.06	15 536 997.30
1800	34.6	14 772 189.88	3 471 810.69	18 244 000.00
1801	40.84	10 428 263.47	3 271 723.31	13 699 987.76
1802	48.8	8 786 169.06	3 157 321.93	11 943 491.80
1803	57.44	8 091 742.86	2 951 582.52	11 043 325.21
1804	61.01	7 009 405.02	2 549 723.65	9 559 128.01
1805	63.07	7 026 340.42	2 603 411.76	9 629 752.66
1806	64.94	6 088 575.61	2 496 729.29	8 585 304.90
1807	55.2	7 379 730.25	3 014 184.78	10 393 914.86

续表

年份	价格指数[a]	常关	洋关	关税总量
1808	66.53	6 631 245.75	2 210 221.25	8 841 467.01
1809	65.91	6 524 216.36	2 210 896.37	8 735 113.03
1810	60.36	7 116 300.20	2 333 734.10	9 450 034.79
1811	56.15	7 241 929.83	2 075 268.21	9 317 198.58
1812	60.86	6 616 627.18	2 214 815.81	8 831 442.66
1813	60.48	6 878 437.33	2 061 356.15	8 939 793.32
1814	64.07	7 184 108.63	3 778 241.77	10 962 350.55
1815	67.39	6 091 738.83	1 975 426.47	8 067 165.75
1816	62.37	6 776 342.47	2 319 993.59	9 096 336.38
1817	53.51	7 971 833.12	2 656 146.14	10 627 979.82
1818	55.48	7 574 850.40	2 348 433.67	9 923 284.07
1819	50.85	8 806 864.70	2 714 055.26	11 520 920.35
1820	55.02	7 320 280.08	2 689 603.96	10 009 883.68
1821	57.95	6 980 410.70	2 583 300.26	9 563 711.82
1822	57.98	8 141 839.08	2 561 481.20	10 703 320.11
1823	58.19	6 841 496.13	2 414 355.04	9 255 851.52
1824	58.17	7 508 883.96	2 482 933.81	9 991 817.09
1825	58.06	6 946 976.75	2 237 046.16	9 184 023.42
1826	54.26	7 497 489.13	2 905 708.07	10 403 197.57
1827	52.28	7 992 699.50	3 538 726.09	11 531 425.02
1828	52.49	7 939 520.48	2 747 046.29	10 686 566.97
1829	53.21	7 883 724.11	2 818 230.97	10 701 954.52
1830	54.32	7 995 770.80	3 062 656.48	11 058 427.84
1831	58.25	6 787 778.03	2 509 538.54	9 297 316.74
1832	59.81	8 061 318.34	2 563 004.85	10 624 323.69
1833	62.88	5 880 422.87	2 350 264.47	8 230 687.02
1834	65.82	5 830 745.21	2 536 786.08	8 367 531.15
1835	55.89	7 858 478.80	2 549 551.26	10 408 030.06
1836	53.69	7 604 622.83	3 119 485.38	10 724 108.77
1837	52.35	7 755 612.03	3 418 193.51	11 173 805.16
1838	50.74	8 265 904.22	2 447 860.07	10 713 764.29
1839	53.43	7 353 621.94	2 711 134.19	10 064 755.76
1840	58.16	6 859 005.33	2 040 151.13	8 899 155.78
1841	59.26	6 825 964.39	1 458 373.56	8 284 338.51
1842	59.08	5 880 694.65	1 888 528.10	7 769 223.09
1843	54.05	6 445 696.02	2 187 768.73	8 633 465.31

续表

年份	价格指数[a]	常关	洋关	关税总量
1844	56.11	6 539 255.93	3 732 951.88	10 272 208.16
1845	53.69	7 166 829.02	4 849 979.33	12 016 807.60
1846	47.64	8 978 688.92	11 467 674.85	20 446 364.40
1847	48.31	7 757 436.35	5 249 899.40	13 007 335.96
1848	48.9	7 914 982.21	4 164 888.75	12 079 871.17
1849	52.85	7 544 070.58	4 111 631.03	11 655 701.04
1850	56.15	6 943 157.97	2 690 418.52	9 633 576.14
1851	52.14	7 325 765.25	5 440 303.22	12 766 068.28
1852	35.8	9 760 186.59	8 240 753.07	18 000 938.55
1853	36.41	7 288 359.79	5 134 325.46	12 422 686.08
1854	37.01	4 848 844.10	5 437 207.24	10 286 052.42
1855	38.61	4 860 648.54	6 856 878.79	11 717 526.55
1856	39.01	5 632 704.69	9 411 499.87	15 044 204.05
1857	60.45	3 115 814.72	4 774 852.94	7 890 668.32
1858	62.62	3 114 823.86	4 658 715.75	7 773 538.81
1859	55.49	3 708 542.44	6 904 277.89	10 612 820.33
1860	42.89	5 481 407.79	8 748 730.47	14 230 137.56
1861	65.54	2 406 112.45	9 932 965.52	12 339 078.43
1862	85.05	1 849 471.25	8 888 736.04	10 738 206.94
1863	78.93	2 367 314.58	10 841 856.08	13 209 170.15
1864	81	2 535 655.56	10 341 993.83	12 877 649.38
1865	63.58	3 271 326.20	12 485 017.30	15 756 343.19
1866	66.19	3 106 584.53	13 456 248.68	16 562 832.75
1867	53.66	4 046 021.99	16 636 805.81	20 682 827.06
1868	45.45	5 288 020.46	21 754 642.46	27 042 662.27
1869	48.24	4 850 122.51	19 965 860.28	24 815 982.59
1870	50.44	4 547 872.92	19 350 212.13	23 898 084.85
1871	48.19	4 838 936.71	22 240 029.05	27 078 966.59
1872	46.09	5 214 668.69	25 180 991.54	30 395 660.66
1873	44.73	5 357 676.06	24 998 596.02	30 356 270.96
1874	44.73	5 306 376.93	26 626 926.00	31 933 302.03
1875	40.97	5 843 104.47	29 702 494.51	35 545 599.22
1876	40.97	6 175 496.95	30 687 935.07	36 863 431.78
1877	46.86	5 423 495.95	26 234 955.19	31 658 450.70
1878	55.07	4 422 760.85	22 617 054.66	27 039 814.78
1879	46.47	6 674 381.32	28 397 239.08	35 071 620.40

续表

年份	价格指数[a]	常关	洋关	关税总量
1880	40.37	6 317 765.42	35 537 295.02	41 855 060.69
1881	38.47	6 634 233.17	39 128 468.94	45 762 703.41
1882	44.74	5 730 263.75	32 384 380.87	38 114 644.61
1883	47.99	5 207 375.08	28 347 416.13	33 554 790.58
1884	45.97	5 767 522.08	29 885 390.47	35 652 912.77
1885	43.92	5 641 601.09	32 281 942.17	37 923 542.81
1886	51.56	5 070 659.04	29 605 267.65	34 675 927.08
1887	51.36	5 204 211.84	35 918 309.97	41 122 521.42
1888	46.78	5 602 325.99	49 367 821.72	54 970 147.50
1889	49.58	5 215 617.59	44 230 982.25	49 446 599.44
1890	54.86	5 778 374.41	40 073 348.52	45 851 722.57
1891	55.45	4 549 497.20	41 707 008.12	46 256 504.96
1892	58.25	4 734 613.22	39 156 046.35	43 890 659.23
1893	58.89	4 102 641.87	37 470 173.20	41 572 815.42
1894	58.47	4 178 589.02	38 989 273.13	43 167 862.15
1895	60.38	3 765 945.68	34 755 067.90	38 521 013.58
1896	65.62	3 629 347.46	33 588 317.59	37 217 665.35
1897	64.17	3 792 374.01	35 332 008.73	39 124 382.11
1898	82.41	2 988 427.50	26 487 142.34	29 475 569.71
1899	75.56	3 200 155.64	34 429 899.42	37 630 055.58
1900	74.56	3 461 158.93	32 310 340.67	35 771 499.46
1901	74.76	3 042 799.22	32 000 576.51	35 043 376.14
1902	92.82	3 185 339.37	30 572 279.68	33 757 619.05
1903	92.42	3 994 332.61	32 918 421.34	36 912 753.73
1904	91.44	3 952 385.83	33 034 236.66	36 986 622.92
1905	79.34	5 925 605.87	41 184 237.46	47 109 843.71
1906	84.44	4 906 207.13	41 411 636.67	46 317 843.44
1907	101.34	3 937 801.66	32 758 809.95	36 696 611.41
1908	102.86	4 079 823.55	32 014 545.98	36 094 369.05
1909	88.86	5 193 745.67	37 367 867.43	42 561 612.65
1910	100	4 519 541.60	34 518 859.00	39 038 401.00

注：a 价格指数来源于 Ma，Y，de Jong H J，Chu T，Living standards in China between 1840 and 1912：A new estimate of Gross Domestic Product per capita，GGDC Research Memorandum Nr. 147，2014

此表是用指数核算出来，由于采用不同的数据核对常关和洋关，所以关税总量并不一定是常关加洋关之和

为了更清晰地了解通货膨胀是如何发展的，笔者划分出三个时段：1723—1795 年、1796—1850 年以及 1850—1910 年，详见图 7.13、图 7.14 和图 7.15。

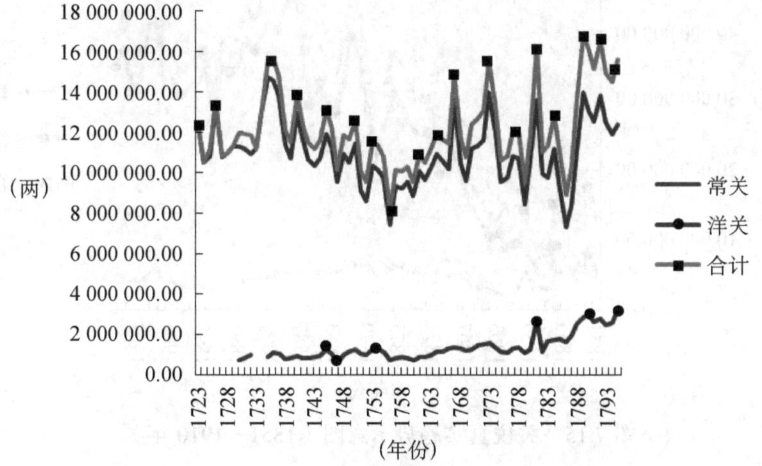

图 7.13 关税真实趋势示意图（1723—1795 年）

1723—1795 年，常关的趋势线或多或少是水平的，而洋关的趋势线则呈现增长的趋势。

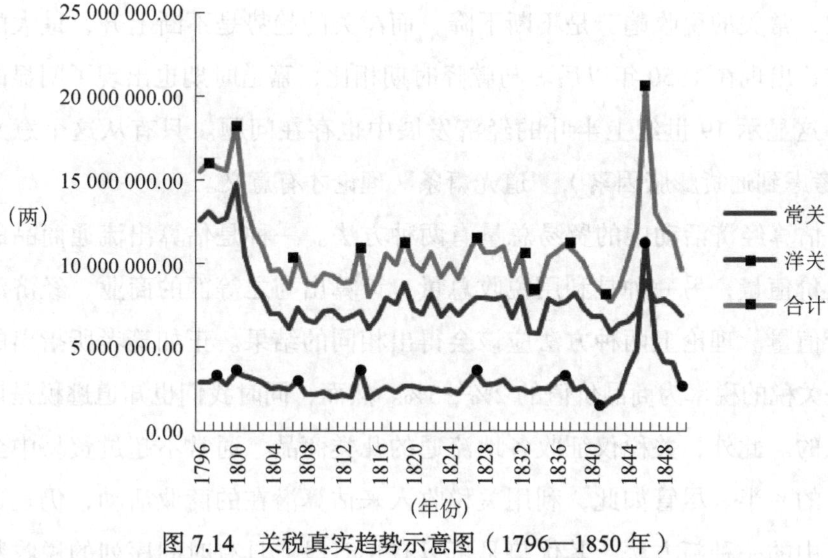

图 7.14 关税真实趋势示意图（1796—1850 年）

嘉道时期，常关和关税总量都略有下滑，而洋关则有一个小的增长。

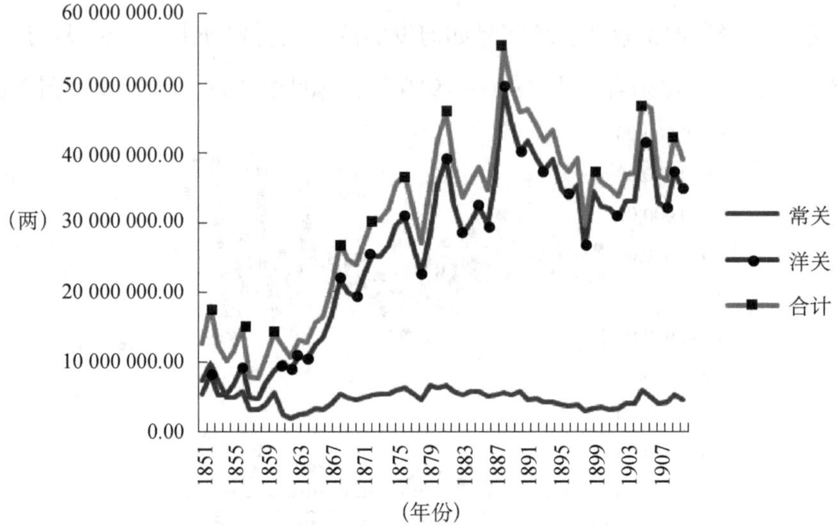

图 7.15　关税真实趋势示意图（1851—1910 年）

晚清时期，常关保持稳定，而洋关和关税总量都增长很快，特别是在 19 世纪 80 年代之前。

图 7.16 显示，关税的实质变化并没有图 7.3 中名义上的那么明显。大体上，常关的税收趋势是不断下降，而洋关的趋势是不断上升，最大的实际增长出现在 1850 年以后。与乾隆时期相比，嘉道时期也出现了明显的下滑，这显示 19 世纪上半叶的经济发展中也存在问题。只有从这个意义上（即考虑到通货膨胀因素），“道光萧条”理论才有意义。

估算经济活动中的贸易总量有两种方法。一种是估算出流通商品的数量及价值量，另一种是利用税收总量，计算出与之等额的商业、经济活动的价值量。理论上两种方法应该会得出相同的结果。正如笔者所指出的，常关关税的税率为商品价值的 2%—5%。然而，同时我们也知道逃税是广泛存在的。此外，关税仅征收各地流通的几类商品，通常不超过贸易中全部商品的一半。尽管如此，利用关税收入来估算潜在的商业活动，仍是这类研究中的一种新方法，其优势是可以有长时段、具有时间序列的税收数据可供使用，而不是仅有单个年份。然而，当两种方法都可用时，比较的结果会怎么样呢？

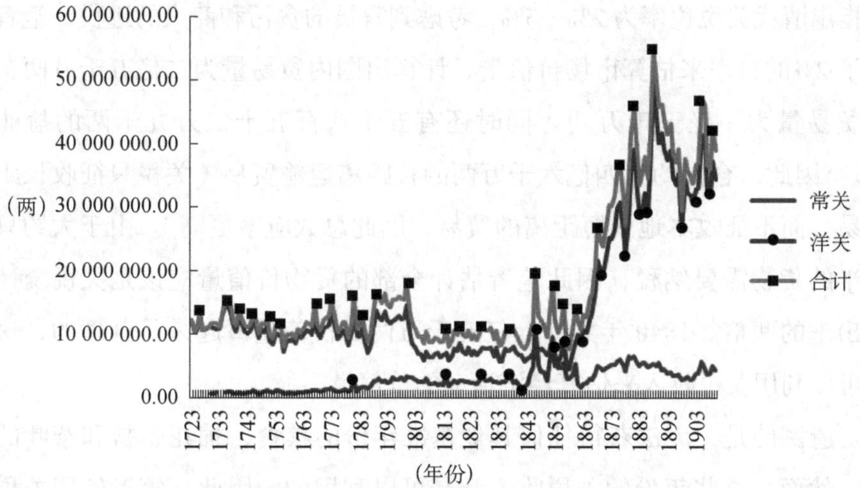

图 7.16 关税真实趋势示意图（1723—1910 年）

首先要估算出 1840 年贸易的粮食、棉花、食盐、茶叶的数量和价值量。这已经由许涤新、吴承明做了全面的研究，但笔者还是对粮食和棉花的价值量做了一些调整，参见由史志宏、徐毅和笔者合作的一项新的研究。通过这种方式，笔者估算出 1840 年这些产品的市场价值量为七亿五千万两（表 7.7）。

表 7.7 1840 年粮食、棉布、盐、茶叶的市场价值量估计（单位：亿两）

种类	许&吴的估计	笔者的估 1)
粮食	1.38833	3.858
棉花	0.10859	1.49
棉布	0.94553	0.48135
丝	0.26573	0.17325
茶叶	0.27082	0.246
盐	0.58529	0.58529
其他 2)		＞60
合计	3.87624	750

资料来源：许涤新、吴承明：《中国资本主义发展史》第 1 册，北京：人民出版社，1985 年，第 284 页

1）史志宏、徐毅、倪玉平：《19 世纪上半期的中国经济总量估计》，（未刊稿）

2）包括布、桑叶、甘蔗、烟草、木材

其次使用关税数据来估算 1840 年这些相同产品的市场价值量。笔者已经指出清代关税税率为 2%—5%，考虑到官员的贪污和商人的逃税，笔者使用了 2%的税率来估算市场价值量，计算出国内贸易量为二亿五千万两，国际贸易量为一亿五千万两。同时还有五千八百五十二万九千两的盐业生产。①因此，合计约为四亿六千万两的长距离运输贸易（关税只征收长距离贸易，而不征收本地或短距离的贸易，因此总数应该更高）。由于大约只有一半的货物需要纳税，因此笔者估计全部的货物价值量应该是关税统计反映出来的两倍。1840 年共计七亿五千万两的价值量看起来是合理的，这表明可以利用关税收入来估算经济活动的价值量。

遗憾的是，无法获得任何其他基准年份的粮食、棉花、盐和茶叶的数量。然而，这些年份的关税收入都是可以利用的。因此，笔者使用关税数据作为估算 1840 年之外的市场价值量的标准（表 7.8）。

表 7.8　清代市场价值量估计　（单位：亿两）

年份	1724	1766	1812	1840	1850	1887	1910
价值量	2.41	9.66	8.50	7.50	8.40	37.10	41.73

资料来源：许涤新、吴承明：《中国资本主义发展史》第 1 册，北京：人民出版社，1985 年，第 252 页；倪玉平：《清朝嘉道关税研究》，北京：北京师范大学出版社，2010 年；Morse H B，*The Chronicles of the East India Company Trading to China（1635-1834）*，Cambridge：Harvard University Press，1926；李鸿章：《大清会典事例》，上海：商务印书馆，1908 年；刘岳云：《光绪会计表》，上海：教育世界出版社，1901 年

清代各个时间的人口规模会怎样影响这些估计呢？如本章前已提及，有关清代中国人口的规模存在争论。笔者通过使用来自许多学者的数据（如邓刚②、梁方仲③、安格斯·麦迪森④）对官方的数字做了一些修正。近年来经过对中国人口数量细致的分析，这些数据由曹树基⑤和史志宏⑥

① 许涤新、吴承明：《中国资本主义发展史》第 1 册，北京：人民出版社，1985 年，第 252 页。

② Deng K，Unveiling China's True Population Statistics for the Pre-Modern Era with Official Census Data，Population Review，vol.43，2004，p.2.

③ 梁方仲编：《中国历代户口、田地、田赋统计》，上海：上海人民出版社，1980 年。

④ Maddison A，*Chinese Economic Performance in the Long-run*. Paris：OECD Development Center，1998.

⑤ 曹树基：《中国人口史》第 5 册，上海：复旦大学出版社，2001 年。

⑥ 史志宏：《十九世纪上半期的中国粮食亩产量及总产量再估计》，《中国经济史研究》2012 年第 3 期，第 52—66 页。

进一步完善。笔者根据曹树基的人口增长率来确定了各年的人口数据（表 7.9）。

表 7.9 清代人口数据调整 （单位：亿人）

年份	1724	1766	1812	1840	1850	1887	1910
人口规模	2.02	2.86	3.69	4.10	4.36	4.36	4.39

这些年份实际的人均市场价值量估计，可以通过价格指数数据和人口数据的计算获得（表 7.10）。

表 7.10 清代真实资本和人均商业市场价值量

年份	1724	1766	1812	1840	1850	1887	1910
指数（1910 = 100）	30.12	47.13	60.86	58.16	56.15	51.36	100
真实价值量（亿两）	8.00	20.50	13.97	12.90	14.96	72.24	41.73
真实人均资市场值量（两）	3.96	7.17	3.79	3.15	3.43	16.57	9.51

图 7.17 清楚地表明，1850 年以前真实人均市场价值量的最高点出现在乾隆中叶，这段时间也被认为是康乾盛世（康熙至乾隆之间的繁荣时期）的顶峰。此后，随着人口增长，人均市场资本略微下滑。1850 年以后，工业近代化促使人均市场资本恢复，到 1887 年（甲午中日战争和义和团运动的前几年）达到顶峰。在战争的影响下，随后人均市场资本的下降也是可以预期的。

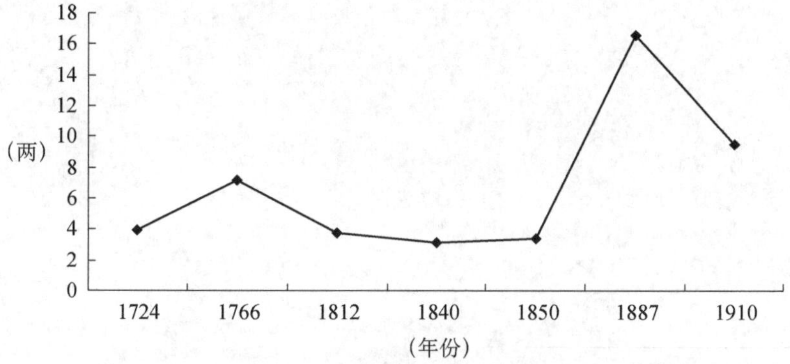

图 7.17 清代真实人均市场资本价值量

最近对 1661—1933 年的中国人均 GDP 研究显示，人均市场价值量的趋势紧跟着人均 GDP 的趋势，[①]后者的最低点出现在 1812—1850 年。当然，这只是一项基于关税收入非常简单的估计。尽管如此，相信这种尝试对于更准确地估算历史时期的 GDP，还是会有所帮助的。

① Xu Yi，Shi Zhihong，Bas van Leeuwen，et al.，Ye Ma：Chinese national income，ca. 1661–1933，*Australian Economic History Review*，Forthcoming.

第八章　结　论

通过本书呈现的材料，笔者认为清代关税反映了清代财政制度的发展，特别是从一个传统的经济向更现代的经济过渡，以及清代如何从“税收国家”转变为“财政国家”。

档案中所搜集的关税数据，当然会有各种各样的缺陷。例如，税关官员的贪污，或是故意记载错误，都会影响数据的有效性和真实性。然而，至少我们可以明确的是，这些奏报的数目是需要呈报给朝廷，因而这些数据可以被视为当年税关收税的最小值。

在 1795 年以前，可以将清前期的关税分为两个阶段。第一个阶段是 1723 年以前（包括顺治、康熙时期），在这一时期，由于资料的原因，我们的关税数据是非常不完整的。第二个阶段是 1723—1795 年（雍正、乾隆时期）。关于清前期的财政收入研究，可以参见表 8.1。

表 8.1　清前中期财政收入表　　（单位：万两）

年份	合计	土地税		盐税		关税		杂税	
		岁人	比例（%）	岁人	比例（%）	岁人	比例（%）	岁人	比例（%）
1652	2438	2126	87	212	9	64.2	2.6	35.8	1.55
1685	3190	2727	85	276	9	120	3.78	67	2.1
1725	3653	3007	82	443	12	135	3.7	68	1.9
1753	4174	2938	70	701	17	430	10.3	105	2.5

续表

年份	合计	土地税		盐税		关税		杂税	
		岁入	比例（%）	岁入	比例（%）	岁入	比例（%）	岁入	比例（%）
1766	4225	2991	71	574	14	540	12.8	120	2.8
1812	4013	2833	71	579	14	481	11.9	120	3.0
1841	4245	2943	69	747	18	435	10.2	120	2.8

资料来源：何本方：《清代商税制度刍议》,《社会科学研究》1987 年第 1 期，第 78—81 页

如表 8.1 所示，1850 年以前的关税只占财政收入中很小的一部分，低于总收入的 15%，甚至比盐税还少，财政收入的主要来源是土地税。数据清晰地表明 1850 年以前的清代社会仍是农业性质的，具有以农业为基础的财政结构。考虑到这一点，可以看出清代财政体系仍可以被认为是传统且保守的。与此同时，从 17 世纪末至 1840 年，征收关税的功能在西方发生了本质的改变，开始致力于保障和刺激制造业、商业的发展。然而，清政府仍然希望利用关税来维护政治体制和促进农业发展。

1840—1860 年，清代关税处于变革之中，特别是太平天国运动对贸易和关税造成了明显的负面影响。动乱迫使清政府必须寻找各种获得税收的途径，这些方法促使了包括厘金和洋关制度在内的财政制度创新。在内忧外患之下，清政府开始越来越认识到综合关税系统带来的潜在收益。最后，1860 年至 20 世纪初，清代关税系统逐步开始受西方列强控制。

表 8.2 说明了财政结构在 20 世纪是如何发生巨大转变的。关税、厘金和盐税，几乎是土地税的三倍。同时，关税已成为清政府最有力的财政手段之一，也是晚清时期维持政府运转不可或缺的工具。因此，我们可以说，在晚清时期，中国正从一个以土地税为基础的传统农业社会，转变为拥有补充财政体制的现代商业社会。了解关税制度功能的演变后，民众开始接受西方的价值观。

表 8.2 晚清财政收入表 (单位：两)

年份	土地税		盐税		厘金		关税	
	岁入	比例(%)	岁入	比例(%)	岁入	比例(%)	岁入	比例(%)
1842	29 575 722	76	4 981 845	13			4 130 455	11
1885	32 356 768	48	7 394 228	11	12 811 708	19	14 472 766	22
1888	33 243 437	42	7 507 128	10	13 600 733	18	23 167 892	30
1894	32 669 086	43	6 737 469	9	13 286 816	18	22 523 605	30
1903	37 187 788	38	13 050 000	13	16 252 692	17	30 530 699	32
1911	48 101 346	27	46 312 355	26	43 187 097	24	43 139 287	23

资料来源：邓绍辉：《晚清财政与中国近代化》，成都：四川人民出版社，1998 年

但由于手工业和制造业发展的滞后，同时面临着难以维持以农业为基础的传统财政系统的困难，政府不得不选择采用以商业为基础的新型财政系统。关于洋关，汤书提供了详细的说明。洋关收入的 2/3—4/5 被解送中央政府，用于支付俸饷、军费、赔款和外债。[①]

第二部分被解交海关所在地省份。汤书指出在 1867 年以前，这一比例为 20%—30%，而 1867 年以后快速下降："从 1861 至 1910 年各海关共解省用项下银 72 260 024 两，占着五十年中税收分配总数的 7.94%。"[②]

第三部分更小，不超过历年税收分配总数的 15%，用于支付税务司经费和关用经费（占 63.2%的比重），主要为薪俸（包括西方税务司的报酬）和税务司日常工作的费用。1861—1910 年，这一部分总数为 127 713 615 两，占历年税收分配总数的 14.03%。汤书中也指出洋关的收入为 910 000 000 两，解送中央政府多达 694 717 188 两，主要用于满足军费、赔款和外债等各种支出。

根据研究，汤书得出了这样结论，"从这些分配的数字中我们可以清楚地看出中国近代海关税收主要用于哪些方面，中国海关是为谁服务的。也就是说，从这五十年的海关税收的分配充分说明了中国海关的半殖民地半

① 汤象龙：《中国近代海关税收和分配统计：1861—1910》，北京：中华书局，2005 年，第 25—43 页。
② 汤象龙：《中国近代海关税收和分配统计：1861—1910》，北京：中华书局，2005 年，第 44 页。

封建性质”。[①]

如前文所述，清代关税的发展特征鲜明。它有时保持非常稳定，无法直接从数据中估计经济的发展，仅能展现国家的财政能力。然而，长时段的数据实际上反映了经济的发展和社会制度的变迁，这些清楚地表明传统中国依然遵循着经济的发展规律，没有人能够挑战“自然”的逻辑，清代并不是一个“例外”。

① 汤象龙：《中国近代海关税收和分配统计：1861—1910》，北京：中华书局，2005 年，第 47 页。

附　录

附录 A–常关征税表：1723—1910年

表 A-1　1723—1909 年部分常关征税表　（单位：两）

年份	山海关	张家口	杀虎口	归化城	打箭炉	辰关	中江
1723			12 041.30				
1724							
1725							
1726							4 800.00
1727						9 300.00	
1728						12 400.00	
1729						12 500.00	
1730					20 588.541	13 416.89	
1731							
1732							
1733							
1734						12 553.34	
1735			19 323.17		19 368.00	13 427.66	4 095.10
1736			25 929.00		19 324.76	12 500.00	4 803.63
1737	59 329.68		28 216.35			12 535.98	3 822.44
1738			31 433.92			13 429.24	
1739					20 246.59	12 533.95	4 806.00
1740					20 319.44	12 527.60	4 004.40
1741					20 478.64	13 438.92	3 210.20
1742			27 638.41		20 092.02	12 552.20	3 158.38
1743			38 358.06		19 585.60	13 400.00	3 313.60
1744			38 093.52		20 115.68	12 544.98	4 395.30

续表

年份	山海关	张家口	杀虎口	归化城	打箭炉	辰关	中江
1745	95 525.03		37 315.88		19 699.86	12 542.73	3 050.00
1746			37 415.88		18 684.75	13 476.36	3 537.00
1747		48 013.89	34 515.85		20 008.88	12 565.50	4 364.33
1748		52 083.62	34 752.11		18 147.15	12 928.81	4 610.71
1749	102 132.22		37 999.56		19 504.52	13 801.05	3 477.31
1750	103 026.28		36 968.36		20 504.47	12 936.56	
1751			36 390.44		19 371.68	16 336.71	4 304.49
1752			36 910.76		19 401.30	14 619.41	
1753			36 427.55		19 702.35	14 620.62	4 756.05
1754			35 875.64		19 675.13	16 322.50	3 256.20
1755			35 931.72		19 779.62	14 618.76	3 447.85
1756			33 318.97		19 416.63	14 621.46	2 295.24
1757			35 807.27		21 673.69	16 337.92	
1758			32 626.54		19 805.62	14 644.83	2 720.27
1759		47 429.44	34 600.54		21 044.09	15 691.49	3 081.85
1760		49 890.05	30 146.16		22 598.82	20 051.40	3 039.37
1761			30 740.70	24 000.00	20 146.12	18 191.22	
1762		47 059.08	34 181.56		20 180.63	20 053.70	
1763		37 491.61	33 349.04		22 504.71	18 196.23	3 255.64
1764		40 849.39		17 569.78	22 923.56	18 196.28	3 095.55
1765		43 543.04	36 639.08	17 752.23	22 521.53	20 054.21	2 137.62
1766	107 163.45		52 236.53	17 958.06	23 021.76	18 198.34	3 166.30
1767	98 424.05				23 506.45	19 154.29	
1768	101 371.09				23 506.45	20 065.29	
1769			44 405.50		23 506.45	18 203.79	
1770		48 593.30	44 479.33	25 686.40	23 216.45	20 070.82	3 294.62
1771			34 988.82	25 889.24	24 180.88	18 204.67	
1772			35 121.66	25 960.08	23 352.44	18 205.64	3 295.47
1773			35 384.49	25 983.41	22 923.27	20 071.96	3 296.08
1774	106 709.17		35 437.82	25 987.50	23 564.37	18 207.29	3 298.34
1775	101 310.16	50 623.28	35 556.16	25 990.98	25 221.13	18 209.00	3 339.28
1776			35 860.79	25 169.06	25 233.87	20 072.51	
1777	120 058.94	53 187.43	36 009.37	26 853.15	19 362.08	18 210.05	
1778	124 022.10	53 506.23	36 160.53	53 712.60	19 828.81	18 210.57	3 338.48
1779	127 558.56		36 273.35	26 860.44	21 458.52	20 073.19	3 368.40
1780	130 176.00		36 376.33	26 864.64	21 464.57	18 211.02	3 303.44

续表

年份	山海关	张家口	杀虎口	归化城	打箭炉	辰关	中江
1781	261 631.50		36 622.15	26 873.15	25 221.13	20 073.79	
1782			37 021.96	26 882.97	25 234.89	18 211.62	4 461.81
1783	131 650.85		36 893.52	26 889.49	25 235.02	18 212.28	3 303.95
1784	132 199.90		37 053.66	26 898.98	24 048.02	20 074.51	3 345.69
1785	134 203.90		37 283.81	26 910.58	22 745.51	18 212.80	
1786	135 755.90		37 584.95	26 961.33	21 271.51	18 213.04	
1787	136 129.90		38 023.39	26 972.94	20 706.02	20 074.74	
1788	136 633.33		38 633.73	26 984.83	19 694.32		3 304.78
1789	86 753.33		39 436.08	26 991.58	19 723.39	18 213.00	3 361.52
1790	85 788.35		40 278.78	26 997.36	20 389.52	18 213.00	3 503.63
1791	94 149.85		40 840.03	26 999.11	20 258.41	18 213.85	
1792	102 203.19		40 997.66	27 003.70	20 258.41	20 075.00	3 304.98
1793	137 029.90		41 162.51	27 007.38	22 641.09	18 214.062	3 305.02
1794	103 345.97		43 126.77	27 013.60	24 007.01		3 305.04
1795	137 542.20		43 396.77	27 019.45	25 131.87	20 075.00	3 305.06
1796	137 615.80		43 640.06	27 023.63	24 591.12	18 214.40	3 305.10
1797	137 702.19		43 769.75	27 028.88	21 296.78	18 214.92	
1798	110 642.38		43 972.61	27 032.15	23 409.15	20 076.475	3 305.14
1799	115 624.16	60 906.17	44 199.30		22 460.15	18 215.42	3 305.17
1800		60 937.60	44 340.03	27 032.14	22 306.15	18 215.55	
1801		60 820.09	45 047.93	27 032.15	20 000.00	27 711.08	3 305.25
1802	135 568.17		45 067.88	27 033.28	21 341.52	27 711.14	3 338.37
1803	136 149.27	61 001.07		27 033.37	21 847.11		3 305.30
1804	131 938.73	60 994.62	45 162.81		22 139.14	27 711.16	3 305.32
1805	127 550.15	61 003.40	45 229.98	27 033.81	22 145.61		3 305.35
1806	127 643.55	61 005.62	45 302.81		22 289.14	27 711.19	3 326.81
1807	115 389.90	61 008.71	45 344.36	27 034.09	20 000.00	27 711.19	3 305.39
1808	113 429.42	61 018.12	45 417.98	27 034.21	44 881.49	29 692.00	3 305.45
1809	113 657.63	61 015.80	45 492.80	27 034.38	22 223.46	29 692.00	
1810	114 138.55	61 018.71	45 580.69		21 590.00	29 692.00	3 305.49
1811	114 231.41	61 021.04	45 677.41	54 069.39	21 868.64	29 692.00	3 305.52
1812	111 598.09	61 025.44	45 755.34	27 035.01	22 372.57	29 692.00	
1813	111 551.04	61 028.97	45 780.69	27 035.20	22 433.41	29 692.00	3 305.54
1814	223 063.10	61 034.93	45 795.27		21 490.86	29 692.00	3 305.57
1815	111 430.24	61 041.41	45 845.40	27 035.04	21 407.71	29 692.00	3 305.59
1816		61 043.65	45 848.12	27 035.81	22 104.28	29 692.19	3 305.61

续表

年份	山海关	张家口	杀虎口	归化城	打箭炉	辰关	中江
1817		61 045.43	45 887.27	27 036.01	21 584.86	29 692.00	
1818	111 966.80	61 047.63	45 895.13		22 350.60	29 692.00	3 305.66
1819	112 325.50	60 966.73	45 898.27		22 157.00	29 692.00	3 305.69
1820	112 601.34	60 980.75	45 908.94	27 036.36	20 000.00	29 692.00	3 305.71
1821	112 940.44	60 979.51	45 929.13	27 036.65	20 000.00	29 692.50	3 305.74
1822	112 460.96	121 972.13	45 946.50	27 036.46	20 460.60	29 692.52	3 305.75
1823	112 554.41	60 992.16	45 960.37		19 975.49	29 692.00	
1824	112 622.93	60 998.72	45 971.91	27 037.07	20 000.00		3 305.80
1825	112 755.16	61 004.83	45 982.40	27 037.19	20 000.00		3 305.82
1826	111 245.24	61 000.95	46 002.96	27 037.33	20 000.00		
1827	112 611.97	61 006.53	46 021.16	27 037.48			3 305.89
1828	111 446.99	61 011.11	46 029.97	27 037.62			3 305.90
1829	111 738.15	61 013.88	46 058.53				
1830	111 457.15	61 095.93	92 131.27	27 037.93	23 519.19		
1831	111 751.75	61 008.41	46 088.99	27 038.16			
1832	112 203.78	60 950.63	46 094.09	27 038.22			3 305.94
1833	111 887.37	60 953.02	46 109.42				3 305.95
1834	112 291.38	60 953.12	46 125.67	27 038.53			3 305.98
1835	112 514.77	60 966.58	92 304.47	27 038.69			3 305.99
1836	112 381.28	60 980.92	46 176.56	27 038.85			3 305.99
1837	112 429.88	61 076.25	46 187.01	27 039.00			3 306.00
1838	112 626.53	60 996.24	46 198.16	27 039.15			3 306.01
1839	112 890.64	60 985.10	46 206.21	27 039.30			3 306.01
1840	112 836.25	60 970.68	46 215.26	27 039.45			
1841	111 969.29	60 964.98	46 221.86	27 039.60			3 306.03
1842	111 326.84	60 951.05	46 229.11	54 079.70			3 306.04
1843	87 979.13	60 956.12	46 235.42			17 283.63	3 306.05
1844	111 441.78	60 968.26	46 241.80	27 038.25			3 306.06
1845		60 729.88	46 248.52	27 040.45			
1846	223 119.98	60 957.05	46 253.12				
1847	111 997.77	62 270.71	46 257.77				3 306.07
1848	111 844.66	62 283.95	46 258.97				3 306.08
1849	111 862.96	62 285.69	46 263.37	28 840.74			
1850	111 900.68	62 292.50	46 467.37	27 040.93	20 176.68		3 306.09
1851	111 970.38	62 297.78	46 271.87	27 040.59	21 544.29		4 693.29
1852	119 029.11		46 281.63	27 041.05			3 306.10

续表

年份	山海关	张家口	杀虎口	归化城	打箭炉	辰关	中江
1853	117 233.92	62 303.30	46 278.57	27 041.12	20 033.72		3 306.11
1854	112 673.38	78 744.10	22 623.23	18 021.30	21 447.20		3 306.11
1855	112 331.86	43 680.12	28 935.32	25 636.00	20 002.62		3 306.12
1856	152 906.38	62 126.14	37 137.69	25 636.00		6 120.90	3 306.13
1857	116 160.38	62 143.93	41 774.10	25 794.29	21 670.86		
1858	116 161.05	62 136.39	44 145.03	25 794.36			3 306.15
1859		55 175.34	44 356.48	25 794.44	20 004.62	21 713.16	3 306.17
1860		38 514.57	44 363.93	25 794.51	21 629.44		
1861	172 243.38	62 161.44	44 370.57	25 794.57	20 015.25		3 306.20
1862	139 416.09	56 753.77	43 150.21	25 794.63	21 557.82		3 306.22
1863	143 865.38		44 374.52		20 025.99	25 467.44	3 306.24
1864	131 234.88	59 124.05	44 379.32		20 033.42	29 641.88	3 306.27
1865	151 157.36	43 345.57	44 392.41				3 306.30
1866	132 475.88	43 392.05	44 396.87		20 030.41		3 306.33
1867	153 151.31	42 553.25	44 409.51		20 017.28	25 827.39	2 029.46
1868	191 129.38	43 420.50	88 842.97		21 631.35		1 366.22
1869	191 129.38	41 549.52	44 431.85		20 003.27		3 306.39
1870	191 129.38		44 436.59		21 662.26	34 851.95	3 306.42
1871	169 141.71	37 366.37	44 441.42		20 050.63		3 306.46
1872	172 335.12	37 474.38	44 446.52		20 043.63		
1873	173 255.79	37 687.90	44 451.52		21 677.92	26 983.81	3 306.53
1874	183 178.06	37 829.30	44 456.02		20 035.43	21 442.76	3 306.59
1875	171 632.59	37 839.85	44 459.05		20 031.36	17 241.69	3 306.64
1876	173 904.68	37 891.69	44 463.10		21 662.57	19 751.16	3 306.69
1877	174 304.59	37 992.09	44 466.60		20 044.38		3 306.75
1878	173 661.81	38 156.60	27 886.21		20 039.14		3 306.80
1879	364 372.61	38 367.36	43 391.68		21 668.49	22 836.80	3 306.86
1880	173 243.23	38 623.87	43 391.80		17 457.25	22 640.38	3 306.92
1881	191 129.38	40 846.85	43 391.90		21 652.28	23 551.53	3 307.00
1882	191 129.38	38 923.11	34 892.71		20 003.27		3 307.07
1883	119 129.38	39 072.33	34 733.73		20 038.08	23 657.68	5 574.97
1884	191 129.38	39 174.79	25 267.74		21 654.08	16 483.59	44 004.54
1885	191 129.38	39 287.85	25 266.20		20 034.10		
1886		39 408.00	43 542.13		20 037.26		
1887		79 290.55	43 542.13		21 654.30	24 331.63	23 859.72
1888	191 129.38	40 121.16	43 542.13		20 043.02	24 506.30	7 209.04

续表

年份	山海关	张家口	杀虎口	归化城	打箭炉	辰关	中江
1889	168 572.78	40 442.19	43 542.13		20 041.39	17 778.15	7 005.53
1890		41 456.98	35 042.08		21 648.00	17 984.81	5 417.94
1891	215 288.89	41 781.12	43 542.13		20 045.15		
1892	191 129.38	42 104.72	43 542.13		21 661.37	22 247.38	5 738.51
1893		42 240.13	17 323.03		20 050.33		4 598.52
1894	191 129.38	40 384.81	26 323.34		20 051.25	19 925.30	
1895	36 500.00	40 492.23	37 524.44		21 658.63	20 212.16	
1896	171 675.59	42 149.41	29 725.54		20 034.58		
1897	199 646.74	42 303.68	27 650.77				
1898	198 144.92	42 473.71	30 845.20				
1899	198 235.25	43 390.34					
1900	198 239.96	31 202.66	60 203.08		21 658.92	11 776.73	
1901	7 466.53				20 039.25	10 978.11	
1902			33 258.93		20 037.25	11 916.05	
1903	24 157.76				21 659.92	9 123.14	
1904	23 195.20		43 338.07		20 042.25	12 917.25	
1905	46 795.35		43 338.07		20 040.25	25 441.28	
1906	33 269.36		46 142.10		21 649.47	20 074.41	
1907	34 743.29	96 564.05	114 208.30		20 034.57	26 634.27	
1908	231 203.10		113 760.77		20 039.32	16 898.77	
1909			131 939.43		28 928.25	18 226.76	

表 A-2　1723—1910 年部分常关征税表　　（单位：两）

年份	奉天牛马税	武昌厂、新关	潘桃口	武元城	古北口	崇文门	左翼
1723							
1724							
1725							
1726		82 959.39					
1727							
1728							
1729							
1730		80 959.00			1 012.51		
1731							
1732							
1733							
1734					402.07		

续表

年份	奉天牛马税	武昌厂、新关	潘桃口	武元城	古北口	崇文门	左翼
1735		81 974.04	10 108.67			237 058.51	
1736						304 520.14	
1737		81 812.23					
1738		82 475.60			1 026.082	213 270.77	
1739		82 959.39					
1740	5 733.90			1 267.3			
1741	5 047.61						
1742		82 735.09		1 267.292 6			
1743		79 400.78	11 736.191				
1744		86 645.57	11 768.751			262 147.88	
1745	5 070.61	91 187.69				154 280.18	
1746	5 024.27	93 012.47				154 425.24	
1747	5 097.06	93 303.76		1 267.22		157 003.67	
1748		92 544.33	14 292.96			152 858.88	
1749		92 919.45	15 525.25		1 013.32	155 764.69	
1750	4 238.09	92 944.66	10 667.68	1 267.32		130 423.81	
1751		98 293.95	8 614.00			139 404.20	
1752		108 313.90			1 013.76	153 981.97	
1753		108 830.53				149 558.15	
1754						181 409.19	
1755			10 780.27			193 117.57	
1756		108 754.37	13 194.47			198 979.94	
1757			14 048.92		1 012.53		
1758		108 758.42					
1759		108 760.31	14 947.81	1 267.421 4	1 012.53	199 947.44	47 817.07
1760			15 101.35			241 072.97	50 154.95
1761		108 775.16	14 729.60				
1762		108 789.46	16 332.37			260 085.68	
1763		108 799.86	14 521.37			172 139.56	
1764		108 808.30				264 569.62	
1765		108 817.84				204 917.56	38 739.15
1766		108 829.40					41 795.79
1767		217 693.98					41 140.16
1768							38 861.88
1769		108 831.94				197 752.17	
1770							39 965.40

续表

年份	奉天牛马税	武昌厂、新关	潘桃口	武元城	古北口	崇文门	左翼
1771		123 295.09				201 926.70	
1772		123 303.35		1 269.97	1 012.63	228 675.75	
1773		123 309.67				264 768.21	
1774		123 315.96				309 563.10	
1775	5 012.07				1 097.01	309 339.46	44 567.70
1776					1 012.63	316 089.47	
1777			11 222.64			309 673.28	43 949.93
1778			11 244.586			322 641.37	
1779		123 339.29				316 834.95	46 916.62
1780		123 344.50					48 877.09
1781		123 447.70				269 735.04	46 119.30
1782		123 350.31					
1783		123 352.55					
1784							
1785			11 220.033				
1786			11 788.424		1 096.97		
1787						287 303.17	
1788		124 274.80				288 128.70	
1789			11 219.98		1 096.939		
1790		124 279.23			1 012.562		
1791		124 281.26			1 012.559	285 397.38	
1792	5 232.59	124 282.83				296 544.60	
1793		124 284.32				286 893.56	
1794		124 285.57	11 211.097			283 507.57	
1795		124 287.22		1 269.543	1 012.557		41 525.00
1796		124 289.00		1 233.00		288 831.22	
1797	5 059.73	124 286.61		1 233.00		294 029.97	
1798	5 301.04	124 292.00	11 190.84	1 233.00		288 115.57	
1799	5 260.66			1 233.00		299 914.50	
1800	5 290.42			1 233.00		297 829.72	
1801		118 040.49		1 233.00			
1802				1 269.57		307 806.18	
1803	6 016.50	118 043.64		1 269.582		316 729.32	
1804		118 044.19		1 269.58		322 539.72	42 078.99
1805	5 080.16	118 043.26		1 233.00		313 564.82	
1806	5 082.59			1 233.00		314 659.82	42 897.55

续表

年份	奉天牛马税	武昌厂、新关	潘桃口	武元城	古北口	崇文门	左翼
1807		118 044.84		1 233.00		322 501.30	
1808	5 087.76	118 045.44		1 233.00		322 645.02	45 286.25
1809	5 090.05		12 553.61	1 233.00		264 387.06	
1810		118 046.73	12 338.44	1 233.00		308 279.96	42 325.78
1811				1 233.00		322 655.34	
1812		118 047.70		1 233.00		286 126.50	
1813				1 233.00		297 142.85	37 911.14
1814		118 049.39		1 233.00		322 804.22	40 798.67
1815	5 093.02			1 233.00		314 871.92	41 532.53
1816	5 099.65			1 233.00		290 118.50	
1817	5 099.76			1 233.00		314 871.24	
1818	5 099.99	118 050.90		1 233.00		314 873.42	40 216.32
1819		118 051.27	11 180.90	1 233.00		322 891.58	39 099.30
1820		118 051.56	11 645.35	1 233.00		314 872.92	39 441.57
1821				1 233.00		290 229.52	40 115.12
1822	5 100.39	118 052.29		1 233.00		291 651.43	39 776.08
1823				1 035.00		320 317.04	39 421.86
1824						319 604.48	38 844.93
1825	5 102.01	118 052.58				319 008.69	39 642.83
1826		118 052.87					38 608.32
1827				1 016.42			78 920.22
1828						319 021.87	38 749.50
1829		118 055.06				319 039.47	38 858.72
1830	5 109.94	118 055.28				328 183.57	38 999.58
1831	5 110.58						38 055.08
1832							38 631.35
1833	5 115.56	118 057.16				323 381.18	37 981.70
1834		117 752.50				315 358.44	38 191.35
1835		118 057.63				328 190.47	39 498.89
1836	5 120.57						39 325.55
1837		118 058.30					39 196.64
1838		118 058.66				323 394.45	39 004.14
1839		118 058.96				315 380.25	38 483.54
1840	5 124.26	118 059.31				315 099.45	39 004.97
1841	5 125.26	118 059.65				323 112.42	38 214.62
1842	5 126.55	118 060.03				315 102.65	37 767.87

续表

年份	奉天牛马税	武昌厂、新关	潘桃口	武元城	古北口	崇文门	左翼
1843						323 114.62	37 814.72
1844						315 119.17	38 687.85
1845		118 061.46				315 627.00	38 025.89
1846						323 666.06	38 099.78
1847	5 131.84						37 680.81
1848			11 835.67				37 533.18
1849		118 063.70				323 739.00	37 557.84
1850							37 985.53
1851			1 074.70			314 976.72	37 728.31
1852						323 678.60	37 322.19
1853			1 073.14			314 976.72	38 193.77
1854						141 736.96	27 915.05
1855			1 069.78			174 010.62	27 432.29
1856			1 072.53			231 489.35	30 060.95
1857						216 339.97	32 015.93
1858						159 410.24	
1859						201 275.85	
1860			1 010.00			245 171.00	52 215.86
1861			1 099.91			145 980.30	27 459.24
1862						180 180.39	25 164.94
1863						182 023.89	25 284.56
1864						170 036.54	26 027.69
1865						190 650.76	22 968.17
1866						183 080.59	26 066.45
1867						185 078.59	22 949.68
1868						167 218.51	21 563.64
1869						187 078.59	23 797.08
1870						180 058.59	23 239.89
1871						180 061.11	19 848.84
1872						171 242.38	18 643.85
1873						178 468.83	18 707.12
1874						172 243.44	19 142.50
1875						172 616.14	30 036.22
1876						181 244.27	25 619.51
1877						174 400.07	21 076.21
1878						166 174.79	21 930.64

续表

年份	奉天牛马税	武昌厂、新关	潘桃口	武元城	古北口	崇文门	左翼
1879						175 193.50	23 161.48
1880						171 657.28	23 147.97
1881						181 097.09	20 813.18
1882						172 692.16	22 128.95
1883						172 801.25	24 505.88
1884						176 360.31	21 894.78
1885						172 914.88	23 085.90
1886		118 130.07				173 060.31	23 826.83
1887		92 798.74				181 658.69	20 349.78
1888						173 171.46	22 888.50
1889						173 296.12	21 986.74
1890						181 004.94	22 760.83
1891						160 715.14	24 457.29
1892						173 946.90	49 559.40
1893						164 831.66	23 852.56
1894						165 042.02	23 156.45
1895						164 950.55	21 693.20
1896						159 825.78	21 226.68
1897						162 200.04	22 925.59
1898						169 498.66	
1899						176 558.43	
1900						171 647.92	14 988.56
1901							
1902						472 497.62	29 617.72
1903							26 565.60
1904							
1905							
1906							
1907							
1908							
1909		146 770.05					34 958.59
1910							41 650.71

表 A-3　1723—1910 年部分常关征税表　　　（单位：两）

年份	右翼	坐粮厅	淮安关	浒墅关	扬州关	芜湖户关	芜湖工关
1723							
1724							
1725				299 480.45			
1726							
1727							
1728			398 956.00	353 218.19			
1729			464 143.00		142 745.65		
1730			414 657.00				
1731			301 250.00				
1732		12 815.26	428 800.00		145 512.35		
1733		12 491.26	544 600.00		146 854.35		
1734		14 002.26	566 300.00		193 658.57		
1735		12 853.26	510 350.00	416 358.25	173 020.99	218 819.71	117 326.16
1736		15 531.04	496 046.60	458 732.98	217 361.00	214 790.05	117 328.10
1737		13 735.00	483 807.00	391 886.94	210 203.00	218 219.71	129 316.16
1738		11 460.00	295 479.00	381 701.15	133 354.00		
1739		9 560.93	406 861.00	311 669.42	157 387.00	231 113.71	148 433.30
1740		6 352.81		333 115.45	115 359.16	247 202.71	165 220.30
1741		10 541.44	386 515.00	384 739.39	204 858.57	250 993.08	172 876.41
1742		11 021.20	351 351.00	375 348.00	183 110.35	241 229.52	161 826.68
1743		12 654.19	367 028.00	376 788.00	189 620.35	236 585.09	146 033.02
1744		11 414.82	467 849.00	166 442.89	167 813.35	316 190.04	119 707.52
1745		11 415.50	619 583.00	202 528.79	197 220.35	278 687.35	144 717.75
1746		11 420.39	237 213.00	242 544.83	189 897.35	260 610.09	149 148.76
1747		11 432.35	238 760.50	264 402.92	119 279.11	201 628.90	140 240.03
1748			262 137.10	407 276.31	230 041.32	201 905.51	140 286.71
1749		11 470.26	414 309.00	404 879.39	195 878.00	201 991.28	126 378.13
1750		12 643.39	626 085.00	545 294.00	210 831.00	258 098.09	126 506.29
1751		25 291.51	445 858.20	427 635.64	160 875.05	256 138.42	141 286.38
1752		12 647.34	464 621.90	544 804.61	221 429.00	271 033.00	141 993.68
1753		12 647.93	547 492.50	495 227.09	201 903.10	254 378.27	123 374.62
1754		12 648.98	331 893.90	410 182.00	168 770.35	246 680.38	132 506.02
1755		12 652.74	515 908.70	502 710.45	197 353.00	243 883.00	134 647.16
1756		12 655.261	375 907.20	353 592.92	150 859.35	224 110.20	133 737.20
1757		12 657.61	305 679.20	385 045.46	132 962.00	231 658.30	101 887.24

续表

年份	右翼	坐粮厅	淮安关	浒墅关	扬州关	芜湖户关	芜湖工关
1758		12 695.23	304 299.70	413 286.93	136 931.40	233 292.84	102 054.15
1759		12 566.61	374 241.00	462 932.52	162 467.00	255 159.22	125 533.15
1760		12 569.33	471 630.00	490 318.00	147 113.10	216 266.50	136 553.19
1761		12 571.00	525 368.00	451 381.30	148 583.80	217 408.20	119 483.19
1762		12 580.26	451 644.00	373 674.31	149 725.90	241 483.88	133 958.82
1763			462 631.00	567 928.89	150 731.00	247 587.48	133 261.41
1764			483 718.00	579 093.06	152 230.35	247 609.15	136 296.92
1765		12 591.35	522 127.00	541 896.09	153 357.00	247 635.61	131 576.45
1766			571 497.00	566 180.12	154 162.30	247 652.94	131 851.69
1767			1 106 705.00	566 409.47	155 045.70	495 867.83	265 450.90
1768			513 250.00	567 392.67	157 116.55	247 961.69	133 064.08
1769		12 601.59	556 703.00	543 255.27	159 178.80	220 110.54	113 759.98
1770		12 602.95	596 967.00	1 110 944.40	168 376.00	221 121.74	113 861.54
1771	28 189.73	12 603.59	502 054.00	564 384.40	165 948.60	232 110.08	113 973.16
1772	17 099.52	12 604.82	395 828.60	567 487.83	166 225.50	232 155.00	115 038.00
1773		12 606.19	556 548.00	571 992.07	166 842.30	232 189.88	115 092.26
1774	19 980.35	12 606.76	480 428.80	571 354.26	168 011.65	215 267.98	134 529.06
1775	29 705.36	12 607.14	382 955.20	535 262.23	168 748.70	215 371.96	134 541.64
1776	30 921.07	12 607.26	426 904.10	552 716.72	168 981.30	231 602.40	118 529.34
1777	31 723.60	12 854.49	496 990.20	560 167.09	184 678.30	223 886.76	126 553.55
1778		12 857.36	348 309.20	463 983.18	185 035.20	215 890.45	134 777.86
1779	33 111.52	12 861.30	313 361.70	471 824.65	158 365.62	231 908.91	118 871.30
1780			449 205.50	564 353.23	185 299.00	231 919.43	119 064.54
1781		12 868.08	460 771.00	575 368.20	371 376.00	232 022.87	119 265.93
1782			277 309.20	575 523.66	185 888.00	232 134.04	119 474.02
1783	28 572.12		343 158.20	576 190.95	185 938.35	232 265.82	119 691.88
1784		26 247.07	340 405.50	576 397.13	185 967.00	232 317.67	119 803.93
1785		13 570.29	329 978.10	456 079.18	126 904.51	232 332.30	119 839.29
1786		13 131.19	237 266.10	281 620.98	118 762.61	232 464.18	109 301.42
1787			259 265.30	527 997.76	120 283.29	214 507.98	75 154.37
1788			353 149.24	553 878.01	153 426.98	232 539.86	90 018.30
1789			483 473.90	561 254.01	176 027.00	232 577.25	101 627.27
1790		13 146.52	488 066.00	578 974.40	185 991.00	232 632.57	119 886.50
1791			418 268.50	582 842.37	186 013.00	232 672.49	119 954.45
1792	38 988.97	13 149.58	442 106.70	583 050.55	176 391.00	232 682.66	119 959.75
1793	37 930.60	13 150.69	358 585.80	505 324.06	140 205.00	232 687.89	119 962.29

续表

年份	右翼	坐粮厅	淮安关	浒墅关	扬州关	芜湖户关	芜湖工关
1794	33 851.60		423 631.27	543 596.79	168 511.00	232 691.38	119 963.73
1795			403 202.00	484 384.53	169 285.37	232 695.90	119 965.65
1796		13 157.62	365 399.76	486 429.87	172 313.54	232 699.05	82 453.65
1797		13 160.42	313 994.78	487 550.30	152 594.68	225 347.95	103 812.66
1798		13 162.26	291 340.89	421 285.31	164 461.00	232 754.35	119 994.20
1799	26 987.38	12 339.26	386 796.42	451 384.84	173 792.56	232 756.76	119 995.74
1800	26 740.69	12 352.59	854 170.27	456 585.38	167 262.84	460 401.86	234 638.82
1801	26 721.89	12 346.79	402 244.60	431 676.76	169 039.88	230 394.58	117 535.36
1802	26 081.08	12 348.30	366 484.41	423 921.38	168 143.00	230 176.38	117 294.76
1803	25 934.026	12 339.26	281 965.69	800 483.74	156 202.00	230 220.58	117 266.56
1804	27 123.44	12 352.29	336 703.47	431 436.19	154 810.00	230 164.38	117 273.66
1805			387 567.23	375 072.04	164 896.47	230 040.78	117 199.66
1806	27 441.43		286 564.85	329 115.08	164 086.70	230 037.68	117 202.26
1807	28 868.48	12 356.24	294 521.55	318 346.29	164 898.51	230 042.88	117 197.36
1808	29 713.54	12 350.62	388 487.63	360 103.53	164 047.79	230 039.58	117 200.96
1809	29 180.29	12 351.89	400 078.92	414 003.50	154 029.00	230 043.68	117 200.06
1810	26 487.51	12 348.39	363 959.37	403 498.86	156 215.00	230 049.68	117 202.46
1811	26 369.71	12 346.79	221 247.21	373 176.95	153 955.00	230 047.88	117 204.66
1812	26 764.11	12 344.62	272 400.97	392 801.95	144 360.00	230 049.58	117 201.86
1813	26 792.74	12 349.00	237 829.17	423 499.48	151 212.00	230 029.38	117 180.26
1814	22 121.63	12 340.74	155 729.67	297 090.64	303 816.00	230 034.18	117 177.06
1815	26 621.47	12 345.72	246 383.94	343 480.25	160 098.00	230 045.98	117 178.56
1816		24 687.67	386 136.60	413 526.13	146 868.85	229 932.08	117 133.16
1817		12 341.43	346 975.60	426 571.05	157 438.00	229 935.00	117 159.74
1818	25 176.45	12 343.99	408 830.62	428 437.49	165 427.34	230 079.92	117 991.15
1819	22 279.78	12 345.86	441 153.45	426 854.17	164 061.00	230 235.92	118 832.14
1820	25 386.18	12 342.33	253 648.93	386 390.79	144 479.00	240 030.36	117 562.93
1821	26 734.07		252 211.15	401 285.23	123 984.90	238 584.33	119 312.54
1822	26 077.46	12 345.79	275 389.96	362 485.99	129 201.20	231 159.18	118 006.46
1823	27 008.73	12 345.62	184 014.17	328 376.95	135 463.00	230 842.48	117 458.76
1824	26 165.60	12 344.89	248 007.88	474 989.18	143 711.30	210 434.08	101 220.26
1825	25 544.13	12 345.72	287 808.78	362 171.62	122 317.00	229 992.64	117 174.00
1826	25 617.30	12 339.26	301 615.26	371 440.09	156 884.00	229 938.58	97 258.55
1827	50 576.82	12 344.38	258 253.76	343 382.54	145 117.00	229 970.06	92 571.33
1828	26 154.91	12 347.00	307 983.71	374 691.18	162 635.00	230 027.50	117 182.94
1829	25 748.53	12 344.34	301 802.60	376 531.02	149 607.00	230 019.08	117 176.16

续表

年份	右翼	坐粮厅	淮安关	浒墅关	扬州关	芜湖户关	芜湖工关
1830	25 381.63	12 351.49	324 412.07	380 566.04	159 055.00	229 999.08	117 166.16
1831	26 408.09	12 351.90	309 549.38	391 310.14	123 319.00	229 989.08	117 186.16
1832	25 381.99	12 348.61	662 831.88	353 125.00	153 953.00	435 442.11	200 678.07
1833	24 714.30	12 352.62	146 987.85	371 407.03	113 886.30	155 501.56	113 412.22
1834	25 680.13	12 354.27	279 612.80	316 408.82	124 191.30	229 947.38	91 093.44
1835	25 772.21	12 347.82	266 716.33	679 851.15	163 895.30	230 943.42	87 248.66
1836	25 343.13	12 348.27	302 455.63	302 389.46	163 791.30	229 984.41	117 178.96
1837	25 698.57		271 789.27	300 302.54	163 828.00	231 426.31	115 747.61
1838	25 388.42	11 184.07	309 944.64	289 171.85	163 793.30	231 354.11	115 793.91
1839	25 132.39	12 356.81	296 786.64	276 177.94	163 803.00	223 919.08	89 146.16
1840	24 809.64	12 348.70	328 512.46	301 622.70	163 793.00	229 971.08	101 021.54
1841	24 334.62	12 387.00	309 612.67	296 767.76	163 808.00	208 943.75	70 547.84
1842	24 390.58	12 344.57	238 603.67	390 697.90	133 101.30	170 297.21	70 547.00
1843	24 905.81	12 339.26	189 425.67	274 174.92	132 550.30	230 120.42	117 248.73
1844	24 445.53	12 342.38	207 575.10	293 347.04	110 088.00	230 099.40	117 196.38
1845	24 409.81	12 342.31	269 278.94	288 863.26	111 049.30	230 042.70	117 218.02
1846	24 260.88	12 344.00	273 303.04	291 753.88	240 385.30	230 087.83	117 178.28
1847	24 423.99	12 344.62	246 920.69	313 311.53	115 069.30		
1848	24 206.72	12 345.43	189 068.08	317 389.74	118 453.00	230 304.00	117 081.93
1849	24 013.90	23 366.13	304 859.44	279 990.66	129 861.00	223 810.34	123 223.48
1850	24 118.71		327 109.81	414 420.28	144 987.00	231 327.4	115 174.93
1851	24 262.46	12 347.28	324 661.13	334 416.76	123 921.38	235 326.05	103 015.99
1852	24 148.03	12 347.47	139 632.36	307 569.18	101 078.31		
1853	24 158.35	10 115.35	100 120.69	279 868.71	0.00	0.00	0.00
1854	17 449.18	7 367.27	69 520.13	311 805.78		0.00	0.00
1855	17 431.98	7 761.92	153 950.15	326 850.89	31 612.00	0.00	0.00
1856	18 054.34	10 446.32	190 671.52	346 922.89		0.00	0.00
1857	18 187.49	9 998.58	110 103.31	168 793.63		0.00	0.00
1858	18 266.39	7 458.58	114 581.95	236 543.08	33 817.00	0.00	0.00
1859	16 286.75	9 880.17	116 057.69	287 595.83		0.00	0.00
1860	26 315.60	9 040.24	98 570.00	358 000.00	35 946.00	0.00	0.00
1861	19 543.53	6 354.86	44 975.06	0.00	15 236.47	0.00	0.00
1862	19 043.52	7 268.24	29 705.33	0.00	20 333.46	0.00	0.00
1863	16 704.27	6 387.81	37 615.80	0.00	35 558.45	0.00	0.00
1864	18 112.02	6 752.41	38 814.51	0.00	43 242.52	0.00	0.00
1865	18 781.10	7 103.30	82 995.66	0.00	40 551.80	0.00	0.00

续表

年份	右翼	坐粮厅	淮安关	浒墅关	扬州关	芜湖户关	芜湖工关
1866	18 158.21	7 011.48	35 754.17	0.00	44 217.00	0.00	0.00
1867	17 480.74	6 350.77	33 101.00	0.00	34 461.00	0.00	0.00
1868	16 778.66	6 812.01	34 118.99	0.00	31 365.00	0.00	0.00
1869	17 665.42	6 980.09	44 161.92	0.00	37 454.00	0.00	0.00
1870	17 530.40	7 183.69	52 798.14	0.00	56 996.00	0.00	0.00
1871	17 071.99	7 272.65	41 756.45	0.00	43 140.00	0.00	0.00
1872	16 370.16	7 617.58	51 121.39	0.00	42 188.00	0.00	0.00
1873	17 058.59	8 153.72	56 871.77	0.00	43 259.00	0.00	0.00
1874	16 266.00	6 370.06	32 210.85	0.00	43 379.00	0.00	0.00
1875	20 314.41	8 045.98	42 372.12	0.00	43 391.00	0.00	0.00
1876	20 408.10	8 128.15	38 391.85	0.00	86 956.00	0.00	0.00
1877	19 420.59	8 162.65	38 481.40	0.00	43 516.00	60 510.11	70 686.55
1878	19 334.15	8 163.48	41 006.98	0.00	43 591.00	60 257.46	74 744.91
1879	20 054.06	7 904.02	38 634.93	0.00	43 637.00	59 146.56	76 247.32
1880	23 905.09	8 185.48	74 129.35	0.00	43 664.00	61 934.29	73 823.55
1881	20 114.25	15 181.16	51 454.94	0.00	43 700.00	57 098.94	78 826.14
1882	20 039.12	8 814.97	62 650.44	0.00	43 806.00	61 558.30	75 418.59
1883	19 646.16	8 551.36	62 828.30	0.00	44 113.00	58 766.82	78 229.02
1884	18 855.61	8 777.98	47 381.77	0.00	44 125.00	59 072.61	78 157.03
1885	19 929.08		41 103.13	0.00	44 167.00	81 955.30	42 774.00
1886	18 106.17	7 827.51	51 525.54	0.00	44 212.00	75 663.74	61 637.79
1887	17 839.98	9 386.77	85 796.44	0.00	44 272.00	80 467.81	62 309.81
1888	20 449.93	8 822.03	66 951.29	0.00	44 331.00	76 102.38	63 054.84
1889	19 389.09	8 823.98	38 789.61	0.00	44 386.00	75 673.02	63 579.62
1890	19 084.13	8 823.73	41 811.06	0.00	44 398.00	151 454.31	127 439.26
1891	18 889.53		45 549.21	0.00	44 405.00	75 729.56	63 767.79
1892	38 069.46	8 823.13	53 326.24	0.00	44 426.00	76 353.79	63 235.75
1893	17 862.28		40 436.92	0.00	44 462.00		
1894	19 437.30	7 864.23	55 224.90	0.00	44 457.00	75 211.04	64 426.30
1895	22 549.22	6 203.19	55 844.67	0.00	44 509.00	76 399.74	63 355.64
1896	18 852.76	8 170.47	41 881.07	0.00	44 520.00	75 421.65	64 446.64
1897	18 818.02	7 492.92	43 544.60	0.00	44 531.00	75 474.04	64 496.64
1898			96 786.47	0.00	44 541.00	76 505.35	63 466.54
1899	18 941.57		59 908.10	0.00	44 549.00	75 825.63	64 148.90
1900	7 334.15		47 429.24	0.00	44 558.00	75 580.51	64 395.34
1901			44 647.48	0.00	44 500.00	75 274.05	59 581.30

续表

年份	右翼	坐粮厅	淮安关	浒墅关	扬州关	芜湖户关	芜湖工关
1902	20 781.16		61 595.27	0.00	44 580.00	83 665.66	61 756.66
1903	21 433.06		62 828.01	0.00	44 591.00	86 283.71	63 213.35
1904			56 142.11	0.00	53 783.03	91 174.38	72 276.34
1905			174 349.06	0.00	86 493.00	95 125.54	70 338.47
1906			236 399.01	0.00	102 734.00	76 266.80	64 967.07
1907			81 127.48	0.00	95 446.00	77 054.03	59 909.45
1908				0.00	102 789.00		
1909			200 666.34	0.00	102 818.00		
1910	26 123.31			0.00	101 639.00		

表 A-4　1723—1908 年部分常关征税表　　（单位：两）

年份	凤阳关	龙江关	西新关	九江关	赣关	北新关	南新关
1723						163 053.65	
1724				224 922.90			
1725		123 892.50		240 084.80			
1726		133 983.52		242 744.00		163 053.65	
1727	174 000.00			431 132.41			
1728				211 109.09			
1729				222 903.90			
1730		139 595.60		223 758.74	91 767.52	163 053.65	
1731	150 000.00			252 122.63			
1732	176 789.60		59 291.33	256 083.66		163 205.43	28 235.73
1733	208 551.00		78 988.33	325 311.31		165 710.59	26 067.61
1734			81 982.33	333 431.31		181 018.93	24 171.44
1735	164 439.60	120 393.86	81 052.58	367 123.00	107 734.50	194 020.76	54 324.89
1736	137 987.60	111 003.44	81 583.59	309 072.72	87 586.18	166 663.65	
1737	159 544.60			340 292.52	77 580.71	179 053.65	34 611.86
1738	150 944.60	127 246.76	86 391.97	321 395.05	77 644.43	216 580.80	31 744.12
1739	112 591.60	95 797.23	80 316.33	324 934.64	80 430.12	214 895.79	30 247.50
1740	154 012.60	125 307.20	84 591.33	351 642.90		353 416.31	
1741	182 585.66	120 807.20	80 446.33	352 940.40	89 213.79	178 246.09	
1742	229 628.24	108 967.20	74 547.33	367 626.64	129 980.04	193 571.89	29 127.76
1743	188 521.34	107 344.20	67 716.33	356 348.20	97 342.65	200 456.07	21 331.60
1744	283 766.13	105 238.26	85 258.91	358 084.67	92 429.07	214 904.48	31 723.96
1745	316 163.94	118 062.49	83 618.29	369 911.11	85 334.90	202 611.45	29 374.07
1746	394 619.53	102 846.45	52 437.70	372 742.52	89 102.51	205 326.96	29 669.85

续表

年份	凤阳关	龙江关	西新关	九江关	赣关	北新关	南新关
1747	285 733.32	139 756.42	89 376.45	372 105.31	91 161.09	214 049.32	31 920.13
1748	335 523.64	241 074.06	168 153.55	787 797.23	91 410.76	221 316.91	29 292.09
1749	344 584.88	114 674.76	85 499.90	380 762.58	96 011.76	226 365.67	26 784.89
1750	301 296.00	35 815.14	33 503.98		101 035.58	196 055.55	23 694.36
1751	316 622.60	111 586.03	81 381.13		105 532.18	183 938.54	27 911.67
1752	381 175.47	122 540.46	73 983.09	390 242.29	105 674.10	221 284.89	27 935.08
1753	314 197.47	113 399.29	75 442.18	382 675.60	105 144.86	224 207.82	25 250.12
1754	287 930.14	110 668.84	72 307.58	354 228.40	196 825.00	214 458.59	25 963.91
1755	305 346.90	121 577.74	67 958.45	375 248.20	94 280.00	220 536.45	26 180.15
1756	342 449.41	109 563.70	64 256.36	754 754.50	91 988.00	204 735.43	17 184.08
1757	274 445.82	76 804.68	59 281.75	431 605.30	94 295.00	203 200.35	10 602.61
1758	244 317.13	87 174.76	59 478.47	419 470.92	94 886.00	201 382.08	22 200.53
1759	246 589.70	278 899.40	145 964.57	408 579.11	96 104.00	208 600.76	25 915.83
1760	308 500.23	139 748.10	79 140.77	444 106.37	96 659.00	210 496.72	26 589.82
1761	310 974.90	140 136.93	79 340.77	393 468.55	98 297.00	212 527.43	26 703.41
1762	238 482.50	141 287.00	79 591.00	394 000.41	98 679.00	218 637.99	26 814.64
1763	289 754.79	150 906.00	79 664.00	396 268.02	99 237.00	218 768.05	26 939.68
1764	298 708.48	144 947.00	79 739.00	398 451.45	99 810.00	223 880.82	22 985.55
1765	633 454.23	142 975.10	78 189.00	398 482.12	101 841.00	204 305.63	23 094.11
1766	331 561.76	143 798.80	77 810.50	390 100.52	101 991.00	208 129.45	23 673.69
1767	280 112.55	134 243.08	76 017.10	340 953.50	101 881.00	208 285.93	47 410.27
1768	220 589.49	150 685.44	66 069.67	332 856.30	101 908.00	208 394.65	23 801.24
1769	222 825.03	124 423.00	66 380.00	499 920.00	102 067.00	208 506.96	25 410.25
1770	261 589.32	123 507.02	65 484.80	547 853.00	102 589.00	192 746.46	23 775.22
1771	261 761.47	127 381.35	71 912.50	545 639.00	102 388.00	179 781.09	23 446.04
1772	190 422.84	134 390.94	79 346.41	639 438.00	102 374.00	180 703.87	30 076.72
1773	195 514.00	137 840.33	76 498.99	651 767.00	102 765.00	367 048.31	30 591.98
1774	187 617.43	140 420.00	79 984.72	659 657.00	102 866.00	185 045.06	30 600.50
1775	123 490.45	144 920.92	76 603.81	661 384.00	102 958.00	187 375.64	27 619.60
1776	240 696.29	145 709.66	76 664.30	662 129.00	102 981.00	190 017.06	28 221.74
1777	240 824.20	143 429.92	79 349.89	664 412.00	103 184.00	191 097.35	29 617.38
1778	126 032.06	147 136.57	76 863.64	681 289.42	103 189.52	192 276.87	30 371.25
1779	101 283.56	156 613.83	68 705.31	684 722.59	103 266.98	192 772.07	29 881.94
1780	175 202.26	151 905.45	74 433.93	647 753.41	103 292.61	193 314.48	29 721.89
1781	200 117.23	146 942.72	80 121.10	633 386.76	103 322.77	193 739.46	29 847.34
1782	186 347.77	149 907.17	80 203.43	702 588.41	103 324.82	193 934.79	29 931.25

续表

年份	凤阳关	龙江关	西新关	九江关	赣关	北新关	南新关
1783	136 571.01	153 335.30	80 686.80	733 332.27	103 330.90	194 042.14	29 988.66
1784	163 109.24	167 522.91	75 828.00	739 404.31	103 335.10	194 165.75	30 156.66
1785	144 641.51	166 747.61	76 713.81	743 103.54	103 341.70	171 550.71	18 677.22
1786	72 949.64	137 958.55	57 834.16	743 310.03	206 697.88	182 163.55	12 724.73
1787	112 925.48	118 920.61	55 377.26	701 885.02	103 354.23	194 200.84	18 733.19
1788	173 991.57	131 380.21	65 900.17	655 826.35	103 359.66	194 251.07	20 124.57
1789	174 402.46	134 844.52	77 126.84	1 322 435.37	103 365.16	194 281.92	22 507.88
1790	175 415.54	166 798.89	77 720.25	690 970.41	103 371.76	194 339.61	26 065.91
1791	133 454.67	163 787.27	81 255.43	703 304.61	103 373.60	194 485.18	24 927.83
1792	125 685.41	319 614.60	148 136.66	704 056.81	103 377.54	194 566.79	22 936.22
1793	118 858.61	141 344.51	58 967.83	612 990.73	103 380.92	194 623.69	30 205.34
1794	121 527.36	114 378.03	60 590.15	534 651.06	103 385.71	194 727.95	30 151.42
1795	122 193.61	104 295.95	70 822.34	546 347.83	103 389.49	194 879.43	25 274.06
1796	122 291.83	111 521.12	68 815.31	569 013.25	103 394.10	195 749.41	25 430.49
1797	214 522.50	122 393.47	71 513.60	607 087.04	103 398.23	195 931.09	26 128.87
1798	124 421.48	118 003.20	75 148.74	560 027.22	103 402.58	196 043.98	28 602.88
1799	115 001.58	118 462.76	75 637.22	567 054.04	103 401.20	196 182.44	28 765.64
1800	114 495.38	126 669.59	66 422.58	567 821.21	103 403.47	196 415.08	58 249.62
1801	102 019.52	123 025.57	66 087.07	565 973.43	105 621.33	208 371.93	
1802	105 476.22	117 237.19	65 954.76	538 539.61	108 938.18	218 119.92	29 345.55
1803	105 669.76	120 694.13	64 589.83	513 948.16		248 571.27	29 414.35
1804	110 183.92	121 869.73	61 446.17	542 951.30	121 483.35	248 658.35	29 452.57
1805	107 366.91	124 778.30	53 343.05	561 520.40	121 497.52	429 960.44	29 509.17
1806	95 382.59	93 348.07	54 922.12	492 187.10	120 304.31	202 126.37	29 454.23
1807	110 005.40	128 258.72	59 752.80	528 760.31	120 964.86	202 638.25	29 344.34
1808	119 104.36	130 393.19	51 569.13	500 753.53	121 013.24	202 712.86	29 571.35
1809	125 534.18	133 207.23	54 291.90	544 401.10	121 027.23	192 147.59	29 527.165
1810	108 977.29	130 114.27	57 181.60	552 154.47	121 050.75	202 888.47	29 354.12
1811	107 227.10	134 428.55	52 888.58	514 948.26	120 933.12	203 362.28	29 444.94
1812	95 488.83	135 372.00	51 969.91	492 123.39	120 550.18	200 125.39	29 474.06
1813	111 570.73	133 984.46	53 234.93	582 486.95	120 701.78	194 343.27	29 485.16
1814	102 527.59	134 185.58	47 944.39	581 323.66	120 082.83	194 403.74	29 061.46
1815	102 301.49	122 827.92	45 177.50	570 105.22	120 178.75	194 435.59	28 844.88
1816	102 506.59	109 624.01	47 745.96	496 809.99	120 279.37	194 377.26	28 864.84
1817	108 182.51	129 467.32	46 820.36	520 566.74	120 289.88	194 535.39	28 953.77
1818	117 258.80	132 861.06	56 161.12	403 372.40	120 291.12	194 372.80	28 725.97

续表

年份	凤阳关	龙江关	西新关	九江关	赣关	北新关	南新关
1819	108 411.16	133 457.46	54 850.96	542 679.12	240 580.52	194 423.15	28 715.53
1820	104 273.39	106 428.79	52 922.02	521 924.26	120 268.71	194 451.28	28 757.54
1821	110 053.60	141 903.63	56 702.56	530 623.19	120 715.73	194 475.29	28 824.25
1822	107 391.51	140 463.17	51 640.21	1 169 252.30		194 487.69	30 215.48
1823	107 410.40	144 165.00	51 491.05	579 403.75	112 529.05	192 173.59	30 172.27
1824	107 861.77	262 909.94	98 737.94	584 127.28	120 258.78	190 076.52	29 444.95
1825	102 322.26	115 246.58	47 984.63	540 674.57	120 258.85	189 124.14	20 553.81
1826	102 461.13	115 021.54	52 702.08	523 121.57		189 215.51	30 056.31
1827	114 567.97	137 695.62	51 189.56	526 917.00	116 527.59	189 087.01	29 843.21
1828	127 197.32	142 936.39	45 382.22	539 493.43	116 356.85	188 170.83	30 059.32
1829	128 567.35	139 611.81	47 687.98	600 008.52	115 880.05	189 345.96	29 714.68
1830	247 938.59	127 073.00	45 628.16	541 493.92	114 428.06	190 153.47	30 014.68
1831	116 570.62	118 015.67	45 303.35	371 374.31	113 210.04	188 880.15	30 088.17
1832	108 504.25	91 605.90	41 448.75	463 842.09	102 022.40	188 284.65	60 153.81
1833	107 411.52	92 037.95	42 063.11	505 509.70	98 235.24	189 183.00	28 882.97
1834	107 431.24	88 549.65	42 511.56	522 468.63	97 156.45	162 581.98	30 095.94
1835	107 465.41	88 808.22	42 715.23	531 621.97	96 965.93	154 941.80	30 085.72
1836	116 205.52	114 645.11	41 449.94	599 670.30	96 965.93	169 143.15	29 798.18
1837	108 407.92	110 572.64	41 395.27	603 039.46	94 934.93	188 207.29	30 160.39
1838	108 490.73	99 188.17	41 571.76	589 476.17	94 944.66	337 611.41	29 885.57
1839	100 695.74	90 229.87	43 172.67	574 532.87	93 110.03	188 213.48	30 157.87
1840	107 382.82	95 740.12	42 612.44	562 932.17	92 198.53	188 566.59	30 072.09
1841	107 175.10	90 599.33	41 437.03	536 816.25	81 960.60	188 218.72	28 961.17
1842	96 431.10	95 291.18	41 815.35	424 927.99	92 251.54	170 147.31	28 435.18
1843	128 389.48	74 232.10	34 390.45	398 116.30	92 253.63	185 270.23	30 070.60
1844	116 044.56	100 900.42	41 481.44	451 740.57	92 252.55	188 525.61	28 568.22
1845	107 278.26	118 718.23	41 717.29	583 025.90	89 557.32	188 802.03	30 116.20
1846	109 844.92	106 086.67	41 515.20	545 004.28	83 753.77	188 487.50	29 910.39
1847	110 645.56	97 438.94	41 516.44	484 645.54	79 423.09	179 845.82	30 049.39
1848	99 484.75	120 937.10	41 892.12	585 089.78	78 953.75	188 498.86	30 157.93
1849	106 303.60	98 670.96	41 547.98	562 591.64	93 771.00	188 257.81	30 123.75
1850	109 852.95	86 885.61	41 493.27	469 351.02	79 329.18	188 292.15	28 935.60
1851	107 362.01	78 683.63	41 551.85	430 499.03	185 198.91	177 376.02	28 394.13
1852	107 231.45	78 767.63	41 742.56	483 613.12	92 632.73	176 024.00	29 871.20
1853	84 172.56	0.00	0.00	450 314.61	58 853.99	151 048.00	18 688.47
1854	23 026.26	0.00	0.00	0.00	53 491.24		16 584.29

续表

年份	凤阳关	龙江关	西新关	九江关	赣关	北新关	南新关
1855	32 651.74	0.00	0.00	0.00	0.00	164 874.65	24 166.61
1856	59 294.28	0.00	0.00	0.00	0.00		30 107.94
1857	32 283.64	0.00	0.00	0.00	0.00	124 991.58	29 622.67
1858	14 512.01	0.00	0.00	0.00	0.00	121 578.11	29 554.14
1859	6 650.98	0.00	0.00	0.00	0.00	123 580.68	25 583.92
1860	1 210.82	0.00	0.00	0.00	92 742.94	115 031.31	
1861	5 764.22	0.00	0.00	0.00	92 404.38	0.00	3 312.98
1862	0.00	0.00	0.00	0.00	83 741.81		
1863	0.00	0.00	0.00	253 374.72	92 399.61		
1864	0.00	0.00	0.00	477 441.70	87 388.57		
1865	0.00	0.00	0.00	429 865.88	53 943.45	14 429.79	1 445.83
1866	0.00	0.00	0.00	412 984.00	60 424.30	0.00	0.00
1867	0.00	0.00	0.00	409 517.00	57 123.69	0.00	0.00
1868	0.00	0.00	0.00	435 721.98	70 175.70	0.00	0.00
1869	0.00	0.00	0.00	439 017.08	75 231.06	0.00	0.00
1870	0.00	0.00	0.00	336 894.46	64 130.97	0.00	0.00
1871	0.00	0.00	0.00	455 661.07	62 206.23	0.00	0.00
1872	0.00	0.00	0.00	425 849.58	65 153.84	0.00	0.00
1873	0.00	0.00	0.00	427 474.02	75 728.61	0.00	0.00
1874	0.00	0.00	0.00	442 522.82	88 318.41	0.00	0.00
1875	0.00	0.00	0.00	450 368.83	92 458.03	0.00	0.00
1876	0.00	0.00	0.00	455 947.76	81 942.87	0.00	0.00
1877	24 404.48	0.00	0.00	457 324.16	89 613.41	0.00	0.00
1878	55 056.57	0.00	0.00	403 388.60	61 241.11	0.00	0.00
1879	49 870.29	0.00	0.00	442 061.34	101 130.12	0.00	0.00
1880	48 828.27	0.00	0.00	425 844.84	42 133.25	0.00	0.00
1881	49 826.59	0.00	0.00	426 122.53	57 681.42	0.00	0.00
1882	55 064.77	0.00	0.00	412 223.69	72 876.87	0.00	0.00
1883	52 942.78	0.00	0.00	425 028.59	67 439.83	0.00	0.00
1884	49 966.34	0.00	0.00	465 623.79	105 517.70	0.00	0.00
1885	38 177.52	0.00	0.00	449 679.73	52 653.98	0.00	0.00
1886	48 394.36	0.00	0.00	437 252.83	53 176.94	0.00	0.00
1887	62 631.50	0.00	0.00	445 534.29	46 471.06	0.00	0.00
1888	63 103.57	0.00	0.00	449 711.36	52 681.11	0.00	0.00
1889	63 424.49	0.00	0.00	455 308.09	59 015.38	0.00	0.00
1890	136 224.99	0.00	0.00	916 311.00	52 721.88	0.00	0.00

续表

年份	凤阳关	龙江关	西新关	九江关	赣关	北新关	南新关
1891	66 500.09	0.00	0.00	456 730.09	59 686.03	0.00	0.00
1892	54 593.09	0.00	0.00	414 375.88	60 046.25	0.00	0.00
1893	68 871.24	0.00	0.00	425 059.58	53 415.58	0.00	0.00
1894	70 930.74	0.00	0.00	426 192.13	52 781.85	0.00	0.00
1895	70 456.37	0.00	0.00	426 793.58	60 597.16	0.00	0.00
1896	70 021.58	0.00	0.00	427 384.07	52 607.73	0.00	0.00
1897	73 215.90	0.00	0.00	422 051.17	52 614.85	0.00	0.00
1898	60 442.04	0.00	0.00	396 584.59	52 600.27	0.00	0.00
1899	65 798.09	0.00	0.00	393 198.98	61 211.00	0.00	0.00
1900	104 263.73	0.00	0.00	430 120.71	52 609.88	0.00	0.00
1901	82 001.76	0.00	0.00	402 712.36	51 216.37	0.00	0.00
1902	84 388.74	0.00	0.00		52 599.19	0.00	0.00
1903	85 648.81	0.00	0.00		52 621.49	0.00	0.00
1904	95 271.24	0.00	0.00		46 063.80	0.00	0.00
1905	107 159.60	0.00	0.00		39 679.26	0.00	0.00
1906	103 888.48	0.00	0.00			0.00	0.00
1907	108 363.14	0.00	0.00		0.00	0.00	0.00
1908		0.00	0.00		72 103.42	0.00	0.00

表 A-5　1723—1909 年部分常关征税表　　（单位：两）

年份	临清户关	临清工关	太平关	武昌厂	荆州关	湖北新关	夔关
1723							
1724			107 875.18				
1725							
1726	59 194.09						
1727	39 886.80						69 525.70
1728	39 265.78						70 000
1729							70 000
1730					29 000.00		93 232.94
1731							83 977.16
1732							
1733							92 962.04
1734	78 781.12						102 425.46
1735	42 218.36	6 134.00		40 635.49			114 987.19
1736	32 252.84		124 713.90		22 738.27		94 368.24
1737	73 347.41		109 480.18	36 407.85	24 193.41		111 331.81

续表

年份	临清户关	临清工关	太平关	武昌厂	荆州关	湖北新关	夔关
1738	73 439.40		107 952.61				116 113.20
1739	46 518.10		109 944.27	42 951.60	17 019.77		131 056.99
1740	53 317.77	7 516.06	116 856.00	39 589.88	30 068.77		141 374.73
1741	46 080.14	5 546.84	113 445.48	40 518.63	31 774.77		133 898.28
1742	38 468.93	5 676.81	119 830.13	44 674.27	44 591.35		132 698.25
1743	38 329.78	8 750.46	240 169.36	41 610.80	40 686.42		
1744	79 322.51	16 094.52	124 773.03	51 664.27	46 668.92		
1745	84 025.50	8 933.50	126 891.73	53 581.71	66 314.13		
1746	48 963.39	10 994.12	128 485.58	52 510.99	55 215.69		
1747	24 929.53	12 816.53	128 816.06	49 083.76	51 103.14		
1748	80 496.89	9 370.24	132 055.17	49 341.35	72 512.63		
1749	42 433.97	6 249.15	136 040.81	50 938.93	61 011.91		
1750	55 896.79	8 449.35	138 842.31	53 288.70	55 285.16		152 014.22
1751	40 834.82	7 316.32	137 186.38	109 535.91	37 269.29		137 097.84
1752	42 499.70	6 043.54	137 186.38	55 104.86	48 245.00		147 366.64
1753	42 606.77	7 078.39	137 947.62	56 234.47	41 617.00		143 386.06
1754	42 653.80	7 081.32	124 107.02	56 776.76	45 926.00		147 620.29
1755	42 690.89	7 088.70	135 880.50	56 979.67	44 953.90		166 572.47
1756	42 705.96	7 173.37	129 902.71	57 526.81	46 271.90		173 095.30
1757	43 672.75	7 171.40	130 302.25	57 820.86	46 685.40		147 805.40
1758	44 385.55	8 201.70	127 385.75	57 996.91	42 754.00		168 537.95
1759	48 191.20	9 733.88	128 607.62	58 196.03	44 341.91		176 969.27
1760	50 349.40	10 435.59	128 171.17	58 363.92	46 134.00		170 100.98
1761	50 408.70	10 440.00	128 276.74	56 666.39	46 183.00		170 140.23
1762	50 492.60	10 614.65	128 409.02	58 371.50	46 202.40		177 263.74
1763	101 703.90	17 013.80	128 506.07	58 376.70	46 230.40		182 040.98
1764	67 182.30	9 905.60	128 586.34	58 378.30	46 412.90		182 219.73
1765	50 684.00	9 915.80	128 768.95	58 487.06	46 421.20		193 322.65
1766	50 706.00	9 922.60	129 143.23	58 491.49	46 742.70		182 343.17
1767	50 726.20	9 951.50	129 248.62	58 493.52	94 401.60		193 685.34
1768	50 763.30	9 955.20	129 283.88	58 494.64	49 021.00		186 365.62
1769	51 992.30	9 961.80	129 591.49	58 532.06	49 046.70		186 378.01
1770	52 002.39	9 964.34	129 865.54	58 572.91	49 077.00		194 314.02
1771	52 016.30	9 967.20	131 697.98	58 590.78	49 385.60		186 776.50
1772	52 228.10	9 971.10	131 882.08	58 598.46	49 896.70		186 815.89
1773	52 038.50	9 975.64	132 179.17	58 604.27	49 921.90		199 366.41

续表

年份	临清户关	临清工关	太平关	武昌厂	荆州关	湖北新关	夔关
1774	52 041.30	9 978.90	264 851.48	58 605.35	50 616.20		187 370.67
1775	52 047.20	9 987.80	131 324.12	58 607.40	50 639.95		200 041.46
1776	55 069.40	9 990.50	132 518.45	58 609.61	50 656.18		187 374.29
1777	55 073.00	9 994.00	132 647.32	58 612.38	50 669.43		187 380.25
1778	55 077.80	9 998.14	132 621.49	58 615.56	50 685.18		194 906.67
1779	55 081.40	10 000.70	132 709.36	58 619.36	29 215.62		188 205.91
1780	55 083.80	10 002.40	132 709.90	58 623.77	40 221.36		188 207.28
1781	110 173.30	10 003.10	132 795.55	58 628.57	44 065.18		196 253.57
1782	55 089.80	10 006.20	132 814.19	58 633.57	50 688.94		188 574.35
1783	55 091.50	10 007.64	132 818.36	58 638.74	50 702.36		188 704.32
1784	55 092.77	10 009.00	134 858.28	117 295.84	50 706.99		201 513.70
1785	43 090.71	7 042.62	135 470.98	58 658.91	50 711.11		188 823.15
1786	55 096.40	10 010.80	135 525.86	58 667.41	50 714.17		201 582.18
1787	55 458.30	10 015.60	134 241.55	58 673.28	42 341.57		188 887.16
1788	55 485.20	10 028.70	134 247.57	58 677.39	36 588.37		188 894.86
1789	55 490.90	10 034.50	134 261.06	58 680.91	36 272.32		201 603.82
1790	55 498.40	10 042.30	134 278.81	58 684.85	44 977.36		188 904.25
1791	55 504.60	10 051.60	134 317.82	58 690.18	40 939.29		188 913.25
1792	55 514.20	10 060.40	134 345.91	58 695.33	42 788.36		201 626.06
1793	55 521.80	10 068.00	134 360.64	58 699.92	47 433.92		188 927.82
1794	55 525.30	10 072.80	134 394.11	58 702.93	43 136.64		188 939.32
1795	55 532.66		134 414.21	58 705.54	38 088.13		211 657.84
1796	55 536.04		134 436.36	58 707.85	34 877.60		188 961.70
1797	55 538.32		134 447.05	58 710.75	27 224.60		133 425.54
1798	55 540.59		132 462.66	58 713.95	26 537.41		90 446.00
1799	39 048.72	5 468.35	133 553.30	58 714.81	23 791.22		113 403.29
1800	36 526.36		134 808.55	58 715.38	58 595.54		142 324.38
1801	40 416.54	5 348.24		58 716.54	28 531.11		154 880.75
1802	53 226.32	8 506.30	134 835.61	58 717.22	25 530.77		183 965.01
1803	69 159.67	6 270.53	134 837.82		30 697.51		
1804	38 656.49		134 838.80	58 708.21	30 707.75		184 002.71
1805	38 343.58	8 007.41	133 967.79	58 708.96	30 695.32		184 014.41
1806	50 860.99	7 042.26	134 889.89		27 036.70		184 019.51
1807	53 307.14	11 042.90	134 901.87	58 711.22	24 235.96		
1808	86 905.14	7 692.15	268 967.21	58 712.49	24 240.67		184 022.27
1809	72 331.23	8 067.40	134 938.17	58 713.34	23 554.93		184 024.39

续表

年份	临清户关	临清工关	太平关	武昌厂	荆州关	湖北新关	夔关
1810	76 935.52	5 307.64	134 964.21		26 669.55		184 025.60
1811	35 513.96	4 812.80	135 002.90		28 214.18		184 029.72
1812	36 466.11	5 673.00	135 033.52		23 952.89		184 034.83
1813	33 314.79	6 222.37	135 030.40	58 716.92	25 834.41		
1814	117 081.24	7 823.28	135 034.13	58 717.18	22 583.27		184 040.05
1815	79 559.13	8 470.04	135 057.37	58 717.60	22 069.86		184 045.47
1816	50 805.56	5 884.49	135 075.08	117 438.61			
1817	62 221.22	7 148.97	135 079.29	58 720.15	28 820.74		184 089.79
1818	63 246.08	6 121.60	135 105.63	58 720.88	24 600.96		184 106.59
1819	59 089.01	6 396.16	134 204.14		24 663.60		184 108.65
1820	27 151.92	4 596.81	135 129.67		27 224.33		184 114.15
1821	19 415.33	4 402.56	135 103.93	58 721.88	29 749.45		
1822	23 313.22	4 654.63	135 126.27	58 722.19	29 976.12		184 117.51
1823	33 900.08	4 435.45	135 184.22	58 722.91	30 103.07		184 119.04
1824	63 322.41	6 977.96	134 231.29	58 723.35	30 689.07		
1825	48 422.58	5 509.77	135 176.66	58 723.97	30 690.50		
1826	52 055.17	6 418.03	135 219.34	58 724.25	30 687.23		
1827	50 445.38	6 990.42	135 207.80				
1828	53 755.57	6 186.98	135 195.70	58 725.44			184 140.99
1829	41 958.84	5 920.86	134 258.13				184 144.95
1830	47 082.10	9 585.25			30 687.30		184 151.59
1831	58 087.70	6 476.61	135 203.23	58 726.80			184 164.20
1832	53 376.27	7 371.17	135 157.13	58 726.87			368 342.17
1833	51 704.33	7 652.43	135 181.04	58 726.93			
1834	20 966.17	4 653.75	135 182.84	58 726.92			184 178.41
1835	47 752.85	7 348.76	135 188.49	58 726.94			
1836	60 151.01	6 564.86	135 197.65	58 726.98			184 182.71
1837	57 068.59	4 441.04	135 198.39	58 727.00	30 687.37		184 184.29
1838	43 323.37	5 366.21	135 225.61	58 727.03			184 185.58
1839	42 556.36	5 619.54	135 227.43	58 727.06			184 187.10
1840	52 612.67	6 189.17	135 241.84	58 727.09			184 188.31
1841	55 095.12	4 209.81	265 653.27	58 727.13			184 190.49
1842	25 436.60	4 103.85	135 268.36	58 727.17			
1843	35 731.49	4 741.59	135 243.53	58 727.21			
1844	48 036.60	4 607.67	135 252.97				184 201.66
1845	59 739.10	7 998.10	135 253.00				

续表

年份	临清户关	临清工关	太平关	武昌厂	荆州关	湖北新关	夔关
1846	98 166.54	3 781.93	119 074.11	58 727.28	30 687.28		
1847	41 865.35	2 884.48	117 696.11	58 727.32			
1848	85 441.13	6 611.66	118 643.31				184 220.00
1849	63 144.98	5 477.71	118 970.41	117 454.70			184 221.01
1850	35 134.24	3 383.83	113 651.88				184 229.02
1851	40 982.12	3 422.98	113 837.74				
1852	64 694.28	5 501.11	111 735.97				184 242.51
1853	46 310.72	4 583.38	102 646.16				108 099.70
1854	26 611.13	1 452.08	92 671.03				115 801.86
1855	37 494.51	4 490.74	7 467.92				
1856	37 382.83	2 925.82	49 504.37				119 146.24
1857	38 807.50	4 070.24	53 774.57			21 800.00	118 619.76
1858	48 211.95	6 338.87	33 411.66			27 700.00	178 290.14
1859	51 635.47	7 170.26	30 975.99			27 600.00	184 219.44
1860	83 748.70	7 823.72	41 580.35	23 587.75			164 833.20
1861	50 075.96	3 753.65	37 286.70	20 691.78			143 281.38
1862	34 989.95	7 254.44	37 733.71	20 357.16			180 083.30
1863	36 631.19	3 070.67	39 655.33				184 222.83
1864	26 650.47	5 890.59	38 615.20	23 111.84	23 242.21		184 225.18
1865	18 620.35	3 212.88	32 601.02		23 242.19	31 252.35	196 705.11
1866	21 712.97	4 997.11	66 996.26	24 786.94		35 794.04	184 226.80
1867	32 186.05	5 764.28	189 825.10				184 223.80
1868	32 811.54	3 105.72	189 597.20	25 407.87			197 613.57
1869	33 813.68	5 148.01	175 260.62	24 513.49		39 771.37	172 331.29
1870	42 453.53	3 689.81	175 385.63	20 130.86			
1871	29 100.64	6 098.11	175 421.53	18 985.33			184 226.12
1872	54 352.26	7 827.49	170 071.26	19 554.35		39 917.96	174 860.13
1873	65 886.30	4 951.69	168 261.37	19 633.53			195 906.81
1874	42 173.31	3 450.61	163 074.37	19 097.25		39 968.16	
1875	28 174.17	5 496.52	162 612.83	19 538.29			
1876	50 534.80	4 466.58	162 704.72	19 521.59			196 705.74
1877	46 994.80	2 048.14	155 433.93	19 207.19		39 990.00	178 083.20
1878	23 567.52	1 497.95	135 767.54	19 511.13		39 991.57	184 165.81
1879	58 121.22	3 972.91	136 701.99	19 505.45			138 866.48
1880	50 526.83	5 336.05	146 725.44	19 544.59			139 073.77
1881	23 285.65	2 785.23	147 355.29	19 548.52			123 471.23

续表

年份	临清户关	临清工关	太平关	武昌厂	荆州关	湖北新关	夔关
1882	36 538.29	4 664.02	147 794.73	19 570.08			128 389.58
1883	57 802.15	5 072.81	142 552.21	18 786.55		39 998.00	115 188.33
1884	55 568.15	4 946.80	147 728.73	18 833.50		27 905.03	138 555.43
1885	63 618.59	6 964.38	144 468.55	19 496.23			105 752.57
1886	68 976.99	6 535.63	145 622.19	30 998.61			113 573.34
1887	62 255.68	6 532.36	144 350.97	40 909.43			106 302.74
1888	63 421.16	6 017.84	146 138.66	41 496.93			94 656.15
1889	64 635.23	7 368.93	146 081.68	45 728.87			85 630.10
1890	68 812.28	5 262.85	146 205.93	41 070.02			62 444.39
1891	66 170.14	6 179.96	145 652.80				50 000.00
1892	62 093.35	6 078.46	291 053.67	41 452.44			46 308.07
1893	63 074.51	6 024.11	140 155.86	36 380.29			46 905.61
1894	93 508.25	5 752.82	141 266.22	38 260.36			37 376.92
1895	92 432.22	7 215.95	140 166.19	34 581.39			37 595.11
1896	76 093.55	5 761.47	141 221.49	33 645.00			
1897	81 917.80	5 545.06	141 424.65	31 258.13			28 058.28
1898	57 282.23	5 178.03	144 221.82				
1899	52 358.45	5 709.33	148 355.17				
1900	58 944.11	2 396.88	154 287.12			89 516.82	22 680.00
1901	17 507.18	2 972.42	154 281.64	33 810.72		89 559.11	15 648.00
1902	93 748.06	5 723.42	152 537.82			89 871.45	15 756.00
1903	166 582.61	12 876.95	123 441.22			89 877.53	18 315.00
1904	140 655.07	9 873.74	146 091.15	35 900.06		89 896.42	14 357.66
1905	127 215.45	9 418.48	170 493.54	34 706.84	32 380.56	89 903.81	14 512.00
1906	110 409.17	9 431.47	144 862.23	34 882.81	29 319.18	89 908.00	18 243.62
1907	128 769.68	10 508.53	143 328.76	35 880.78	29 928.05	89 910.03	20 141.40
1908	125 291.23	10 790.87	142 812.22				14 760.97
1909			149 952.41				

表 A-6　1723—1909 年部分常关征税表　　（单位：两）

年份	渝关	天津关	天津海关	东海关	江海关	浙海关
1723			0.00			
1724			0.00			
1725			0.00			
1726			0.00			
1727			0.00			

续表

年份	渝关	天津关	天津海关	东海关	江海关	浙海关
1728			0.00			
1729			0.00			
1730			0.00			
1731			0.00			
1732			0.00			
1733			0.00			
1734	7 071.21		0.00			
1735	5 210.62	89 747.354	0.00		67 673.61	95 222.34
1736	3 473.74	71 045.08	0.00		62 608.75	67 942.56
1737	5 707.29	86 312.663	0.00		69 078.67	90 073.13
1738	5 687.81	92 660	0.00		65 120.33	90 105.50
1739	5 187.39	69 813.89	0.00		69 282.42	91 402.77
1740	8 826.00	53 256.312	0.00		78 914.33	91 392.77
1741	5 132.09	59 222.619	0.00		79 794.68	93 472.67
1742	6 308.69	62 259.663	0.00		79 473.92	93 727.87
1743	5 011.71	68 256.313	0.00		81 809.52	93 798.00
1744	5 166.56	60 626.537	0.00		81 460.71	93 806.00
1745	5 178.00	68 481.097	0.00		81 372.92	93 774.00
1746	5 178.31	62 627.983	0.00		55 632.86	88 159.45
1747	5 265.27	81 163.233	0.00		52 610.01	93 949.79
1748	5 238.48	83 439.282	0.00		52 097.52	188 185.49
1749	5 217.28	83 621.826	0.00		55 422.46	92 754.56
1750	3 522.56	86 401.254	0.00		77 389.44	99 501.18
1751	3 046.00	90 267.367	0.00		78 553.49	85 641.40
1752	3 330.00	90 223.876	0.00		77 186.77	95 412.31
1753	4 441.00	101 214.85	0.00		77 509.00	87 654.23
1754	6 317.17	100 695.38	0.00		75 759.00	87 667.23
1755	6 960.55	108 008.29	0.00		76 775.00	90 553.23
1756	6 543.73	108 169.24	0.00		57 925.00	89 692.23
1757	5 215.34	108 072.35	0.00		57 926.60	89 737.23
1758	6 484.10	109 223.80	0.00		72 214.40	89 568.23
1759	6 859.24	109 435.82	0.00		73 137.50	89 472.97
1760	6 501.39	109 798.01	0.00		73 145.80	89 358.31
1761	6 518.69	110 054.29	0.00		73 150.30	89 377.69
1762	6 861.34	219 829.12	0.00		76 968.60	89 360.12
1763	5 416.13	121 306.26	0.00		69 013.68	89 432.57

续表

年份	渝关	天津关	天津海关	东海关	江海关	浙海关
1764	6 000.93	128 101.48	0.00		69 242.04	89 519.64
1765	5 882.34	126 434.51	0.00		71 328.23	89 555.14
1766	5 263.87	121 672.42	0.00		71 341.50	89 573.57
1767	5 832.57	122 198.70	0.00		71 477.40	89 603.33
1768	6 039.66	126 417.71	0.00		71 783.03	89 603.26
1769	5 397.01	127 201.99	0.00		71 895.60	89 630.98
1770	5 686.89	111 864.63	0.00		143 861.00	89 635.82
1771	5 435.92	108 994.41	0.00		71 996.60	89 626.02
1772	5 438.01	115 120.00	0.00		72 031.10	89 673.06
1773	5 656.59	112 893.78	0.00		72 142.50	89 685.02
1774	5 285.53	115 165.90	0.00		72 278.40	89 700.35
1775	5 599.00	113 077.71	0.00		72 368.50	89 717.44
1776	5 181.02	115 018.71	0.00		72 380.20	89 688.64
1777	5 181.26	112 492.77	0.00		72 390.37	89 716.90
1778	5 358.18	109 216.73	0.00		72 428.14	89 752.31
1779	5 181.74	109 077.93	0.00		72 467.50	90 164.45
1780	5 181.95	110 735.31	0.00		72 498.10	90 178.70
1781	5 358.29	110 044.57	0.00		72 521.48	180 382.40
1782	5 182.72	109 064.15	0.00		72 635.01	90 199.18
1783	5 182.68	106 218.25	0.00		72 671.33	90 206.30
1784	5 656.59	108 836.76	0.00		72 712.00	90 211.39
1785	5 183.13	98 101.30	0.00		72 716.00	90 218.33
1786	5 359.17	101 536.02	0.00		72 728.00	90 223.16
1787	5 183.25	99 106.99	0.00		72 739.00	90 137.38
1788	5 183.37	99 122.13	0.00		72 741.00	90 229.49
1789	5 657.50	107 696.60	0.00		72 752.44	90 238.51
1790	5 183.40	107 729.94	0.00		72 761.00	90 243.28
1791	5 183.48	107 762.47	0.00		72 869.00	90 254.33
1792	5 657.51	107 799.62	0.00		72 878.00	90 297.33
1793	5 183.49	107 835.32	0.00		72 892.00	90 321.13
1794	5 183.51	107 923.69	0.00		72 906.00	90 344.33
1795			0.00		72 920.00	90 357.83
1796	5 183.52	103 284.27	0.00		72 934.33	59 224.07
1797	5 120.00	107 992.20	0.00		72 934.44	56 469.36
1798	5 120.00	108 122.70	0.00		72 940.83	80 373.29
1799	5 120.00	114 874.65	0.00		72 954.30	75 123.30

续表

年份	渝关	天津关	天津海关	东海关	江海关	浙海关
1800	5 120.00	107 209.54	0.00		72 957.52	66 697.91
1801	5 120.00	101 894.59	0.00		73 012.54	75 131.47
1802	5 120.00		0.00		73 330.33	75 132.63
1803	5 120.00	99 200.44	0.00		146 938.25	77 134.70
1804	5 120.00	102 158.99	0.00		73 556.58	77 135.28
1805	5 120.00	99 666.21	0.00		73 561.58	79 047.62
1806	5 121.09	100 167.05	0.00		73 573.82	73 738.73
1807		100 140.98	37 941.60		73 579.51	73 889.23
1808		96 277.06	53 050.60		73 582.82	79 918.23
1809		90 022.85	69 220.00		73 586.73	79 927.98
1810		97 125.68	64 137.76		73 592.91	79 935.06
1811		96 592.04	47 500.00		73 606.64	79 943.16
1812		94 884.58	50 119.00		73 612.77	79 952.48
1813		94 941.77	53 418.00		73 619.63	79 960.51
1814		95 783.27	51 517.00		73 629.00	159 955.08
1815		95 082.89	39 102.00		73 632.68	79 993.85
1816			35 643.00		73 637.20	80 014.13
1817			40 154.00		73 640.65	79 021.79
1818			43 664.00		73 643.86	80 024.39
1819		95 900.95	44 023.00		73 647.08	80 039.30
1820		95 126.08	41 615.00		73 650.97	80 053.78
1821		95 874.40	42 034.00		73 656.68	79 157.82
1822		98 089.90	42 752.00		73 661.20	80 063.51
1823		96 833.69	43 102.00		73 664.59	80 073.19
1824		96 865.62	43 016.82		73 666.64	79 115.58
1825		94 811.15	42 344.53		73 669.35	79 187.41
1826		94 707.11	41 543.80		71 384.79	78 955.40
1827		190 717.85	42 416.58		73 671.36	79 007.65
1828		95 536.04	42 030.39		73 672.51	79 183.59
1829		95 740.87	40 094.49		73 673.35	79 301.68
1830			40 042.89		73 674.29	79 352.81
1831		95 749.86	40 195.09		73 675.19	79 426.38
1832		95 622.37	21 056.01		73 676.15	79 438.15
1833		95 747.44	20 105.33		73 677.22	79 504.11
1834		105 034.28	40 050.78		73 678.23	79 505.52
1835		95 854.26	40 123.46		147 359.77	79 506.30

续表

年份	渝关	天津关	天津海关	东海关	江海关	浙海关
1836		95 876.56	40 213.56		73 681.25	79 506.74
1837		95 888.20	41 235.40		73 682.26	79 510.12
1838		95 898.70	40 213.40		73 683.29	79 510.45
1839	5 121.18	96 098.70	24 350.62		73 684.39	79 514.36
1840		95 999.76	20 766.92		57 046.51	79 506.29
1841		95 629.74	25 031.30		73 685.54	79 512.14
1842		74 002.90	0.00		32 621.47	0.00
1843		94 812.48	9 191.52		73 686.06	78 025.76
1844		94 908.98	28 045.17		79 821.79	77 037.56
1845		94 992.50	29 053.85		79 788.02	78 018.53
1846		95 024.72	30 311.29		74 291.14	78 020.03
1847		94 841.79	33 863.17		81 893.53	76 542.32
1848		94 127.58			77 796.46	78 265.94
1849		95 153.27	39 676.45		75 731.88	78 376.87
1850		95 315.96	39 587.44		73 752.31	76 546.70
1851		95 356.38	34 982.94		72 469.09	76 430.26
1852		95 701.77	24 711.67		74 011.00	47 053.60
1853	908.85	94 099.30	42 656.28			62 698.97
1854	948.59	85 259.64	40 391.95		14 046.79	62 321.09
1855	42.68	68 345.60	40 025.36		45 783.16	62 522.61
1856	281.74	93 936.96	41 795.93		53 422.45	64 111.84
1857	1 192.02	93 806.83	41 954.67		70 686.03	65 467.18
1858		93 561.90	42 563.22		71 038.67	66 340.07
1859	5 121.18	93 482.38	41 243.66		84 374.33	71 368.58
1860	1 072.00	162 428.48	35 485.00		99 892.29	55 267.70
1861		74 932.20	14 127.90		100 584.58	49 858.30
1862		75 393.62	14 668.56		140 140.59	32 138.24
1863		76 083.40	28 995.20		165 138.54	21 593.10
1864	987.00	84 447.27			121 661.03	40 336.46
1865	1 430.00	84 451.81	29 074.90	68 578.11	103 920.61	38 047.52
1866		84 591.55	38 858.71	90 299.10	103 809.12	32 800.50
1867		84 841.54	38 772.10	94 229.34	42 687.12	29 885.04
1868		85 535.02	42 713.89	68 649.29	129 547.56	62 656.75
1869			43 143.25	80 981.97	60 813.79	31 671.04
1870			40 545.93	86 662.34	67 392.84	35 335.83
1871			40 481.87	86 183.68	61 223.64	30 481.50

续表

年份	渝关	天津关	天津海关	东海关	江海关	浙海关
1872		166 633.17	42 055.67	86 183.68	61 652.10	30 061.52
1873		92 953.46	40 373.18	81 635.57	61 652.10	35 908.23
1874		92 498.89	41 721.82	78 557.35	64 927.22	33 712.20
1875		92 979.40	41 460.44	77 957.51	65 083.82	33 139.61
1876		93 084.26	41 473.23	118 156.27	62 312.97	33 366.74
1877	5 121.18	93 046.93	41 821.01	61 407.57	64 379.34	28 848.14
1878		92 634.04	44 988.77	62 719.94	64 499.20	31 417.60
1879		92 966.87	41 740.27	63 113.54	65 037.84	31 472.18
1880		94 441.11	40 340.11	62 213.03	70 665.27	31 536.32
1881		94 745.39	40 079.96	69 785.30	70 160.10	35 908.23
1882		96 487.31	40 104.86	70 122.19	68 542.34	34 628.46
1883		92 715.65	40 068.28	68 619.47	67 419.21	34 250.33
1884		92 086.31	40 038.45	65 945.75	67 092.67	34 330.80
1885		67 711.52	40 071.48	55 202.24	44 111.61	27 812.57
1886		101 793.08	40 074.22	59 599.06	66 133.63	31 591.19
1887		93 857.91	40 064.87	59 858.41	72 986.96	32 337.83
1888		93 713.18	40 080.61	54 582.11	92 823.35	33 816.97
1889		106 131.79	40 078.85	61 652.78	87 840.31	33 820.71
1890		93 618.53	40 079.25	62 250.30	60 369.14	33 693.53
1891	5 121.18	79 022.05	40 081.21	63 758.57	69 354.86	29 165.70
1892		187 778.42	40 071.48	57 446.68	66 288.00	33 761.05
1893		93 941.24	40 062.87	57 399.01	65 991.81	33 778.93
1894		92 957.04	40 071.48	57 525.58	66 424.97	28 997.43
1895		94 122.10	36 603.14	58 374.57	28 437.49	30 669.45
1896		94 347.39	37 098.04	67 951.77	35 048.99	33 946.34
1897		94 215.55	37 657.73	76 883.41	44 772.89	31 876.81
1898		94 398.09	40 067.32	75 814.20	45 077.58	51 292.40
1899		94 070.89	40 070.54	68 655.49	42 505.20	32 975.33
1900	5 547.00		40 068.53	66 699.01	73 763.35	61 205.07
1901	1 214.00			108 592.93	23 378.03	23 145.72
1902	1 528.00			123 796.00	89 901.33	133 875.65
1903	5 120.00	510 705.73	4 296.95	148 944.00	132 037.43	106 910.30
1904	1 875.00	444 044.57	1 884.14	132 995.00	140 202.72	122 451.74
1905		1 054 023.3	3 965.40	168 946.00	165 236.40	125 777.21
1906	5 547.00	732 648.75	4 053.30	159 159.00	172 856.11	
1907	5 120.00	676 793.50	3 535.84	143 651.00	174 728.74	
1908	5 121.00	571 515.65	4 089.13	132 356.00	152 803.73	
1909			4 188.12		112 012.29	

表 A-7　总表　　（单位：两）

年份	闽海关	粤海常关	常关合计	户关	工关
1723			175 094.95	175 094.95	
1724	106 656.00		439 454.08	439 454.08	
1725	116 419.00		779 876.75	655 984.25	123 892.50
1726	116 111.55		802 846.19	668 862.67	133 983.52
1727	123 603.55		847 448.46	838 148.46	9 300.00
1728	142 440.55		1 227 389.59	1 214 989.59	12 400.00
1729	162 029.00		1 074 321.55	1 061 821.55	12 500.00
1730	179 013.75		1 450 056.14	1 267 031.14	183 025.00
1731			787 349.79	787 349.79	
1732			1 270 733.35	1 242 497.62	28 235.73
1733	166 598.81		1 768 135.29	1 742 067.68	26 067.61
1734	180 825.37		1 776 623.42	1 732 425.35	44 198.07
1735	181 133.37		3 566 135.04	3 239 209.19	326 925.85
1736	203 336.42		3 463 244.27	3 196 200.73	267 043.54
1737	215 506.82		3 245 407.03	3 039 042.34	206 364.69
1738	221 269.78		2 947 926.14	2 768 792.12	179 134.02
1739	251 025.47		3 158 987.15	2 849 768.02	309 219.13
1740	251 099.04		2 852 285.07	2 502 819.14	349 465.93
1741	258 599.04		3 324 423.97	2 974 847.74	349 576.23
1742	281 199.00		3 513 688.10	3 144 637.41	369 050.69
1743	254 550.00		3 406 535.64	3 052 242.03	354 293.61
1744	241 223.00		3 657 340.83	3 308 427.36	348 913.47
1745	228 618.00		3 895 071.54	3 509 948.88	385 122.66
1746	266 573.00		3 437 497.24	3 070 967.71	366 529.53
1747	277 974.00		3 353 697.33	2 960 030.31	393 667.02
1748	523 058.25		4 694 229.06	4 169 233.08	524 995.98
1749	321 126.12		3 555 889.14	3 555 889.14	370 655.75
1750	326 751.03		3 941 177.60	3 664 300.49	276 877.11
1751	308 883.76		328 039.01	3 289 039.01	353 366.39
1752	332 418.12		4 348 623.20	3 982 902.28	365 720.92
1753	314 448.16		4 223 373.62	3 893 592.59	329 781.03
1754	325 481.40		3 841 688.11	3 496 902.36	344 785.75
1755	327 969.10		4 160 391.03	3 793 583.79	366 807.24
1756	326 520.80		4 271 901.75	3 923 611.84	348 289.91
1757	331 910.40		3 435 325.61	3 155 559.57	279 766.04
1758	327 284.00		3 564 062.22	3 280 548.16	283 514.06
1759	318 755.20		4 362 853.48	3 839 918.25	522 935.23

续表

年份	闽海关	粤海常关	常关合计	户关	工关
1760	330 663.66		4 284 768.42	3 883 653.58	401 114.84
1761	354 792.02		4 048 835.33	3 666 449.28	382 386.05
1762	352 342.28		4 283 957.54	3 881 832.62	402 124.92
1763	355 497.73		4 408 473.57	3 995 988.54	412 485.03
1764	356 822.89		4 485 854.41	4 101 109.22	384 745.19
1765	356 929.95		4 824 376.77	4 444 457.56	379 919.21
1766	357 173.29		4 443 153.22	4 063 701.54	379 451.68
1767	357 249.67		5 361 169.70	4 784 725.49	576 444.21
1768	343 231.92		4 027 853.69	3 635 221.79	392 631.90
1769	294 581.33		4 322 050.52	3 975 848.00	346 202.52
1770	350 891.71		4 942 461.00	4 596 518.17	345 942.83
1771	364 512.07		4 489 057.77	4 141 263.83	347 793.94
1772	364 519.69		4 459 563.21	4 095 533.47	364 029.74
1773	373 023.97		4 868 521.14	4 499 370.48	369 150.66
1774	368 805.27		4 909 152.45	4 519 514.97	389 637.48
1775	366 415.99		4 573 637.42	4 181 022.51	392 614.91
1776	354 297.64		4 542 904.20	4 163 530.62	379 373.58
1777	352 861.30		4 854 314.55	4 459 436.32	394 878.23
1778	368 877.55		4 508 215.57	4 100 433.24	407 782.33
1779	374 407.47		4 525 366.01	4 155 527.70	369 838.31
1780	396 938.60		4 494 464.47	4 120 155.87	374 308.60
1781	794 263.24		5 683 362.45	5 307 806.10	375 556.35
1782	365 888.31		4 210 506.54	3 827 104.61	383 401.93
1783	349 706.33		4 402 589.86	4 015 469.07	387 120.79
1784	356 723.54		4 401 897.89	3 997 967.29	403 930.60
1785	365 990.51		4 070 063.15	3 672 429.33	397 633.82
1786	366 045.46		3 806 345.76	3 449 178.49	357 167.27
1787	274 071.82		4 062 671.38	3 772 248.06	290 423.32
1788	312 321.28		4 429 019.85	4 135 696.33	293 323.52
1789	320 967.59		4 884 375.53	4 542 901.62	341 473.91
1790	330 093.04		4 472 238.43	4 080 058.50	392 179.93
1791	330 332.94		4 650 310.79	4 266 240.47	384 070.32
1792	298 018.50		4 942 287.42	4 401 195.58	541 091.84
1793	329 746.59		4 429 746.43	4 057 334.82	372 411.61
1794	327 742.71		4 385 120.29	4 062 234.18	322 886.11
1795	248 723.48		3 920 629.51	3 601 719.63	318 909.88
1796	192 849.87		4 124 457.06	3 845 763.71	278 693.35

续表

年份	闽海关	粤海常关	常关合计	户关	工关
1797	198 507.18		4 157 662.00	3 857 532.33	300 129.67
1798	199 163.91		3 828 517.09	3 498 992.09	329 525.00
1799	227 639.64		4 042 615.99	3 722 796.86	319 819.13
1800	195 974.72		4 809 409.00	4 307 919.88	501 489.12
1801	202 152.78		3 614 768.20	3 307 496.84	307 271.36
1802	219 251.00		4 036 706.62	3 705 960.92	330 745.70
1803	201 520.97		4 169 537.83	3 860 074.75	309 463.08
1804	198 851.94		4 224 829.82	3 892 694.95	332 134.87
1805	171 884.80		4 309 995.73	3 994 685.88	315 309.85
1806	175 719.96		3 725 494.85	3 418 579.05	306 915.80
1807	168 923.34		3 824 202.52	3 486 412.05	337 790.47
1808	186 852.86		4 394 358.94	4 055 568.62	338 790.32
1809	193 421.12		4 127 211.66	3 773 409.27	353 802.39
1810	186 617.48		4 198 342.98	3 847 664.50	350 678.48
1811	187 061.00		3 823 611.15	3 479 814.02	343 797.13
1812	189 539.00		3 897 180.67	3 555 814.87	341 365.80
1813	211 477.86		3 834 349.81	3 491 951.15	342 398.66
1814	430 906.97		4 552 176.62	4 211 653.97	340 522.65
1815	209 672.54		3 967 916.54	3 638 833.29	329 083.25
1816	205 844.72		3 608 316.10	3 317 117.41	291 198.69
1817	235 865.94		3 850 448.89	3 509 206.36	341 242.53
1818	196 855.58		4 061 151.24	3 721 158.51	339 992.73
1819	193 462.45		4 381 215.79	4 028 278.00	352 937.79
1820	195 280.47		3 957 579.19	3 631 671.43	325 907.76
1821	192 688.46		3 707 676.58	3 353 791.65	353 884.93
1822	186 778.08		4 582 059.15	4 229 050.77	353 008.38
1823	186 766.91		3 809 708.29	3 453 681.73	356 026.56
1824	186 770.71		4 012 055.65	3 580 813.48	431 242.17
1825	186 759.12		3 800 705.28	3 511 530.62	289 174.66
1826	188 438.86		3 387 752.81	3 108 311.16	279 441.65
1827	188 913.24		3 395 333.78	3 128 233.19	267 100.59
1828	189 391.58		3 945 040.34	3 648 674.71	296 365.63
1829	187 597.52		4 001 499.58	3 709 076.06	292 423.52
1830	186 873.11		4 002 700.51	3 688 174.13	314 526.38
1831	187 243.56		3 401 557.65	3 129 791.03	271 766.62
1832	186 733.95		4 267 346.74	3 907 537.79	359 808.95
1833	152 939.37		3 383 614.94	3 141 629.37	241 985.57

续表

年份	闽海关	粤海常关	常关合计	户关	工关
1834	176 825.19		3 729 902.64	3 515 509.86	214 392.78
1835	186 913.99		4 100 031.48	3 886 540.12	213 491.36
1836	184 095.28		3 533 895.61	3 265 708.50	268 187.11
1837	188 886.64		3 642 312.57	3 350 703.51	291 609.06
1838	191 665.08		4 086 220.82	3 835 986.96	250 233.86
1839	191 391.01		3 826 262.29	3 605 987.68	220 274.61
1840	186 900.94		3 883 113.01	3 650 090.09	233 022.92
1841	181 451.09		3 918 769.19	3 724 451.04	194 318.15
1842	115 953.40		3 187 345.47	2 988 968.26	198 377.21
1843	86 059.68		3 076 396.91	2 832 820.25	243 576.66
1844	127 569.83		3 396 892.60	3 145 619.92	251 272.68
1845	91 462.89		3 394 458.75	3 120 408.21	274 050.54
1846	305 932.19		3 880 028.46	3 592 383.90	287 644.56
1847	146 417.84		3 003 514.10	2 757 966.37	245 547.73
1848	153 179.60		3 225 211.37	2 938 587.07	286 624.30
1849	150 830.77		3 888 043.03	3 630 547.13	257 495.90
1850	156 091.95		3 001 638.67	2 882 433.63	119 205.04
1851	161 340.16		3 433 436.22	3 218 844.80	214 591.42
1852	132 351.27		2 891 319.90	2 777 179.95	114 139.95
1853	113 028.80		2 382 813.23	2 357 559.39	25 253.84
1854	80 352.87		1 445 568.52	1 426 583.57	18 984.95
1855	102 149.66		1 564 026.92	1 534 257.10	29 769.82
1856	122 220.66		1 790 082.19	1 749 573.26	40 508.93
1857	130 592.64		1 650 651.80	1 615 766.86	34 884.94
1858	145 167.77		1 699 888.73	1 663 995.72	35 893.01
1859	147 400.92		1 701 854.29	1 642 265.77	59 588.52
1860	163 769.47		2 005 044.85	1 995 139.13	9 905.72
1861	129 958.60	60 440.82	1 375 014.22	1 366 847.69	8 166.53
1862	109 494.28	62 253.25	1 369 923.52	1 362 669.08	7 254.44
1863	99 290.71	46 961.86	1 588 031.51	1 559 493.40	28 538.11
1864	104 879.93	47 857.63	1 857 440.57	1 797 678.89	59 761.68
1865	77 261.58	53 941.09	1 867 276.89	1 837 946.00	29 330.89
1866	85 406.22	56 511.94	1 862 089.01	1 857 091.90	4 997.11
1867	94 284.27	66 646.30	1 917 395.61	1 885 803.95	31 591.66
1868	93 897.76	111 770.87	2 173 451.94	2 170 346.22	3 105.72
1869	100 709.26	160 041.34	2 060 004.78	2 054 856.77	5 148.01
1870	115 134.82	156 933.91	1 777 884.24	1 739 342.48	38 541.76

续表

年份	闽海关	粤海常关	常关合计	户关	工关
1871	116 649.69	156 884.13	2 007 061.16	2 000 963.05	6 098.11
1872	117 779.21	157 183.12	2 200 618.33	2 192 790.84	7 827.49
1873	126 150.80	157 640.08	2 184 038.28	2 152 102.77	31 935.51
1874	131 068.29	158 611.60	1 999 562.30	1 974 668.93	24 893.37
1875	136 225.34	158 988.79	1 975 770.63	1 953 032.42	22 738.21
1876	159 428.48	168 994.27	2 310 368.03	2 286 150.29	24 217.74
1877	148 719.33	170 553.42	2 343 364.20	2 265 508.34	77 855.86
1878	140 520.31	173 185.60	2 232 407.23	2 156 164.37	76 242.86
1879	351 018.01	347 721.86	2 881 223.02	2 778 165.99	103 057.03
1880	185 842.31	187 761.87	2 329 923.51	2 228 123.53	101 799.98
1881	185 588.07	194 034.10	2 332 542.26	2 227 379.36	105 162.90
1882	186 062.72	192 087.25	2 320 521.22	2 240 438.61	80 082.61
1883	182 888.90	197 048.72	2 319 469.78	2 212 510.27	106 959.51
1884	158 159.45	199 968.20	2 464 606.31	2 365 018.90	99 587.41
1885	175 792.78	200 735.85	2 193 896.42	2 144 158.04	49 738.38
1886	190 462.82	195 087.10	2 266 249.36	2 198 075.94	68 173.42
1887	189 576.34	201 808.26	2 515 239.69	2 299 863.14	215 376.55
1888	201 135.31	201 860.46	2 437 561.23	2 343 982.25	93 578.98
1889	194 042.70	201 901.84	2 395 968.12	2 307 241.41	88 726.71
1890	178 428.71	202 417.66	2 928 293.07	2 667 549.61	260 743.46
1891	177 030.35	202 690.17	2 389 825.25	2 196 245.08	193 580.17
1892	180 499.02	202 957.81	2 689 705.21	2 487 406.24	202 298.97
1893	175 844.45	192 726.75	1 981 856.25	1 869 265.16	112 591.09
1894	170 680.00	181 996.95	2 375 935.32	2 167 251.64	208 683.68
1895	166 352.93	192 009.62	2 198 819.47	1 997 516.18	201 303.29
1896	172 962.02	192 172.88	2 261 639.04	2 067 984.38	193 654.66
1897	195 813.27	181 352.02	2 329 451.68	2 137 699.86	191 751.82
1898	176 573.96	206 590.97	2 236 506.47	2 059 740.76	176 765.71
1899	178 864.99	206 301.95	2 180 772.93	2 001 774.40	178 998.53
1900	181 244.83	200 676.85	2 427 407.03	2 208 923.00	218 484.03
1901	247 944.47	203 481.48	1 719 952.91	1 645 207.08	74 745.83
1902	283 075.48	302 530.17	2 269 037.63	2 188 113.50	80 924.13
1903	358 400.00	442 592.40	2 796 840.32	2 527 892.53	268 947.79
1904	368 200.00	399 075.72	2 722 874.26	2 464 764.32	258 109.94
1905	396 300.00	560 255.68	3 805 080.54	3 524 315.75	280 764.79
1906	382 770.46	313 005.76	3 059 268.27	2 783 148.42	276 119.85
1907		297 437.32	2 601 330.21	2 341 717.90	259 612.31

续表

年份	闽海关	粤海常关	常关合计	户关	工关
1908	317 893.57	301 651.45	2 456 031.11	2 303 069.55	152 961.56
1909	438 761.59	462 749.63	1 944 523.44	1 813 744.71	130 778.73
1910			169 413.02	169 413.02	

资料来源：档案

附录 B–粤海关税收数据表：1723—1860年

表 B-1　1723—1860 年粤海关征税表　　（单位：两）

年份	税收	年份	税收	年份	税收	年份	税收
1723		1750	467 562.50	1777	588 407.97	1804	1 555 586.40
1724		1751	461 795.00	1778	588 453.97	1805	1 641 971.80
1725	97 294.56	1752	503 303.80	1779	556 185.10	1806	1 621 376.00
1726		1753	514 800.00	1780	556 233.94	1807	1 663 830.00
1727		1754	515 300.00	1781	1 130 684.50	1808	1 470 460.20
1728		1755	486 285.80	1782	521 110.55	1809	1 457 201.80
1729		1756	405 009.00	1783	797 861.57	1810	1 408 641.90
1730	198 062.09	1757	320 551.00	1784	748 125.72	1811	1 165 263.10
1731	228 659.70	1758	370 071.31	1785	872 150.91	1812	1 347 936.90
1732	309 107.92	1759	354 694.72	1786	953 960.66	1813	1 246 708.20
1733		1760	356 266.54	1787	981 686.31	1814	2 420 719.50
1734		1761	382 634.39	1788	1 036 999.30	1815	1 331 239.90
1735	216 000.00	1762	382 652.51	1789	1 101 362.00	1816	1 446 980.00
1736	271 953.53	1763	411 636.51	1790	1 127 562.90	1817	1 421 303.80
1737	285 154.91	1764	474 412.79	1791	995 882.52	1818	1 302 911.00
1738	234 059.50	1765	505 138.77	1792	1 011 426.30	1819	1 380 097.10
1739	270 620.84	1766	600 120.81	1793	885 612.80	1820	1 479 820.10
1740	269 454.96	1767	546 930.69	1794	972 948.50	1821	1 497 022.50
1741	252 606.05	1768	547 737.68	1795	1 171 911.00	1822	1 485 146.80
1742	296 920.90	1769	549 194.82	1796	981 186.69	1823	1 404 913.20
1743	317 168.68	1770	591 067.35	1797	973 172.98	1824	1 444 322.60
1744	328 776.00	1771	579 935.97	1798	1 035 757.50	1825	1 298 829.00
1745	415 143.00	1772	593 869.71	1799	937 073.00	1826	1 576 637.20
1746	339 618.00	1773	554 903.08	1800	1 201 246.50	1827	1 850 046.00
1747	216 023.00	1774	541 553.19	1801	1 336 171.80	1828	1 441 924.60
1748	435 080.00	1775	541 863.70	1802	1 540 773.10	1829	1 499 580.70
1749	447 420.20	1776	533 178.41	1803	1 695 389.00	1830	1 663 635.00

续表

年份	税收	年份	税收	年份	税收	年份	税收
1831	1 461 806.20	1839	1 448 559.00	1847	1 825 223.10	1855	404 758.73
1832	1 532 933.20	1840	1 186 551.90	1848	1 424 045.90	1856	1 156 805.90
1833	1 477 846.30	1841	864 232.17	1849	1 471 318.50	1857	101 121.63
1834	1 669 712.60	1842	1 115 742.40	1850	1 476 868.00	1858	434 272.17
1835	1 424 944.20	1843	1 182 489.00	1851	1 636 574.10	1859	882 017.68
1836	1 674 851.70	1844	2 030 543.10	1852	1 666 811.90	1860	991 888.53
1837	1 789 424.30	1845	2 360 832.20	1853	1 274 129.50		
1838	1 242 044.20	1846	4 158 620.20	1854	1 166 492.10		

资料来源：各类档案

附录 C–洋关征税表：1844—1911年

表 C-1　1844—1911 年部分洋关征税表　　（单位：两）

年份	江海洋关	浙海洋关	厦门、福州洋关	苏州关	金陵关	芜湖洋关
1844	42 617.31	6 264.47	15 134.44			
1845	187 960.79	6 885.05	48 275.94			
1846	1 229 628.42	2 173.38	72 778.25			
1847	680 295.19	1 571.93	29 136.25			
1848	587 984.93		24 599.77			
1849	670 603.02	419.89	30 655.62			
1850		117.63	33 684.40			
1851	1 200 000.00					
1852	1 283 377.65					
1853	545 687.48	0.00	49 590.95			
1854	646 847.56		198 970.68			
1855	1 976 953.01	252.00	265 477.20			
1856	2 126 956.68		387 663.50			
1857	2 273 955.58	4 149.38	507 172.04			
1858	1 954 739.38	2 153.83	526 122.41			
1859	2 365 909.25	4 609.98	578 646.90			
1860	2 047 898.70	994.20	711 549.11			
1861	2 349 359.56	340 262.34	178 814.73			
1862	3 933 304.70	8 644.00	1 947 852.00			
1863	2 927 402.51	37 485.00	2 034 424.00			
1864	2 150 662.99	19 242.00	2 349 469.00			
1865	2 233 486.53	22 266.00	1 979 391.00			

续表

年份	江海洋关	浙海洋关	厦门、福州洋关	苏州关	金陵关	芜湖洋关
1866	2 164 051.57	17 494.00	2 248 242.00			
1867	2 439 473.00	21 681.00	2 108 657.00			
1868	2 675 717.00	32 733.00	2 512 513.00			
1869	2 719 381.00	49 389.00	2 120 906.00			
1870	2 821 247.00	67 594.00	2 011 502.00			
1871	2 843 674.00	106 387.00	2 358 151.00			
1872	3 479 212.00	349 322.00	2 293 308.00			
1873	3 294 164.51	169 069.00	2 275 613.00			
1874	3 607 757.84	152 504.00	2 403 178.00			
1875	3 608 000.27	149 132.51	2 482 195.30			
1876	3 691 491.40	165 707.62	2 436 317.00			
1877	3 458 087.00	112 454.00	2 482 771.10			14 108.00
1878	3 606 330.00	204 958.91	2 590 432.80			28 311.00
1879	4 020 741.33	165 457.49	2 334 599.40			32 558.00
1880	4 480 998.00	231 196.33	2 579 152.30			44 826.00
1881	4 653 373.15	338 254.00	2 922 410.00			68 187.00
1882	4 350 181.14	352 141.29	2 682 131.40			91 907.00
1883	3 820 888.83	197 873.00	2 506 655.00			87 399.00
1884	3 819 202.22	148 415.26	2 515 123.80			57 718.00
1885	4 199 277.28	184 002.11	2 662 224.00			65 876.00
1886	4 547 976.22	229 511.62	2 639 045.90			150 600.00
1887	5 142 134.76	609 936.00	2 422 084.50			542 339.00
1888	6 294 511.00	678 607.00	3 380 988.00			529 984.00
1889	5 956 248.00	559 334.00	2 877 197.00			544 153.00
1890	5 835 098.00	601 809.00	2 807 704.00			474 472.00
1891	6 948 617.00	528 833.00	2 611 746.00			777 934.00
1892	6 795 068.00	602 346.00	2 564 747.00			686 615.00
1893	6 017 622.00	673 636.00	2 602 210.00			637 054.00
1894	6 686 797.00	781 652.00	2 513 803.00			813 076.00
1895	6 300 891.00	1 408 716.00	2 261 193.00			395 379.00
1896	7 456 145.00	879 410.00	2 322 308.00			620 366.00
1897	7 492 930.00	800 939.00	2 342 292.00	27 349.00		442 816.00
1898	7 029 330.00	713 757.00	2 099 366.00	27 661.00		371 079.00
1899	7 835 122.00	912 598.00	2 200 969.00	77 997.00	31 297.00	832 636.00
1900	7 376 137.00	908 987.00	2 083 028.00	32 217.00	124 864.00	1 008 707.00
1901	7 889 077.00	975 450.00	1 728 601.50	91 602.00	195 947.00	692 209.00

续表

年份	江海洋关	浙海洋关	厦门、福州洋关	苏州关	金陵关	芜湖洋关
1902	10 094 064.00	1 407 875.00	1 954 580.00	67 408.00	191 541.00	464 384.00
1903	10 317 940.00	1 177 968.00	1 962 730.00	68 617.00	192 034.00	1 140 499.00
1904	10 376 840.00	1 235 260.00	2 025 106.00	71 292.00	235 958.00	895 817.00
1905	11 481 490.00	1 176 155.00	1 974 816.00	98 415.00	204 907.00	1 064 338.00
1906	12 865 262.00	1 266 660.00	1 938 335.00	117 913.00	202 812.00	843 687.00
1907	11 383 108.00	1 271 823.00	1 945 394.00	112 845.00	256 056.00	629 081.00
1908	9 774 908.00	1 239 152.00	1 836 208.00	96 493.00	216 524.00	898 205.00
1909	10 326 203.00	1 196 480.00	1 816 996.00	105 647.00	119 763.00	774 545.00
1910	10 652 382.00	983 272.00	1 719 437.00	107 462.00	131 599.00	576 579.00

表 C-2　1863—1910 年部分洋关征税表　　（单位：两）

年份	九江洋关	江汉关	岳州关	长沙关	沙市关	宜昌关
1863	478 266.00	932 701.00				
1864	579 864.00	1 047 055.00				
1865	490 920.00	855 596.00				
1866	491 411.00	1 085 195.00				
1867	470 120.00	985 814.00				
1868	528 982.00	1 274 303.00				
1869	513 472.00	1 273 962.00				
1870	528 458.00	1 306 811.00				
1871	544 752.00	1 525 102.00				
1872	448 726.00	1 576 400.00				
1873	538 783.00	1 510 928.00				
1874	723 593.00	1 611 006.00				
1875	675 431.00	1 615 850.00				
1876	703 221.00	1 884 730.00				
1877	680 537.00	1 802 665.00				134.00
1878	753 052.00	1 617 333.00				1 794.00
1879	726 595.00	1 775 844.00				17 399.00
1880	727 413.00	2 053 477.00				37 158.00
1881	804 356.00	2 057 111.00				43 717.00
1882	863 755.00	1 940 831.00				94 956.00
1883	785 682.00	1 976 708.00				87 698.00
1884	789 976.00	1 865 485.00				87 893.00
1885	782 526.00	1 899 544.00				94 165.00
1886	849 694.00	2 110 434.00				147 217.00

续表

年份	九江洋关	江汉关	岳州关	长沙关	沙市关	宜昌关
1887	959 747.00	2 092 691.00				178 879.00
1888	1 107 048.00	2 200 493.00				223 514.00
1889	1 055 225.00	2 100 456.00				221 377.53
1890	1 126 805.00	2 034 327.00				207 418.10
1891	1 180 937.00	1 989 431.00				188 641.00
1892	1 027 899.00	1 924 437.00				107 071.39
1893	1 034 250.00	2 309 698.00				16 574.00
1894	1 000 198.00	2 326 788.00				193 796.97
1895	1 044 465.00	2 332 860.00				341 607.82
1896	1 030 628.00	2 058 591.00				444 272.00
1897	944 247.00	2 139 848.00			7 468.83	384 845.00
1898	931 568.00	2 306 024.00			4 882.08	404 107.11
1899	1 013 657.00	2 511 635.00			6 073.48	474 037.50
1900	901 184.00	2 315 087.00	602.00		5 921.00	603 272.39
1901	822 306.00	1 912 242.00	3 200.00		12 314.00	860 573.00
1902	815 148.00	1 971 735.00	22 257.00		14 983.95	605 257.39
1903	650 062.00	2 678 152.00	84 137.00		5 943.00	277 014.81
1904	710 168.00	2 655 299.00	69 812.00	21 238.00	17 832.06	474 562.16
1905	691 940.00	2 665 815.00	25 166.00	103 197.00	16 859.17	885 962.51
1906	652 382.00	2 640 553.00	14 025.50	79 463.00	14 190.91	722 561.00
1907	774 096.00	2 697 826.00	20 425.00	94 976.00	14 785.38	856 673.00
1908	728 141.00	3 271 499.00	93 561.00	208 635.00	14 999.00	1 359 778.00
1909	634 227.00	2 878 109.00	71 386.00	229 991.00	15 625.00	1 276 567.00
1910	741 999.00	3 148 495.00	29 152.00	226 819.00	12 083.00	1 454 531.00

表 C-3　1861—1910 年部分洋关征税表　（单位：两）

年份	重庆关	杭州关	浙海洋关	瓯海关	台湾关	梧州洋关
1861			373 256			
1862			220 834		11 814	
1863			346 060		50 176	
1864			513 302		69 036	
1865			407 923.88		140 127	
1866			465 905.23		98 207	
1867			516 255.64		111 917	
1868			608 762.56		127 723	
1869			659 711		121 588	

续表

年份	重庆关	杭州关	浙海洋关	瓯海关	台湾关	梧州洋关
1870			700 468		176 736	
1871			681 745.59		213 190.79	
1872			826 740.03		227 957	
1873			754 846		233 076	
1874			747 564.55		249 573	
1875			770 774.03		277 090.09	
1876			709 663.05		352 203	
1877			715 191.45	2 656	387 678.59	
1878			630 398.03	2 992	384 920.99	
1879			653 876.02	5 480	477 301.32	
1880			679 127.13	11 344	530 189	
1881			738 059	11 941	558 638.15	
1882			669 273.49	17 753	490 132.41	
1883			657 136	9 319	489 062.63	
1884			752 788.25	9 892	578 559.88	
1885			730 251.05	11 162	443 798.45	
1886			704 374.3	15 661	531 696.48	
1887			816 322	18 989	781 343	
1888			1 145 320	34 977	986 332.37	
1889			1 182 191	38 046	997 525.81	
1890			1 181 252	29 428	1 028 237.9	
1891	44 886.00		1 229 809	31 432	1 089 846.4	
1892	202 933.00		1 198 033	35 027	1 115 872.5	
1893	222 689.00		1 332 161	49 427	1 078 901	
1894	258 351.00		1 182 609	50 856	998 859	
1895	336 716.00		1 194 867	59 595		
1896	404 479.00		1 168 672	44 234		
1897	409 684.00	229 398.81	1 022 547	54 368		46 731
1898	383 785.00	342 288.79	702 028	55 860		181 615.94
1899	432 567.00	587 576.00	825 458	65 056		311 010
1900	452 574.00	521 794.00	710 164	48 527		287 874
1901	522 013.00	566 164.00	687 767	45 872		335 993.47
1902	399 836.00	587 467.00	639 285	64 576		309 728
1903	341 932.00	630 726.00	663 021	83 863		312 578.41
1904	444 419.00	712 707.00	702 194	59 647		504 728.32
1905	584 521.00	634 072.00	642 334	52 958		553 395

续表

年份	重庆关	杭州关	浙海洋关	瓯海关	台湾关	梧州洋关
1906	577 798.31	580 837.00	599 252	62 043		470 602.79
1907	406 204.00	670 173.00	633 597	51 668		513 926.8
1908	631 792.00	659 038.00	714 440	65 765		474 507
1909	602 774.00	651 044.00	624 088	64 765		519 175
1910	772 528.00	648 421.00	602 199	65 910		602 747

表 C-4　1861—1910 年部分洋关征税表　　（单位：两）

年份	南宁关	镇南关	蒙自关	思茅关	腾越关	东海洋关
1861						14 813.00
1862						59 255.00
1863						128 690.00
1864						214 184.00
1865						243 801.00
1866						308 082.00
1867						264 191.00
1868						219 042.00
1869						286 982.00
1870						301 749.00
1871						294 851.00
1872						320 981.00
1873						286 314.00
1874						300 545.00
1875						305 622.00
1876						233 472.00
1877						217 016.00
1878						294 178.00
1879						339 394.00
1880						308 881.00
1881						269 400.00
1882						292 990.00
1883						277 059.00
1884						268 647.00
1885						264 382.00
1886						277 489.00
1887						373 615.00
1888						328 910.00

续表

年份	南宁关	镇南关	蒙自关	思茅关	腾越关	东海洋关
1889		424				301 584.00
1890		1 514	39 846			343 024.00
1891		1 819	54 076.784			312 510.00
1892		1 782	71 876.431			346 850.00
1893		2 029	90 576			358 759.00
1894		3 779.95	73 188			376 200.00
1895		5 286.582	94 605.061			357 254.00
1896		3 981	101 619			441 326.00
1897		3 699.433	107 175.18	5 527.00		470 993.00
1898		2 841.915	134 645.44	8 451.00		523 017.00
1899		3 702.465	167 692.15	8 000.50		673 172.00
1900		5 100.824	179 119.91	6 914.94		560 447.00
1901		4 404	195 365.49	9 259.14		734 503.00
1902		6 463.616	223 052	7 322.00	7 371.28	825 508.00
1903		3 280	155 643.07	6 982.05	42 153.57	775 348.00
1904		11 213.947	215 572.60	7 531.51	52 340.19	762 817.00
1905		12 791.747	240 037.09	7 023.39	45 976.60	850 240.00
1906		6 778.881	288 976.48	6 722.81	39 181.30	846 024.00
1907	13 588	8 007	225 466.68	7 045.15	47 063.00	612 297.00
1908	52 436	7 022	201 045	5 859.00	48 460.00	666 935.00
1909	82 525	7 282	177 778	6 407.00	44 045.00	683 710.00
1910	93 216	8 264	219 212	5 991.00	45 737.00	681 958.00

表 C-5　1861—1910 年部分洋关征税表　（单位：两）

年份	静海关	秦皇岛关	牛庄关	安东关	哈尔滨关	粤海洋关	洋关合计
1861	90 917.00					1 553 311.00	6 510 065.60
1862	98 331.00					1 279 835.00	7 559 870.00
1863	148 132.00		58 822.00			1 415 318.00	8 557 477.00
1864	175 364.00		128 502.00			1 130 334.00	8 377 015.00
1865	330 013.00		167 175.00			1 067 275.00	7 937 974.00
1866	504 104.00		158 942.00			1 365 057.00	8 906 691.00
1867	456 747.00		214 798.00			1 337 656.00	8 927 310.00
1868	399 728.00		221 576.00			1 286 405.00	9 887 485.00
1869	418 424.00		264 454.00			1 203 262.00	9 631 531.00
1870	407 033.00		260 148.00			1 178 501.00	9 760 247.00
1871	446 149.00		185 641.00			1 517 827.00	10 717 470.00

续表

年份	静海关	秦皇岛关	牛庄关	安东关	哈尔滨关	粤海洋关	洋关合计
1872	364 155.00		215 508.00			1 503 610.00	11 605 919.00
1873	350 782.00		203 945.00			1 564 351.00	11 181 872.00
1874	388 909.00		204 042.00			1 521 552.00	11 910 224.00
1875	346 786.00		228 653.00			1 709 578.00	12 169 112.00
1876	318 158.00		237 510.00			1 840 374.00	12 572 847.00
1877	350 764.00		232 047.00			1 837 591.00	12 293 700.00
1878	299 679.00		267 816.00			1 773 016.00	12 455 212.00
1879	397 297.00		353 435.00			1 896 219.00	13 196 197.00
1880	424 358.00		298 150.00			1 940 136.00	14 346 406.00
1881	403 000.00		298 521.00			1 885 755.00	15 052 722.00
1882	432 030.00		285 236.00			1 925 454.00	14 488 772.00
1883	432 420.00		295 297.00			1 980 728.00	13 603 925.00
1884	432 480.00		322 122.00			2 090 012.00	13 738 314.00
1885	436 289.00		313 229.00			2 091 503.00	14 178 229.00
1886	518 901.00		309 683.00			2 232 192.00	15 264 476.00
1887	729 587.00		356 450.00			3 423 527.00	18 447 644.00
1888	689 063.00		390 085.00			5 104 435.00	23 094 267.00
1889	650 986.00		319 590.00			5 125 384.00	21 929 721.00
1890	699 589.00		459 485.00			5 114 230.00	21 984 239.00
1891	775 532.00		216 373.00			5 144 113.00	23 126 536.00
1892	769 194.00		547 286.00			4 811 360.00	22 808 397.00
1893	822 732.00		493 093.00			4 324 774.00	22 066 185.00
1894	846 218.00		548 208.00			4 142 648.00	22 797 028.00
1895	877 252.00		143 261.00			3 831 162.00	20 985 110.00
1896	954 168.00		398 619.00			3 711 836.00	22 040 654.00
1897	1 074 696.00		527 722.00			4 137 274.00	22 672 550.00
1898	1 045 922.00		594 246.00			3 965 579.00	21 828 054.00
1899	1 449 710.00		844 088.00			4 751 178.00	26 015 232.00
1900	949 342.00		700 418.00			4 308 308.00	24 090 590.00
1901	500 137.00		623 647.00			4 514 984.00	23 923 631.00
1902	1 839 755.00	36 260.00	910 318.00			4 911 015.00	28 377 190.00
1903	2 138 684.00	98 371.00	889 002.00			5 726 524.00	30 423 205.00
1904	1 903 867.00	133 531.00	614 621.00			5 292 132.00	30 206 506.00
1905	2 858 817.00	262 768.00	916 950.00			4 624 629.10	32 675 574.00
1906	3 140 318.00	335 605.00	830 826.00			5 825 176.00	34 967 986.00
1907	3 180 489.00	149 265.00	397 405.00	55 054.00		6 169 441.00	33 197 778.00

续表

年份	静海关	秦皇岛关	牛庄关	安东关	哈尔滨关	粤海洋关	洋关合计
1908	2 373 963.00	114 051.00	681 720.00	155 291.00	221 906.00	6 117 829.00	32 930 162.00
1909	2 321 750.00	116 441.00	931 070.00	181 398.00	541 232.00	6 204 064.00	33 205 087.00
1910	2 980 297.00	202 283.00	967 576.00	235 212.00	727 720.00	5 875 778.00	34 518 859.00

资料来源：各类档案

参考文献

档案资料

抄档，包括《清代关税收支报告表》、《清代海关收入》、《清代海关开除》和《题本·关税》，中国社会科学院经济研究所图书馆藏。

国家图书馆文献中心：《户部奏稿》，北京：新华书店，2004年。

《宫中档朱批奏折》、《军机处录副奏折》、《上谕档》、《题本》，中国第一历史档案馆藏。

中国第一历史档案馆：《康熙朝汉文朱批奏折汇编》，北京：档案出版社，1985年。

中国第一历史档案馆：《康熙朝满文朱批奏折全译》，北京：中国社会科学出版社，1996年。

中国第一历史档案馆：《雍正朝汉文朱批奏折汇编》，南京：江苏古籍出版社，1991年。

中国第一历史档案馆：《雍正朝满文朱批奏折全译》，合肥：黄山书社，1998年。

中国第一历史档案馆：《乾隆朝上谕档》，北京：档案出版社，1998年。

中国第一历史档案馆：《嘉庆道光两朝上谕档》，桂林：广西师范大学出版社，2000年。

中国第一历史档案馆：《咸丰同治两朝上谕档》，桂林：广西师范大学出版社，1998年

中国第一历史档案馆：《光绪宣统两朝上谕档》，桂林：广西师范大学出版社，1996年。

中国第一历史档案馆：《光绪朝朱批奏折》，北京：中华书局，1995年。

《明清档案》，台北“中央研究院”历史语言研究所藏清代内阁大库。

《明清史料》，台北“中央研究院”历史语言研究所藏。

《宫中档嘉庆朝奏折》，台北“故宫博物院”藏。

《宫中档道光朝奏折》，台北“故宫博物院”藏。

台北“故宫博物院”故宫文献编辑委员会：《宫中档康熙朝奏折》，台北：“故宫博物院”，1982年。

台北“故宫博物院”故宫文献编辑委员会：《宫中档雍正朝奏折》，台北：“故宫博物院”，1978年。

台北“故宫博物院”故宫文献编辑委员会：《宫中档乾隆朝奏折》，台北：“故宫博物院”，1983年。

台北“故宫博物院”故宫文献编辑委员会：《宫中档光绪朝奏折》，台北：“故宫博物院”，1973年。

《各关常税实征短征银两数目》，抄本，藏于中国社会科学院经济研究所图书馆。

其他史料

傅恒等：《乾隆大清会典》，乾隆二十九年（1764年）刻本。

贺长龄等：《清经世文编》，北京：中华书局，1992年。

嵇曾筠等:《浙江通志》，上海：上海古籍出版社，1991 年。
崑冈等:《光绪大清会典》，北京：中华书局，1990 年。
李东阳等:《大明会典》，嘉靖八年（1529 年）刻本。
李鸿章等:《大清会典事例》，上海：商务印书馆，1908 年。
金毓黻等:《奉天通志》，沈阳：辽海出版社，2003 年。
梁廷枏:《粤海关志》，广州：广东人民出版社，2002 年。
凌寿祺:《浒墅关志》，上海：上海书店出版社，1992 年。
刘锦藻:《清朝续文献通考》，杭州：浙江古籍出版社，2000 年。
刘岳云:《光绪会计表》，上海：教育世界出版社，1901 年。
旻宁等:《钦定户部则例》，道光十一年（1831 年）刻本。
缪荃孙等:《光绪顺天府志》，光绪十二年（1886 年）刻本。
《清实录》，北京：中华书局，1986 年。
托津等:《嘉庆朝大清会典事例》，嘉庆二十三年（1818 年）刻本。
王庆云:《石渠余纪》，北京：北京古籍出版社，1985 年。
王彦威、王亮:《清季外交史料》，北京：书目文献出版社，1987 年。
文庆等:《道光朝筹办夷务始末》，上海：上海古籍出版社，2007 年。
倭仁等:《钦定户部则例》，同治四年（1865 年）刻本。
吴存礼:《通州志》，上海：上海书店出版社，2002 年。
徐松:《宋会要辑稿》，北京：中华书局，1957 年。
杨士奇等:《明宣宗实录》，正统三年（1438 年）刻本。
伊桑阿等:《康熙大清会典》，康熙二十九年（1690 年）刻本。
詹荣:《嘉靖山海关志》，嘉靖十三年（1534 年）刻本。
张廷玉等:《清朝文献通考》，上海：商务印书馆，1936 年。
张廷玉等:《雍正朝大清会典》，雍正十年（1732 年）刻本。
张廷玉等:《明史》，北京：中华书局，1974 年。

二次文献

曹树基:《中国人口史》第 4、5 册，上海：复旦大学出版社，2001 年。
邓绍辉:《晚清财政与中国近代化》，成都：四川人民出版社，1998 年。
邓亦兵:《清代前期税则制度的变迁》，《中国史研究》2003 年第 3 期。
邓亦兵:《清代前期关税制度研究》，北京：燕山出版社，2008 年。
何本方:《清代商税制度刍议》，《社会科学研究》1987 年第 1 期。
何本方:《清代户部诸关初探》，《南开学报》1984 年第 3 期。
黑广菊:《清时期的榷关研究综述》，《历史教学》2004 年第 4 期。
黄国盛:《鸦片战争前的东南四海关》，福州：福建人民出版社，2000 年。
蒋兆成:《明清嘉杭湖社会经济研究》，杭州：浙江大学出版社，2002 年。
李景铭:《中国财政史》，北京：华北大学，1936 年。
李学勤:《周礼注疏》，北京：北京大学出版社，1999 年。
廖声丰:《近年来明清时期的的榷关研究》，《中国史研究动态》1997 年第 11 期。
倪玉平:《清朝嘉道关税研究》，北京：北京师范大学出版社，2010 年；第二版，北京：科学出版社，

2017 年。
倪玉平：《清朝嘉道财政与社会》，北京：商务印书馆，2013 年。
倪玉平：《王庆云〈渠余纪〉所载道光关税辨析》，《近代史研究》2008 年第 5 期。
倪玉平：《〈汇核嘉庆十七年各直省钱粮出入清单〉所载关税额辨析》，《历史研究》2008 年第 5 期。
倪玉平：《清代漕粮海运与社会变迁》，上海：上海书店出版社，2005 年。
彭雨新：《清代关税制度》，武汉：湖北人民出版社，1956 年。
彭泽益：《清初四榷关地点和贸易量的考察》，《社会科学》1984 年第 3 期。
祁美琴：《清代榷关制度研究》，呼和浩特：内蒙古大学出版社，2004 年。
时晓峰：《山海关历代旧志校注》，天津：天津人民出版社，1999 年。
史志宏、徐毅、倪玉平：《19 世纪上半期的中国经济总量估计》，未刊稿。
孙学文：《中国关税史》，北京：中国财政经济出版社，2003 年。
汤象龙：《中国近代海关税收和分配统计：1861—1910》，北京：中华书局，2005 年。
王聘珍：《大戴礼记解诂》，北京：中华书局，1983 年。
吴承明：《中国的现代化：市场与社会》，北京：生活·读书·新知三联书店，2001 年。
许兆莘：《中国关税史》，上海：上海书店出版社，1937 年。
许涤新、吴承明：《中国资本主义发展史》，北京：人民出版社，1985 年。
许檀、经君健：《清代前期商税问题新探》，《中国经济史研究》1990 年第 2 期。
杨朝明：《孔子家语》，济南：齐鲁书社，2009 年。
杨建庭：《近十年清代榷关研究综述》，《中国史研究动态》2009 年第 4 期。
Kishimoto Mio，*Qing Dai Zhong Guo De Wu Jia Yu Jing Ji Bian Dong*（*Price and Economy Changes in the Qing China*），Tokyo：Observations Publishing house，1997.
Kosaka Masanori，Qing Dai Zhong Qi De Hang Zhou Guan Shang Pin Liu Tong（Hangzhou and commodity circulatioin in the Mid-Qing period：especially focused on beixinguan），*Oriental History Studies*，vol 50，1991.
Ma，Y，de Jong H J，Chu T，Living standards in China between 1840 and 1912：A new estimate of Gross Domestic Product per capita，*GGDC Research Memorandum*，Nr. 147，2014.
Morse H B，*The Chronicles of the East India Company Trading to China（1635-1834）*, Cambridge：Harvard University Press，1926.
Ni YuPing，Steady customs duties in the “Daoguang Depression”，*Essays in Economic & Business History*，Volume XXXI，2013.
Rosenthal J. L，Wong R. B，*Before and beyond divergence*，Cambridge：Harvard University Press，2011.
Takino Shojiro，Qing Dai Qian Long Nian Jian Chang Guan Zheng Shui E（The quota of customs duties in the Qianlong Reign），*Oriental History Journal of Kyushu University*，vol 29，2001）.
Vries Peer State，*Economy and the Great Divergence：Great Britain and China，1680s-1850s.* London：Bloomsbury Publishing，2015.

索　引

后　记

十多年前，我开始了清代嘉道时期（1796—1850 年）的关税研究。最初主要关注“道光萧条”的讨论，这是由吴承明教授（1917 年 1 月 3 日—2011 年 7 月 8 日）最早提出的。拙著《清朝嘉道关税研究》是最初成果的总结。此后，我继续收集档案和其他材料中的清代关税资料，本书就是这十余年来的最新研究成果。

我想向吴承明教授表达谢意和崇高的敬意，没有他的指引，我无法如此细致地进行这项研究。我也要向汤象龙教授表达感谢，我修正了他经典著作《中国近代海关税收和分配统计：1861—1910》中的数据。

非常感谢清华大学李伯重教授为本书作序，作为当下中国经济史领域最杰出的学者，他一直给予我建议和帮助。我也要感谢格罗宁根大学的 Maaten Duijvendak 教授，他为本书做了第二序言。当我在格罗宁根大学时，他花费了很多时间帮助我适应新环境，并总是乐于讨论我的研究，这是一次非常难得的经历。

我还要表达对格罗宁根大学 Martin Uebele 教授的感谢，他帮助我与荷兰的历史学家们进行合作。从 2015 年 1 月至 8 月，作为格罗宁根大学的客座研究员，我非常享受与他一起教授“中国和欧洲的财政经济史”课程。我们曾在办公室、或通过邮件和其他形式多次讨论本书。在他的影响下，我开始更多地以经济学的方式处理中国历史时期的数据。他还帮助我逐章修改了本书的语言和内容。

与此同时，在格罗宁根大学工作期间，通过午餐时间的讨论，或在他们的办公室，乃至直接在走廊的交流，也让我从 Anjana Singh，Geurt Collenteur，Richard Paping，Erwin Karel 和 H.J.de.Jong 等教授，以及马烨博士那里学到了很多东西。

我真诚地感谢乌特勒支大学的范鲁文·巴斯（Bas van Leeuwen）教授、广西师范大学的徐毅教授。他们鼓励我加入“中国历史时期的经济总量”项目中，这促使我直接用英文写下本书。这对我来说是一个极大的挑战，但无疑这也是一次难忘的经历。我还要感谢匿名同行在审读过程中给予的诸多有价值建议。

本书的研究成为可能，还得到珀金斯教授（哈佛大学），史志宏研究员（中国社会科学院），仲伟民教授（清华大学），龚启胜教授（香港科技大学），邓亦兵研究员（北京市社会科学院）的慷慨支持。许多人阅读了本书原稿并提供了很好的意见：Peter Foldvari（中国量化经济史丛书编辑，社会历史国际学院），Patrick Wallis（伦敦政治经济学院），特别是 Peter Foldvari 花费了许多时间帮助我改进本书的语言。我还得到林满红（台北“中央研究院”），杨斌（新加坡国立大学）相当多的支持与鼓励。

本书的写作主要在格罗宁根大学完成。我衷心感谢中国国家汉语国际推广领导小组办公室“理解中国项目”的资助，感谢荷兰科学研究基金会以及格罗宁根大学人文研究院的资助。我还要特别向格罗宁根孔子学院刘婧一院长、曹雪飞院长、肖盈盈女士、中国国家汉语国际推广领导小组办公室的黄湄女士表达感谢，希望以后还有机会与她们合作。

最后，我必须要向我的家人表达感谢之情。他们在这些年里表现出了强大的韧性和力量。他们一直是我努力的动力，现在他们至少可以看到我近年来所做的部分工作了。